불법의 근본에서 세상을 바꿔라

중국 역사를 바꾼
근대 4대 고승 **4** 태허
대사

태허 대사 지음
조환기 옮김

불법의 근본에서
세상을 바꿔라

시대의 새벽을 연 개혁승 태허

불광출판사

차례

옮긴이 서문

◎ 새로운 세상, 새로운 불교 10

제1부
불교와
종교관

◎ 나의 종교 체험 28

불교란 무엇인가? 35

1) 불교의 본질 36
2) 불학의 적용 40
3) 불학을 어떻게 연구할 것인가? 44

불학은 혜학(慧學)이다 50

1) 불학의 발생 50
2) 많이 들어야 신심이 생긴다 53
3) 내적 사색에 의한 지혜로 계율을 완성한다 56
4) 정심상응(定心相應)의 수소성혜(修所成慧) 59
5) 삼혜(三慧)가 자라나 무루(無漏)의
   지혜를 발현한다 62
6) 불학(佛學)의 완성은 혜학(慧學) 64

나의 종교관 67

1) 종교라는 말의 뜻 67

2) 종교의 발생 원인 69

3) 종교의 본질 72

4) 종교의 차이 75

5) 종교의 미래 79

제2부
참된
불교도

참된 불교도 84

생명(生命)의 기원 97

1) 생명이란 무엇인가? 97

2) 과학에서 말하는 생명의 기원 100

3) 철학에서는 생명의 기원 문제를
어떻게 설명하고 있는가? 102

4) 종교에서 말하는 생명의 기원 106

5) 불법에서 설명하는 생명 107

심양사변에 대해 대만, 조선, 일본의
4천만 불자에게 고함 112

나의 불교혁명실패사 116

제3부
선불교를 말하다

- 중국불학의 특질은 선(禪)에 있다 122
  1) 인연을 간략하게 서술함 122
  2) 인도 승려의 교화 태도 124
  3) 중국 사대부의 분위기 126
- 교학에 의지하여 마음을 닦는 선 130
  1) 안반선(安般禪) 131
  2) 오문선(五門禪) 133
  3) 염불선(念佛禪) 136
  4) 실상선(實相禪) 140
- 선병(禪兵) 147
- 당(唐)나라 선종과 현대사조의 비교 157
  1) 서론 157
  2) 종문(宗門)과 학술사상 158
  3) 선림(禪林)과 사회사상 183
  4) 결론 204

제4부
염불왕생을 말하다

- 염불왕생의 원리 208
  1) 정력(삼매력) 불가사의 211
  2) 신통력 불가사의 212

3) 차식력(借識力)의 불가사의 212

  4) 선법력(善法力) 불가사의 214

  5) 원력(願力)의 불가사의 215

정토사상의 핵심 218

  1) 두 가지 믿음 218

  2) 두 가지 서원 220

  3) 두 가지 수행 220

  4) 두 가지 증득 221

참 나[眞我]의 깨달음과 왕생극락 223

정토에 태어나려면 230

정토에 왕생하는 법문 232

  1) 믿음[信] 232

  2) 서원[願] 240

  3) 수행[行] 245

제5부 인생불교

인생불교란 무엇인가? 254

  1) 불학(佛學)이라는 명칭 254

  2) 불학의 2대 원칙 254

  3) 불학의 역사적 변천 255

4) 이 시대와 중국　257

5) 인생불학(人生佛學)의 대의　258

인생불교(人生佛敎)의 목적　261

1) 인간의 개선　261

2) 내세에 더 나은 길로 나아감　262

3) 생사로부터 해탈　263

4) 법계원명(法界圓明)　264

제6부
인간 정토의 건설

인생에서 소원하는 것이 있는 곳　278

현대 인간의 고뇌　302

1) 오악(五惡), 오통(五痛), 오소(五燒),
  오선(五善)에 대한 부처님의 가르침　304

2) 인간의 분석관　323

인간 정토의 건설　326

1) 인간 정토 건설의 요구　327

2) 인간 정토의 성분　328

3) 목숨과 재산을 안전하게 지키는 법　330

4) 구체적인 건설　332

5) 두루 교화함 336

인간정토와 영생 극락 338

1) 미륵의 정토 339

2) 미타의 정토 352

3) 각해(覺海)의 정토 356

대자비의 서원을 내어
보시를 하는 것이 시작 336

미주 374

옮긴이 서문

새로운 세상, 새로운 불교
- 인간정토의 구현

한 시대를 살아오면서, 특히 삶과 죽음이 교차하는 전쟁과 혁명의 와중에서 고통 받는 일반 사람들을 위해 승려로서 시대의 어둠을 밝히는 등불이 되고자 한 사람이 있다. 그가 바로 홍일(弘一), 인광(印光), 허운(虛雲)과 함께 중국 근현대 4대 고승 중 한 명으로 추앙받는 태허(太虛, 1889~1947) 대사이다.

태허는 청말에서 중화인민공화국으로 넘어가는, 전쟁과 내전으로 혼란스러웠던 역사적 변동기에 살았다. 당시의 중국불교 대부분의 승려들은 세상이 어떻게 돌아가는지 감도 잡지 못하고, 염불과 각종 기복적 의식 행위에 의지하여 개인적 영달이나 밥이나 먹고 사는 데 급급하고 있었고, 대부분이 문맹이었다. 그러나 태허는 당시의 개혁적인 지식인들로부터 학문을 익히고 그 배움을 바탕으로 역사의 소용돌이에 휘말려 죽음과 불안의 공포에 떠는 중생들을 이끄는 보살이 되고자 하였고, 불교가 그들의 따뜻한 안식처가 되기를 바랐다. 태허와 팔지두타 기선을 비롯한 당시의 뜻있는 승려들과 양문회 등의 재가자들은 힘을 합쳐 불교의 정신으로 외세의 침략에 대응하고 민족의 정기를 선양하고자 하였고, 태허는 그 노력의 한 방법으로 현세에 불국정토를 건설하려는 원력에 일생의 대부분을 바쳤다. 그 결과 현대 중국 대륙과 대만을 포함한 사찰들에서는 '인간불교'와 '인간정토의 건설'이라는 표어를 쉽게 접할 수 있다. 태허의 사상은 지금도 중국, 대만, 홍콩불교의 사상적 기반이 되고 있다.

출가 후 양문회(楊文會)[01]와의 만남은 태허의 일생을 송두리째 바꾸어 버렸다. 양문회는 청(靑) 왕조가 몰락하고 서양 문명이 물밀듯이 들어오는 중국 역사의 격동기에 인생의 길을 불교에서 찾아 불교의 참된 정신을 되찾는 것을 통해 고통 받는 사람들을 되살리기로 결심하고 불교를 새롭게 뿌리 내리기 위해 혼신의 힘을 다한 사람이다. 양문회는 정부 관리로 영국에 파견되어 약 3년간 거주하면서 서양의 실정을 누구보다 잘 알게 되었다. 그는 제국주의와 기독교 사관의 한계를 누구보다 날카롭게 통찰하기도 했다. 그러한 양문회가 자신의 모든 것을 걸고 중국인의 앞날은 오로지 불교의 참된 정신을 되찾는 것밖에 없다는, 절실하고 치열한 보살도로 불교를 새롭게 세우고자 한 외침은 패배의식과 미망에 빠진 중국 지식인들에게 마치 한 줄기 서광과 같은 것이었다.

양문회와의 만남을 통해 태허는 세상과의 소통을 하고, 불교가 사회에 어떻게 역할을 해야 하는지에 대해 고민하게 되었다. 그 고민의 결과로 태허는 '불교 교리의 혁명', '불교 제도의 혁명', '불교 재산의 혁명'이라는 불교 개혁을 향한 3대 혁명의 구호를 외쳤다. 그는 '불교 개혁운동'과 '낡은 승단 제도의 개혁'을 통해 불교의 대사회적 위상을 정립하려고 하였다.

이러한 태허의 업적은 다음과 같이 정리할 수 있다.

첫째, 불교 내적으로 승려의 교육과 개혁, 각종 불교단체의 조직을 살펴보면, 태허는 불교 개혁을 위해 가는 곳마다 조직을 결성하였고, 승려들의 자질 향상을 위한 불교교육기관을 설립하였다. 태허가 일생 동안 창립하고 주관한 불학 교육원은 민남불학원(閩南佛學院), 무창불학원(武昌佛學院), 프랑스의 세계불학원(世界佛學苑), 중경한장교리원(重慶漢藏教理院), 서안팔리삼장원(西安巴利三藏院), 북경불교연구원(北京佛教研究院) 등이 있다.

창간한 불교 간행물로는 월간지 「해조음(海潮音)」, 주간지 「각군주보(覺群周報)」 등이 있다. 창설한 불교 단체로는 세계불교연의회(世界佛教聯誼會), 중국불교회(中國佛教會), 중국불학회(中國佛學

會), 중국종교연의회(中國宗教聯誼會), 세계소식동지회(世界素食同志會) 등이 있다.

그리고 불교의 위상 정립을 위해 4대 고승 중의 하나인 홍일대사(『그저 인간이 되고 싶었다』, 불광출판)가 작곡하고, 태허가 작사한 삼보가(三寶歌)를 지어 보급하기도 하였다.

둘째, 태허가 불교 외적으로 실행한 사회적 복지사업은 다음과 같다. 영파 보타사 등을 비롯한 여러 사찰에 고아원을 설립하였고, 일제의 침략전쟁과 국공내전으로 부상자들과 각종 환자들이 많이 생겨나자 불교자선병원설립운동을 벌였고, 1942년 중경 자운사에 중의자제원(中醫慈濟院)이란 불교병원을 설립하여 운영하였다. 그리고 부속기관으로 약제를 만드는 불교제약창(佛教製藥倉)을 설립하기도 했다. 이러한 태허의 사회복지사업은 이후 대만에서 승려들이 사회사업을 통해 불교의 사회적 복지사업 참여가 활발하게 일어나게 된 근간이 되었다.

셋째, 불교의 대사회 참여로는 1937년 중일전쟁이 발발하자 태허도 항일(抗日) 구국운동에 가담한 것이다. 태허는 만주사변에 대해 중국, 조선, 일본의 불교도들이 제국주의에 항거하라는 글(본문 제2장 참조)을 발표하기도 하고, 전국의 불교도에게 「불교와 호국」이라는 제목의 방송 강연을 하여 일본에 맞서 일어날 것을 호소하기도 했다. 이와 동시에 그는 일본 불교도들에게 살생을 금하고 평화를 되찾도록 하자는 취지의「일본 불교도에게 전하는 전보」를 보내기도 하였다. 그는 또 '불교청년호국단'을 조직하여 구국운동에 적극 참가하는 한편, 지하 게릴라 투쟁도 적극적으로 도왔다. 뿐만 아니라 자금을 모아 전선의 병사들을 지원하기도 했다.

1939년에는 '불교국제방문단'을 조직하여 미얀마, 인도, 스리랑카 등을 방문하여 항일 구국의 의지를 알리고 동남아시아 화교들과 불교도에게 조국을 위해 적극적으로 나서줄 것을 호소했다.

태허는 우리나라에도 관심이 많았다. 민족사에서 발간한 『한국불교 100년』 119쪽에 상해에 있는 우리나라 불자들이 태허 법사를 초청하여 법문을 듣는 사진(1926. 11. 24)이 있다. 그러나 그의 전집에서도 우리나라 사람들에게 한 법문 내용을 확인할 수 없었던 것이 아쉬움으로 남는다. 그 법문 내용을 찾게 되면 다른 기회에 소개하고 싶다. 그렇지만 심양사변(만주사변)에 대해 조선과 일본의 불자들에게 제국주의에 저항하여 불교의 진리에 바탕을 둔 행동을 촉구하는 태허의 절규에서 그가 우리나라에 애정이 많았다는 점을 확인할 수 있을 것이다.

태허의 생애

태허는 중국 근대의 고승으로 출세간(出世間)이 아닌 인간 세상의 불교, 즉 '인생불교(人生佛教)'를 주창한 고승이다. 속명은 여감삼

(呂淦森)이며, 법명은 유심(唯心)이고, 호는 태허(太虛)다. 청나라 광서(光緒) 15년(1889)에 절강성(浙江省) 숭덕(崇德)[02]에서 태어났는데 한 살이 채 되기도 전에 아버지를 잃고, 다섯 살 무렵에 어머니는 재혼하여 떠났다. 그 후 대사는 외할머니의 보살핌을 받으며 자랐는데 외할머니의 손을 잡고 인근의 유명한 절을 자주 다니곤 했다.

태허는 광서 31년(1905) 16세의 나이에 소주(蘇州) 소구화사(小九華寺)에서 머리를 깎고 승려가 되었다. 그 후 영파(寧波) 천동사(天童寺) 기선(寄禪) 스님에게서 구족계를 받고, 이어 영풍사(永豊寺) 기창(歧昌) 스님에게 불경을 배웠다. 다음 해에 다시 천동사에 가서 참선을 하며 불경을 공부했다. 당시 민남(閩南)의 승려 원영(圓瑛)[03], 회천(會泉)[04] 등과 함께 같이 선학을 공부했다.

태허는 출가 후 1909년 기선 스님을 따라 강소성 승려교육회에 참여한 적이 있고, 남경에서는 양문회(楊文會)로부터 『능엄경』을 배웠으며, 소만수(蘇曼殊)[05]에게 영어를 배우는 등 좋은 교육을 받을 기회가 계속 이어졌다. 이러한 교육을 받고 3년이 지난 후 태허는 광주(廣州)에 가서 불법을 전파하여 중국 광주 백운산(白雲山) 쌍계사(雙溪寺) 주지로 추대되었다.

1911년 신해혁명으로 청이 몰락한 후, 1912년 국민당 정부가 남경에 수도를 정하자, 태허는 광주에서 남경으로 와 중국불교회를 창립했다. 1913년에는 기선 대사가 회장을 맡고 있던 중화불교

총회(中華佛教總會)에 가입하고, 「불교월간」의 총편집장에 선출되었다. 얼마 지나지 않아 기선 화상이 열반하자 태허는 기선 화상의 추도회에서 '불교 교리의 혁명', '불교 제도의 혁명', '불교 재산의 혁명'이라는 불교 개혁을 향한 3대 혁명의 구호를 외쳤다. 그는 글을 지어 '불교 개혁운동'과 '낡은 승단 제도의 개혁'을 외쳤다. 그의 불교혁명은 수구파들의 반발을 불러일으키게 되어 「불교월간」의 총편집장 직위에서 사퇴하게 되었다.

이에 태허는 모든 것을 버리고 1914년 보타산(普陀山) 법우사 석린선원에 들어가 외부와의 접촉을 끊고 홀로 불학 연구에 깊이 몰두했다. 폐관(閉關) 2년의 시간 동안 태허는 법상종, 유식 등 제 종파의 경론에 대해 깊이 연구했을 뿐 아니라 중국과 서양철학을 면밀히 비교하며 깊이 깨달은 바가 있었다. 이 기간의 자세한 이야기는 이 책 본문 가운데 〈나의 종교 체험〉 편에 있으니 살펴보라.

1916년(민국 5년), 다시 세상으로 나온 그는 대만과 일본을 오가며 불교계의 상황을 예의주시하는 한편 강연을 다녔다.

1918년(민국 7년)에 태허는 일본에서 상해로 돌아와 진원백(陳元白), 장태염(章太炎), 왕일정(王一亭)과 함께 '각사(覺社)'를 창립하여 「각사총서(覺社叢書)」의 편집을 맡았다. 이듬해 「각사총서」를 월간 「해조음(海潮音)」으로 개칭하여 중국에서 30여 년 동안 발간하였다. 이후 「해조음」은 대만에서 계속 발간되고 있으면서 중화권에서 가장 영향력 있는 불교 간행물로 자리 잡게 되었다.

1922년 태허는 중국 호남성(湖南省) 대위산(大潙山) 산사의 주지를 맡았다. 이어 중국 무창(武昌)에 무창불학원(武昌佛學院)을 세워 지덕을 겸비한 젊은 인재들을 길러냈다. 나아가 1923년 여름에는 여산(廬山)의 대림사(大林寺)에서 불학강습반을 여는 한편 세계불교연합회(世界佛教聯合會) 발기를 기획하였다. 이듬해 여름 불교세계연합회가 정식으로 창립되자 태허는 초대 회장을 맡게 되었다.

1925년에 태허는 산서성 도독(都督)이었던 염석산(閻錫山)의 초청에 응해, 산서성의 오대산(五臺山)으로 가서 산서성 태원(太原)에서 많은 청중을 앞에 두고 법문을 했다. 같은 해 10월에 태허는 중국불교대표단(中國佛教代表團)을 이끌고 일본 동경에서 열린 동아시아불교대회에 참석하였으며 일본의 불교를 시찰하였다. 일본에서 돌아온 후 곧바로 싱가포르 불교계의 초청을 받아 출국하여 강연을 했다.

1927년 남보타사(南普陀寺) 주지였던 회천(會泉) 화상이 자신의 주지 임기가 끝나자 태허를 후임 주지이자 민남불학원(閩南佛學院)의 원장으로 추천하고 곧바로 전봉(轉逢)[06] 스님을 대표로 보내어 당시 상해에 있던 태허가 민남으로 내려와 주지를 맡아줄 것을 청하였다. 이에 태허는 초청에 응하여 남보타사에 취임했다. 태허는 외부로 자주 강연을 하러 다녔기에 전봉 스님이 태허 화상 대신

사무를 관장했다.

1928년 태허는 남경에서 강연회를 여는 한편 중국불학회(中國佛學會) 창설을 준비했다. 1928년 가을에 회천 화상이 태허의 외국 강연을 후원하여 영국, 독일, 프랑스, 네덜란드, 벨기에, 미국 등에서 불교 강연을 했다. 뿐만 아니라 한 프랑스 학자의 제안에 따라 파리에 세계불학원(世界佛學苑) 건립을 기획하여 이후 중국 승려들이 서양 국가에서 불교를 전파할 수 있는 길을 닦아 놓았다.

1929년 태허는 유럽, 미국에서의 활동을 멈추고 하문(廈門)으로 돌아와 직접 남보타사와 민남불학원의 사무를 맡았다. 그는 하문불교회 창립을 제안하며 적극적으로 불교 승려 제도의 개혁에 힘썼다. 하문에 있던 기간 동안「현대 중국 승려제도 건설 대강(大綱)」을 발표하여 "삼보에 대한 신실한 믿음과 육바라밀의 수행이 승려의 격조를 만들어 낸다."고 주장하였다. 이어서 그는 불교회의 조직 역량을 발휘하여 하문에 있던 몇몇 사찰들의 흐트러진 기강을 바로잡았다. 이와 함께 민남불학원의 학제와 교과내용을 개혁하는 한편 대학원을 설립하고 세부전공을 분리하되, 세부 전공 선택은 학습자가 주체적으로 하도록 했다.

태허는 또한 스스로 직접 학승들을 가르쳤는데, 학승들로 하여금 교학쌍수를 강조했다. "승려 교육은 율의(律儀)에 밑바탕을 두어야 한다."고 주장하며「불학의 종지와 목적」,「학승불학 요강」

등을 강의했다. 또「현대 승려 교육의 위기와 불교의 장래」라는 제하의 강연에서는 사대부 교육과 동일한 방식으로 진행되던 당시의 승려 교육 방법에 대해 신랄한 비판을 가했다. 학승들에게 불교를 진흥시키고 불법을 부흥시키는 것을 주된 의무로 삼도록 격려했다. 그는 검소하고 청빈하며 노고를 견딜 줄 아는 정신력을 길러주어 훗날 후학들이 불교 진흥을 위해 스스로를 헌신하도록 기틀을 마련하였다. 민남불학원은 태허의 가르침을 통해 중국 일류의 고등 승려 교육기관으로 자리 잡게 되었다. 그리하여 민남불학원에서는 재덕을 겸비한 수많은 고승대덕을 배출해 냈다. 그의 문하에서 많은 인재가 나왔는데, 인순(印順), 축마(竺摩) 등 오늘날 중국의 유명 사찰에서 주요한 임무를 담당하는 불교 인사들의 상당수가 태허로부터 직접 지도를 받은 사람들이다.

하문에서 태허는 각계 인사들의 요청에 응하여 열심히 강연을 다녔다. 주로「현대 시대 속에서 불학이 갖는 의미」,「아시아, 유럽, 미국에서의 불교 조감」등을 주제로 하문대학에서 강의했다. 또한 하문대학 심리학과 학회에서「몽경(夢境)」을 강의했고 철학과 교수들과 학생들을 대상으로「유상(有相) 유식 개론」등을 강연했다. 이 외에도 하문의 중학교 학생들을 대상으로「민국과 불교」,「석가모니의 교육」을 강의하는 등 하문의 청소년들을 위한 노력도 아끼지 않았다. 그 후 그는 채길당(蔡吉堂) 거사의 용련정사(湧蓮精舍)에서

「유식 13론」이란 제목으로 강의했다.

1933년 태허는 남보타사의 방장을 연임하며 하문 불교계와 긴밀한 관계를 이어나갔다. 1935년에는 민남불학원에서 「불학회와 불화(佛化)의 실현」, 「불화(佛化)와 현대 중국」, 「법사와 학승은 학원을 어떤 식으로 보살펴야 하는가?」와 같은 제목으로 강연을 했다. 또한 불학회 회원들을 격려하며 불교를 진흥시키는 데 노력했다.

1937년 중일전쟁이 발발하자 태허도 항일(抗日) 구국운동에 가담했다. 그는 전국의 불교도에게 「불교와 호국」이라는 제목의 방송 강연을 하며 일본에 맞서 일어날 것을 호소하기도 했다. 이와 동시에 그는 일본 불교도들에게 살생을 금하고 평화를 되찾도록 하자는 취지의 「일본 불교도에게 전하는 전보」를 보내기도 하였다. 그는 또 '불교청년호국단'을 조직하여 구국운동에 적극 참가하는 한편, 지하 게릴라 투쟁도 적극적으로 도왔다. 뿐만 아니라 자금을 모아 전선의 병사들을 지원하기도 했다.

1939년에는 '불교국제방문단'을 조직하여 미얀마, 인도, 스리랑카 등을 방문하여 항일 구국의 의지를 알리고 동남아시아 화교들과 불교도에게 조국을 위해 적극적으로 나서줄 것을 호소했다.

1943년 태허는 어빈(於斌), 풍옥상(馮玉祥), 백숭희(白崇禧) 등 종교계 핵심인물들과 함께 '중국종교도연의회(中國宗教徒聯誼會)'

를 조직하여 중국 전역의 모든 종교 단체들을 단결시켜 일본에 대항하도록 촉구했다. 이와 같은 적극적인 애국 활동으로 인하여 태허는 1946년에 국민당정부로부터 종교 지도자 훈장을 받기도 했다.

이처럼 태허는 중국 현대불교의 발전을 위해 인재를 배양하고 승가제도를 정비하는 등 온 힘을 쏟아 부었을 뿐 아니라 애국활동에도 힘을 썼다. 태허가 일생 동안 창립하고 주관한 불학 교육원은 민남불학원(閩南佛學院), 무창불학원(武昌佛學院), 프랑스의 세계불학원(世界佛學苑), 중경한장교리원(重慶漢藏教理院), 서안팔리삼장원(西安巴利三藏院), 북경불교연구원(北京佛教硏究院) 등이 있다.

창간한 불교 간행물로는 월간지 「해조음(海潮音)」, 주간지 「각군주보(覺群周報)」 등이 있다. 창설한 불교 단체로는 세계불교연의회(世界佛教聯誼會), 중국불교회(中國佛教會), 중국불학회(中國佛學會), 중국종교연의회(中國宗教聯誼會), 세계소식동지회(世界素食同志會) 등이 있다.

항일 전쟁이 승리를 거둔 뒤 태허 화상은 중국불교정리위원회(中國佛教整理委員會)의 주임과 국민정신총동원회(國民精神總動員會)의 준비위원으로 임명되었다. 주요 저서로는 『정리승가제도론(整理僧家制度論)』, 『석신승(釋新僧)』, 『신유식론』, 『법리유식학(法理唯識學)』, 『진현실론(眞現實論)』 등이 있다. 이 외에 사후에 대만불교를 꽃피운 인순(印順) 대사를 비롯한 제자들이 편찬한 『태허대사전서

(太虛大師全書)』가 세상에 전한다.

1947년 3월 17일 태허는 상해 옥불사(玉佛寺)에서 입적했다. 다비 후 약 300여 개의 사리가 나왔는데, 1948년에 제자 채길당(蔡吉堂), 허선평(許宣平), 우우(虞愚) 등이 하문의 호원로(虎園路) 반산당(半山堂)에 사리탑을 세웠다. 1984년에 사리탑을 남보타사 뒤의 오로봉(五老峰) 정상으로 옮기고 태허대(太虛臺)를 세웠다. 태허대의 앞에는 정자가 있고, 뒤에는 탑이 있으며, 정자 중앙에는 높이 2미터의 비가 세워져 있다. 비석에는 중국 당대 저명 화가 풍자개(豊子愷)가 새긴 태허 대사 상이 있는데, 그 아래에는 서예가 우우(虞愚)가 쓴 묘비명이 있다. 풍자개는 태허를 다음과 같이 평한다.

"태허 대사는 바른 믿음, 자비로움을 가지고 있으며 용맹정진하는 진정한 승려이다."

태허는 인간불교를 건립하고 불교의 세계화를 촉진시킨 인물로 평가받고 있다. 이외에도 그는 학승들을 티베트와 인도, 스리랑카 등으로 유학 보내어 팔리어, 범어, 티베트어로 된 자료를 연구할 수 있도록 도왔다. 법방(法舫), 법존(法尊), 지봉(芝峰), 인순(印順), 대성(大醒), 대용(大勇) 등이 제자들이다.

태허 대사의 인생불교가 끼친 영향

또한 오늘날 대만은 물론 중국 본토도 모두 '인간불교'를 내세운

다. 그리고 그 뿌리는 모두 태허의 '인생불교'에 두고 있다고 스스로들 말하고 있다.

먼저 대만을 살펴보면 대만 불교계의 정신적 뿌리라고 하는 인순(印順, 1906~2005) 스님은 바로 태허가 가장 아끼던 제자 중 하나이다. 태허의 가르침을 받은 인순 법사는 대만으로 가서 복음정사(福音精舍)를 창건하고, 불학원을 개설하고 학인을 지도하였다. 대만불교에서 복지사업으로 위대한 업적을 이룬 자제공덕회(慈濟功德會)와 자제병원의 설립자인 비구니 증엄(證嚴) 스님은 인순 대화상의 제자이다. 인순 법사는 "인간불교는 불법의 중심이고, 모든 성스러운 가르침에 통한다. 이 인간불교의 핵심은 사람이 보살이고, 부처님이다. 사람에서 발심하여 보살행을 배우고, 보살행을 배워서 성불에 이른다. 현실의 인간에서 불법을 널리 알리고, 중생을 이익되게 하고, 복된 사회를 건설한다."라고 말한다. 또한 불광산사(佛光山寺)를 설립한 성운(星雲) 대사도 인간정토의 건설을 실천한 분이다. 불광산이란 이름도 "부처님의 광명이 인간을 두루 비춘다."는 의미의 불광보조(佛光普照)에서 취하여 지은 것으로, 대만 땅에 진정한 인간불교를 건립하고자 하였다. 이와 같이 대만불교의 부흥에는 태허의 정신적 유지를 계승한 것에 기인한다.

중국 본토의 불교는 공산화 후 재가자들이 주도적 위치를 차지했다. 그 중심에는 조박초(趙樸初, 1907~2000)가 있다. 대륙 공산화 후 1950년대의 대약진운동과 1960~1970년대의 문화대혁명은 중국에서 종교가 살아남을 여지를 거의 남기지 않았다. 조박초는 상하이 조계(租界) 혼합 법정 대법관인 관경지(關絅之, 1879~1942)를 통해 태허를 만난 이후 불교운동에 함께 참가하였다. 그런 인연으로 태허는 임종 전에 직접 조박초를 불러 당신의 인생불교를 계승하여 완성시켜 줄 것을 당부하였다. 그리하여 조박초는 1983년 '중국불교협회 성립 30주년'의 보고를 할 때 중국불교협회의 지도방침으로 인간불교사상을 제출한다. 조박초는 인간불교를 "위로는 불도를 구하고, 아래로는 중생을 교화하고, 불국토를 장엄하며, 유정중생들을 이익되고 즐겁게 한다."라고 정의한다. 조박초의 영향으로 중국공산당은 동북아시아에서 고립되었던 것을 한중일 3국 불교의 황금 유대를 통해 민간교류의 장을 열게 되어 지금까지 한·중·일 3국이 불교교류를 이어오고 있다.

  태허는 일생 동안 불법을 위해서 나를 버리고, 전력으로 불교를 구하고, 중생을 구하는 인간불교의 교리체계를 건립했다. 현대 중국의 저명한 불교학자 등자미(鄧子美)는 태허 대사의 업적을 한마디로 "인간불교는 20세기 중국불교의 결정체이다."라고 표현하고 있다.

  이러한 태허의 생애와 업적에 대한 평가는 본문을 통해서 더 자세히 살펴볼 수 있다. 이 책에서 소개하는 태허의 글은 『설불(說

佛)』을 저본으로 하였고, 중국 인터넷사이트에 있는 것 가운데 태허의 사상적 면모를 대표할 수 있는 원고들을 선택하여 번역하였다. 이 책이 태허에 대한 연구에 작은 디딤돌이 되고, 근현대 중국불교를 이해하는 노둣돌이 되기를 바란다.

    역자의 부족으로 번역이 매끄럽지 못한 부분과 중국불교의 현황에 대해 꼼꼼히 지적해주신 전영숙 교수님께 감사드리고, 이 책이 나오기까지 편집과 교정에 최선을 다해준 불광출판사의 편집부 여러분들께도 감사드린다. 또한 역자의 부족은 독자들께서 혜안으로 살펴 질책해주기 바라 마지않는다.

2016년 가을에
역자 조환기 씀

1

불교와 종교관

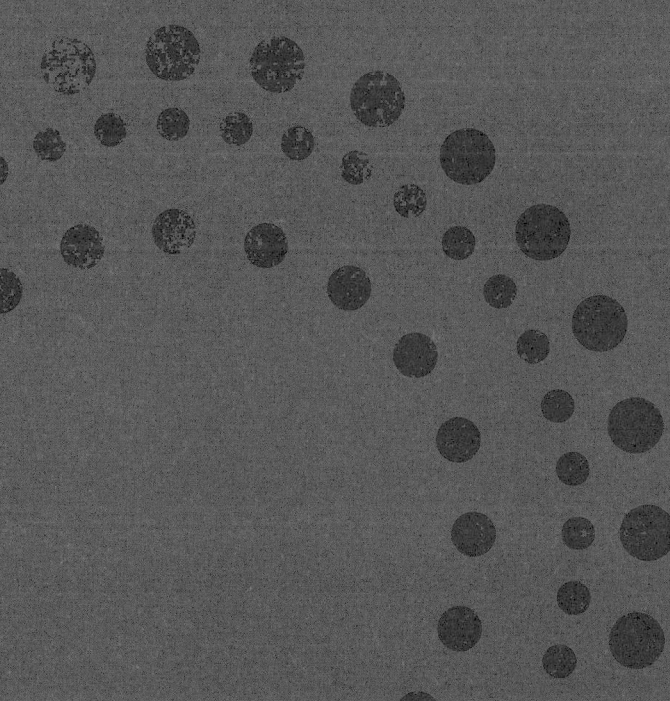

나의 종교 체험[07]

내가 출가하게 된 동기를 말하자면, 비록 여러 가지 복잡한 사연이 얽혀 있기는 하지만, 그중 가장 중요한 계기가 된 것은 바로 신선사상과 불교를 구분하지 못했기 때문이다. 당시 나는 신통력을 얻기 위해 출가했었다. 그랬기 때문에 계를 받고 경을 읽고 참선을 하면서 나는 그 모든 것의 목적을 신통력을 얻는 데에 두고 있었다. 이처럼 나는 출가한 첫 해를 허무맹랑한 것들을 추구하면서 보냈다. 출가 첫해에 이미 『법화경』을 다 읽었고 매일 암송하였다. 출가 후 두 번째 해의 여름에 『법화경』 강의를 들으면서 나는 비로소 부처와 신선(神仙)과 천신(天神)이 다르다는 것을 알았다. 한 번은 선방에서 참선을 하다가 깨달음을 얻고 싶다는 마음이 간절하게 다가왔다. 그래서 한편으로 『능엄경』을 읽으면서 다른 한편으로 선사들의 어록과 『고승전(高僧傳)』을 읽었다. 3년째 되던 해에 또 다시 『능엄경』을 배우게 되면서 천태종의 교(敎)와 관

(觀)에 대해서 기본적으로 다 이해할 수 있었다. 이와 더불어 현수(賢首)의 『화엄오교의(華嚴五敎儀)』나 『상종팔요(相宗八要)』 등을 연구했다. 그리고 화두를 붙잡고 참구(參究)하느라 고심하며 늘 마음속에 잊지 않고 다녔다.

그 해 가을에는 주로 장경각(藏經閣)에 가서 불경을 읽었는데, 『감산집(憨山集)』, 『자백집(紫柏集)』, 그리고 여러 고승대덕들의 시문집이나 경론(經論)을 즐겨 읽었다. 이렇게 몇 달을 보내고 있는데, 나처럼 대장경을 읽으러 오던 수좌 한 분이 나에게 말했다.

"불경을 볼 때는 마음대로 여기 뒤졌다 저기 뒤졌다 하면 안 돼요. 처음부터 끝까지 순서대로 읽어야 합니다."

그때까지만 해도 나는 대장경을 읽는 방법을 찾지 못하고 있었기 때문에 그의 말을 그대로 따라서 대장경 맨 앞에 있는 『대반야경』부터 읽기 시작했다.

『대반야경』을 읽은 지 한 달 남짓 되자, 심신이 조금씩 안정되는 것을 느꼈다. 400권의 『대반야경』을 아직 다 읽지 못했으나, 어느 날 우연히 "일체의 법은 얻을 수 없고, 나아가 열반 이외의 법이 있는 것도 역시 얻을 수 없다."는 구절을 읽는데, 순간 몸과 마음과 세상이 갑자기 텅 빈 것 같은 느낌이 들었으며, 그럼에도 불구하고 지각(知覺)은 그대로 살아 있었다. 바로 이 찰나의 텅 빈 깨달음 속에서 나와 만물은 더 이상 대치하지 않고 있었다. 눈 깜빡할 사이에 세상의 만물이 모두 가없는 크고 텅 빈 깨달음 속에 있음을 분명히 보았다. 그것은 모두 실체가 없는 그림자와 같은 것이었다. 이런 경계는 한두 시간 정도 계속되었고, 자리에서 일어날 때까지 여전히 심신이 매우 가볍고 고요하고 쾌적한 느낌이 들었다. 이런 느낌은 그 후 약 20~30일 동안 지속되었다.

『대반야경』을 읽고 나서는 『화엄경』을 읽기 시작했다. 『화엄경』을 통해서 화장장엄(華藏莊嚴)의 세계를 느꼈는데, 그것은 완전한 자심(自心)의 경계로서 공령(空靈)하고 생기발랄했다. 그 동안 참구했던 선어(禪語)와 교리(敎理)가 모두 녹아 하나가 되었다. 나는 어릴 때부터 기억력이 남달라서 무엇이나 한 번 보면 바로 외울 수 있었으나, 이 일을 겪고 나서부터 이해력은 매우 강해졌지만 기억력은 나빠졌다.

원래 나는 무엇을 열심히 제대로 읽은 적이 없었는데, 그때 이후로 매일 시도 아니고 노래도 아닌 것을 끝없이 적게 되었다. 말이나 문장이 모두 매우 예민한 상태에 이르렀다. 당시 함께 불경을 공부하던 이들 중에 나중에 금산사 방장이 된 정관(靜觀) 스님 등이 있었는데, 이들은 내가 감산(憨山) 대사가 걸렸던 병, 즉 일반적으로 선병(禪病)이라고 말하는 것에 걸리지 않았나 하고 걱정했지만, 정작 나는 마음이 매우 안정됨을 느꼈다.

지금 돌이켜 생각해 보면 당시 내가 이런 정혜심(定慧心)을 그대로 계속 이어 갔으면 나는 아마 삼승(三乘)의 성과(聖果)를 이룰 수 있었을 것이다. 그런데 그때 화산(華山) 법사를 만나면서 아쉽게도 길을 바꾸게 되었다. 당시 그는 항주에서 승려학교를 개교하고 장경각에 와서 잠시 쉬고 있었다. 이때 모두들 나의 신혜(神慧)에 대해서 이야기를 하고 있었다. 그는 나에게 천문, 지리, 물리, 화학 등과 같은 상식에 대해서 이야기해 주었다. 그리고 『천연론(天演論)』,[08] 강유위(康有爲, 1858~1927)의 『대동서(大同書)』, 담사동(譚嗣同, 1865~1898)[09]의 『인학(仁學)』, 장병린(章炳麟, 1868~1936)의 문집, 양계초(梁啓超, 1873~1929)의 『음빙실문집(飮氷室文集)』과 같은 책을 나에게 보여 주었다.

처음에 나는 그의 말을 믿지 않았다. 왜냐하면 그때까지 내가 본 것은 단지 중국에서 예로부터 전해오던 경사와 시문, 불교 전적 등이었기 때문이다. 당시 나는 그와 약 10여 일 동안 변론을 벌였고, 수많은 말을 주고받았다. 나중에 나는 그의 말이 매우 이치에 맞다고 느꼈다. 나는 특히 담사동의 『인학(仁學)』에 대해서는 매우 감복했다. 이로 말미암아 나의 생각은 불법(佛法)을 통해서 세상과 중생을 구하고 나라와 백성을 구해야겠다는 비원심(悲願心)으로 바뀌게 되었다. 그때 생각으로는 나 스스로 깨달은 불법에 다시 새로운 지식을 채우면 능히 세상을 구할 수 있을 것 같았다.

그 다음해에 나는 팔지두타(八指頭陀) 기선(寄禪, 1851~1912)[10]

대사를 따라 승려교육회를 만들었다. 겨울에는 역시 그와 함께 진강(鎭江)에서 열린 강소승려교육회(江蘇僧侶教育會)에 참가했다. 이어서 양인산(楊仁山, 1837~1911, 楊文會) 거사가 인도 불교를 부흥시키기 위해 기원정사 건립을 준비하는 모임에 참가했다.

그 후로는 예전처럼 선정에 들어 수행하는 것이 어렵게 되었고, 이 상태가 광서 34년(1908)부터 민국 3년(1914)까지 계속되었다. 유럽에서 제1차 세계대전이 발발하자 그동안 서양에서 나온 학설과 불법(佛法)으로 세상을 구제하는 힘을 얻으려 했던 생각에 회의가 들었다. 이렇게 흔들리는 상태로 시간을 보내다가 더 이상 어떻게 하기 힘들어 마침내 보타사(普陀寺)로 들어가 산문을 닫아걸었다.

산문을 닫아건 지 두세 달이 지났을 즈음, 어느 날 저녁 고요히 앉아 있는데 마음이 점차 고요해지고 절 앞에서 울리는 종소리가 들렸다. 그 종소리에 갑자기 심념(心念)이 완전히 다 깨져버리는 것 같은 느낌이 들더니, 멍하니 어떤 감각도 느껴지지 않고, 머릿속에서 지식이 다 사라졌다. 이런 상태는 다음 날 새벽 종소리가 들릴 때까지 계속되었다. 새벽 종소리를 들으며 비로소 각심(覺心)이 일어났다. 처음에는 다만 광명과 소리가 허공에 가득 차는 느낌만 들었는데, 어느 순간 허공, 광명, 소리가 하나로 혼연일체가 되는 것이었다. 이렇게 되니 사물과 나, 안과 밖의 분별이 없어졌다. 잠시 후 다시 분별이 일어났고 점차 평상의 심경(心境)이 회복되었다. 이후부터 나는 『대승기신론』이나 『능엄경』의 말이 내가 체험한 내용과 같은 것임을 알았다. 그래서 그때 나는 『능엄섭론(楞嚴攝論)』을 쓰기 시작했다.

이런 경험을 한 후에도 나는 계속해서 불경을 읽고 글을 쓰고 참선을 했다. 이 한 해 동안 나는 다만 법상종과 유식 관련 책만 읽었다. 당시 다른 경론도 참고해서 조금 읽었으나 주의 깊게 본 것은 유식 관련 저술들이었다. 유식 관련 저술 중에서 "거짓 지혜로는 자상(自相)을 설명할 수 없다."라는 부분에 대한 풀이를 반복해서 여러 차례 보았다. 그러다가 다시 정심현관(定心現觀)에 들어갔다.

이때부터 나의 사상과 내가 쓰는 글이 모두 달라졌다. 이전까지는 공령(空靈)하고 생기발랄했으나, 이후로는 조리가 세밀하고 긴밀하게 되었다. 내가 이때부터 쓴 글이 이전 글과 다르다는 것을 여러분이 알아볼 수 있을 것이다.

위에서 말한 바와 같이, 삼매의 경계를 세 차례나 경험했으나 나중에 여러 가지 복잡한 일들에 얽혀 수행을 통한 성취를 오랫동안 체험하지 못했다.

처음 체험을 한 후에는 기억력은 이전만큼 좋지 못했으나 이해력은 아주 깊어졌다. 그해에 나의 머리는 백발이 되었고 눈도 근시가 되었다. 그러나 나중에 다시 머리가 검어졌고 시력도 다시 회복되어 지금까지 변화가 없다. 두 번째 체험을 한 후 『대승기신론』이나 『능엄경』에서 말한 "깨달았으나 깨닫지 않은 것이다[覺而不覺]."라는 연기상(緣起相)을 증득하였다. 세 번째 체험에서는 유식의 인과법상(因果法相)을 현관(現觀)했다. 인과에 어둡지 않다는 옛 사람들의 말처럼 인과가 실제로 하나하나 조리가 정밀하고 질서 정연하여 조금도 얽힘이 없었다.

　이러한 삼매의 경지를 세 차례 겪으면서 매번 몸과 마음에 변화가 있었다. 아울러 우연히 천안통(天眼通)이나 천이통(天耳通), 타심통(他心通)의 징후도 체험하였다. 육신통도 가능하고, 천안통을 기반으로 하여, 숙명통(宿命通)에서 업의 과보가 유전상속한다는 것도 믿을 수 있었다. 다만 나는 비원심(悲願心)이 너무 강해서 선정(禪定)을 계속 닦아나갈 수 없었다. 비록 두서없이 이야기했지만 이로써 다른 사람들이 수행과 증험을 얻는 데 참고가 되기를 바란다.

불교란 무엇인가?"

내가 호북성 땅을 밟지 못한 지 4년 만에 비로소 이곳 호북성 무한(武漢)에 오게 되었다. 우선 이렇게 환대해 주니 몸 둘 바를 모르겠다. 특히 왕(王) 회장님, 이(李) 청장님을 비롯한 여러분에게 감사의 말을 전한다. 최근 10여 년간 중국 불교의 발전이 이 태허 덕분이라고 곳곳에서 말하지만 사실 나는 잘하는 것이 하나도 없고 여러분에게 도움을 준 적이 없다. 낙후했던 중국 불교가 이만큼이라도 발전하게 된 것은 모두 여러 훌륭한 고승대덕과 여러 거사님들이 힘을 합쳐 노력한 덕분인데 나를 과분하게 칭찬하니 부끄럽기 그지없다.

국민당을 만든 손중산(孫中山) 선생이 일찍이 했던 말씀이 기억난다. 선생은 광서성(廣西省) 군부대를 시찰하면서 지(智), 인(仁), 용(勇)의 삼덕(三德)에 대해 말하였다. 그러면서 "불교야말로 세상을 구제하는 '인(仁)'이다."라고 하고, 또 민족주의와 관련한 말씀

중에도 불학(佛學)이야말로 "과학의 편협함을 보완할 수 있는 학문"이라고 강조하였다. 손중산 선생의 "불교야말로 세상을 구제하는 인(仁)"이라는 말씀은 바로 부처님이 말씀하신 대자대비이면서 불학에서의 도덕을 의미한다.

또한 불학이야말로 "과학의 편협함을 보완할 수 있는 학문"이라고 말씀한 이유는 과학은 물질에만 관심이 편중되어 있으나 불학은 정신과 물질을 모두 중시하기 때문이다. 또 과학은 이성적이고 지식에 관심이 많으나, 불학은 심리와 논리를 망라하면서, 동시에 이성과 지식에 대한 분야도 모두 포함하고 있으므로 과학을 포용할 수 있다고 보는 것이다. 손중산 선생의 이 두 가지 말씀 안에 불학의 윤곽이 다 있지만 불학의 내용을 알지 못하면 의미가 없다. 그렇다면 도대체 불교란 무엇인가? 이것이 오늘 강연의 주제이다.

1) 불교의 본질

(1) 깨달은 자는 인생, 우주의 참다운 현상과 진리를 앎

범어로 불타(佛陀)는 깨달은 자[覺者]를 의미한다. 깨달은 자란 우주와 인생, 만물 제법의 참다운 현상(相과 用), 진리(性과 體)를 깨달은 것을 말한다. 불타는 세상을 창조하고 주재하는 신이 아니라, 세상의 모든 인연과 과보, 갖가지 변화 등에 대해 투철하게 통달한 자를 의미한다. 따라서 불교는 인생과 우주의 참다운 현상과 진리를 깨닫는 학문이며 무명과 어둠을 타파하는 학문이다. 일반인들은 불교를 미신의 하나로 오해하기도 하지만 도리어 자기 스스로가 미혹과 망상에 깊이 빠져 있다는 사실은 자각하지 못하고 있다. 일반인들이 이와 같이 전도몽상에 젖어 있으니 악업을 지어 괴로운 과보를 받는 인연의 굴레를 어찌 벗어날 수 있겠는가!

그렇다면 참다운 현상과 진리란 무엇일까? 탁자 위의 꽃병을 예로 들어보자. 과학에서는 꽃병이 원자로 구성되어 있다고 말한다. 그러나 불교에서는 이것이 지(地, 단단함)·수(水, 습함)·화(火, 따뜻함)·풍(風, 움직임)의 이 네 가지로 구성되어 있다고 말한다. 하지만 인연화합이 만들어낸 이러한 임시의 모습[相]은 실재 개체가 존재하지 않는다[空]. 임시의 모습은 또한 시시각각 변하면서 잠시도 멈추지 않고 변동한다. 멀리는 세상에 존재하는 모든 제법, 가까이는 오온, 심신 등 이 모든 것이 인연화합과 상속의 찰나의 변화이다. 이는 마치 세상에 성(成)·주(住)·괴(壞)·공(空)이라는 시기가 존재하고, 인생에도 소(少)·장(壯)·노(老)·사(死)로 나타난다. 비록 세간에 존재하는 이 네 가지 시간적인 변화는 천차만별이지만 서로 연결되어 있기 때문에 모두 공성(空性)을 내포하고 있다. 결론적으로 인간은 혜안을 갖고 있지 않으므로 사대(四大)는 본래

공(空)이고, 오온은 실체가 없음을 깨닫기 힘들다는 것이다. 그래서 헛된 분별심으로 나와 남, 이것과 저것에 대한 구분을 짓고, 아집(我執)이 아탐(我貪), 아애(我愛), 아치(我痴), 아만(我慢)을 일으켜 전도몽상에 이르면 이 세계는 큰 혼란에 빠져 하루도 편할 날이 없다. 만일 사람들이 불학의 참 깨달음을 얻어 헛된 몸이 '나'라는 망상에서 깨어나 우주와 인생의 진리를 깨달아 만유제법(萬有諸法)은 인연으로 통하고 공성(空性)은 둘이 아니고, 서로 도와 서로 이루어 이 땅에서 극락세계를 실현하는 것이 어렵지 않을 것이다.

(2) 깨달음으로 이끄는 계(戒)·정(定)·혜(慧) 삼학(三學)

부처는 전 우주의 진리를 깨달은 자를 일컫는다. 그리고 우리 같은 사람도 수행하고 노력한다면 누구나 부처가 될 수 있는 것이다. 또한 부처가 되는 것은 인간에게만 한정되지 않는다고 말씀하신 바 있다. 부처님은 "모든 중생은 여래의 지혜와 덕의 면모를 갖추고 있다."고 하였다. 하지만 우리는 인간이므로 인도주의적 관점에서 출발해야 한다. 인간은 이성(理性)을 가진 존재인데, 이 이성을 부처와 일체 중생이 모두 평등하게 소유하고 있지만 오직 현상과 작용만 다를 뿐이다. 사람들은 이치를 거스르며 행동하기에 깨달음을 저버리고 세속의 홍진에 부합한다. 즉 헛된 망상에 굳게 집착한다. 하지만 부처는 능히 이러한 나쁜 악습을 제거할 수 있기에 중생의 상태에서 벗어나 보리를 증득할 수 있는 것이다.

　우리는 이러한 인식을 버리지 못하여 작디작은 개체에 집착하여 '나'라고 하며 나머지 것들은 내가 아니라고 한다. 이러한 전도몽상으로 인해 가는 곳마다 장애에 부딪히고 자유 해탈의 경지를 이루지 못하게 된다. 즉, 부처의 평등과 제법의 즐거움을 누리지도 못한다.

　이로 인하여 부처님께서는 동체대비(同體大悲), 무연대자(無緣大慈)를 일으켜 계학(戒學)를 설하여 부정한 삼업(三業)을 제거하고 불가사의한 삼륜청정(三輪淸淨)을 이루게 하셨다. 또한 정학(定學)을 설하여 유루(有漏)의 오염된 마음을 없애고 무루(無漏)의 청정함과 선함을 이루게 하셨다. 또한 혜학(慧學)을 설하여 잘못된 견해를 없애고 위없는 정변각지(正遍覺知)를 이루게 하셨다. 우리 모두는 본래 '해탈,' '자유,' '평등'의 본능을 갖고 있으니 계정혜의 원리 원칙에 의거하여 열심히 수행한다면 우리 또한 부처님처럼 깨달음에 이를 수 있을 것이다.

2) 불학의 적용

(1) 불학과 종교, 그리고 과학

불학의 본질은 아름다움으로 가득 차 있다. 허나 세상에 널리 퍼지려면 속세의 사회문화에 적응해야만 하고, 비로소 진속(眞俗)이 둘이 아닌 원융무애한 큰 가르침을 말할 수 있다. 현재 세계 문화는 종교와 과학, 이 두 가지가 좌우한다. 종교는 정서적인 면이 풍부하여 사람의 마음을 모으는 힘이 있고, 과학은 이지적인 면이 풍부하여 제법을 분석하는 데 큰 도움을 준다. 이러한 종교와 과학이 있기에 지금의 사회문화가 만들어질 수 있었다. 만약 종교의 단결력이 없다면 인류는 흩어질 것이고, 과학의 분석이 없다면 자연계와 사회에는 커다란 혼돈이 찾아올 것이다.

또한 종교와 과학 사이에는 철학이 있으며 종교와 조금 더 가깝게는 문학이 있고, 과학과 가까운 것에는 공예가 있다. 문학과 공예의 발달은 필연적으로 미술의 발달을 수반한다. 종교나 과학은 말할 것도 없고, 여기서 파생한 문학, 철학, 공예, 미술은 모두 문화에 포함되는 개념이다. 문화와 불학의 관계는 다음과 같다.

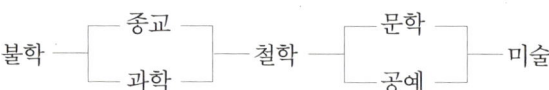

불학은 문화에서 가장 높은 곳에 위치한다. 불학은 철학인가? 종교인가? 아니면 과학인가? 사람들은 불학이 철학인지 과학인지, 아니면 종교인지에 대해 의견이 분분하다. 이러한 이유는 모두 불학을 이해하지 못한 채 성급히 판단하기 때문이다. 철학을 기점으로 이야기를 시작해보자. 종교는 터무니없는 상상에 근거하여 인생과 우주를 설명한다. 과학은 심리학, 생리학 혹은 물리학을 통해 인생과 우주를 설명한다. 철학은 비록 불학과 마찬가지로 인생과 우주를 이야기하고 있지만, 철학의 설명 방식은 불학의 설명 방식과 약간 차이가 있다.

불학의 출발점은 수양을 통해 얻어진 완전한 깨달음과 지혜이다. 이에 의해 인생과 우주의 진리를 손바닥 보듯 훤하게 볼 수 있고, 타인을 깨닫게 하기 위해서 설명해준다. 따라서 불학은 비록 철학이라고도 불리지만 철학과는 다른 것이다. 불학에서 사람들에게 설명을 하는 것은 전체 과정으로 보자면 초보적인 일에 불과하며, 철학과 달리 불학의 궁극의 목적은 이룬 깨달음을 실행하는 것에 있다. 그래서 일체 중생이 성불하여 불도(佛道)를 이루도록 해서 이 사바의 예토를 극락의 불국토로 만드는 데에 목적을 두고 있다.

손중산 선생이 삼민주의(三民主義)로 중국 인민들의 마음을 하나로 모아 국민 혁명을 이뤄냈던 것처럼 이것이 종교의 작용이다. 불학의 기능은 사람들의 안목을 트이게 하여 함께 깨달음의 길을 걷게 하는 것이다. 따라서 자연스레 위대한 종교적 단결력을 갖게 된다. 하지만 불학은 비록 종교라 할지라도 다른 종교들과는 달리 숭배하는 신 혹은 신화나 미신 따위가 존재하지 않는다. 그러므로 불학은 종교가 아니라고도 말할 수 있다.

과학은 실제 경험과 실험을 중시하는 학문이다. 결코 공상이나 상상 따위에 의존하지 않는다. 불학 역시 실지로 점차적인 수행과 증득을 밟아가는 것으로 탁상공론에 빠지지 않는다. 불학에서 말하는 것은 모두 실제 경험에서 체득한 것이며, 불학이 말하는 우주와 인생, 인연, 과보의 모든 변화는 전부 청정한 지혜를 통해 관찰한 것이다. 따라서 불학은 과학이 아니지만 과학이라고도 할 수 있다.

불학 자체가 바로 문화의 총화이다. 내가 서양에 머물 때 동양의 문화를 연구하는 학자들 대부분이 불학을 실마리로 삼아 연구하는 것을 보았다. 이처럼 종교를 기반으로 하였기에 이들의 철학과 미술에 관한 연구가 위대한 결과를 얻을 수 있는 것이다.

(2) 불학과 정치 그리고 사회

① 공화정치의 인생관

중국의 정치 체제는 전제군주제에서 공화제로 변화하였다. 불학은 청나라 말엽에 이르러 전제적인 정치체제에 맞지 않는다는 이유로 크게 쇠퇴하였다. 민국(民國)시대에 이르러서야 비로소 불학을 연구하는 이들이 늘어났다. 불학의 인생관은 모든 중생이 부처가 될 수 있는 가능성을 말한다. 이는 현대사상의 흐름과도 부합한다. 보리심을 발휘하여 보살 수행을 하는 사람들은 모두 부처가 될 수 있다고 하는 불교의 사상은 마치 공화정 체제와 비슷하다. 상당한 학문과 도덕, 나라와 국민을 위한 따뜻한 마음의 소유자라면 누구든지 정치 지도자가 될 수 있기 때문이다. 불교의 평등 정신은 현대사회 곳곳에서 적용될 수 있다.

② 대동 사회의 우주관

천하위공(天下爲公), 즉 천하는 한 집안의 사사로운 소유물이 아니어야 하고 대동(大同) 세계를 이루는 것이 동서고금의 전 인류가 바라는 바이자 삼민주의의 목적이기도 하다. 전 세계가 대동 사회로 나아가는 데에는 개인의 역량이 중요하다. 개인이 모여 하나의 사회를 이루기 때문에 그 사람이 뛰어나건 열등하건 모두 세계에 영향을 줄 수 있다. 이는 바로 불학에서 말하는 '하나가 곧 일체이고[一卽一切], 일체가 곧 하나이며[一切卽一], 하나의 법이 곧 법계(法界)'라고 하는 우주관이다.

3) 불학을 어떻게 연구할 것인가?

불학의 내용을 간단히 말하면 교리행과(敎理行果), 즉 가르침, 이치, 수행, 수행의 결과라는 네 가지를 벗어나지 않는다. '교(敎),' 즉 '가르침'이란 석가모니 부처님이 남기신 불경의 가르침이다. 불경이 각국으로 전파되면서 각각 종류가 다른 부분이 있게 되었다. 따라서 불상, 발우, 탑 등 법물(法物)의 수집과 불교 사료(史料)의 편집과 연구, 각종 문체로 쓰인 경전의 교정(校訂), 도서의 번역과 주석 등의 작업이 중요하다.

'교(敎)'가 부처님으로부터 나온 것과 달리 '리(理)'는 불교를 연구하는 학자들에게서 나온 것이다. 따라서 각자가 본 '리(理)'에 따라 편협한 것도 있고 그렇지 않은 것도 있다. 또한 그에 따라 각각의 학파가 형성되었다. 인도에서는 소승 20부파와 대승의 화엄의 성종(性宗), 유식의 상종(相宗), 밀종(密宗)의 삼종(三宗)이 형성되어서 현재 스리랑카, 티베트 등지에서 대승과 소승의 학파가 유행하는 것이다. 또 중국과 일본에서는 현교(顯敎)와 밀교(密敎), 소승과 대승을 융합시킨 종합학파가 형성되었다. 서양과 근대 일본에는 새로운 연구학파가 형성되고 있고 이를 바탕으로 새로운 교파가 형성되고 있다. 서양의 교파는 비록 공히 과학적 방법으로 접근했다고 해도 동남아불교, 일본불교, 티베트불교 등 각자 다른 것을 계승하여 서로 상이한 교파를 형성해 가고 있다.

'리(理)'에 대한 공부가 끝나면 실제로 '행(行)'하는 것이 중요하다. '행(行)'에는 계율, 선관, 진언, 정토의 네 가지 문(門)이 있다. 만약 법에 따라 수행한다면 누구나 효과를 얻을 수 있다. 계율에는 '통(通)'과 '별(別)'의 구분이 있다. '통'은 칠중(七衆)[12]이 같이 받는 것이고, '별'은 칠중이 각각 별도로 받는 것이므로 서로 혼란되지 않는다. 아래 표로 제시하면 다음과 같다.

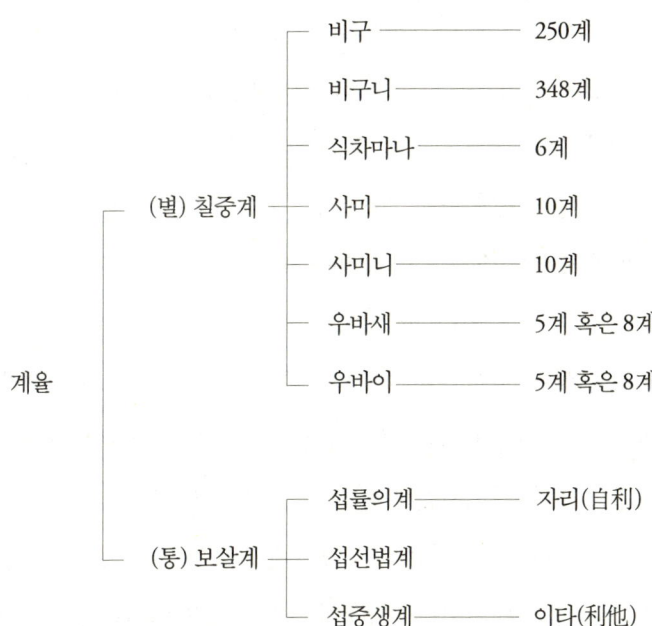

선관(禪觀)은 대소승의 각종 지관(止觀) 및 선종(禪宗)을 포함한다. 진언은 밀종의 모든 다라니 문을 말한다. 정토는 시방세계의 모두 청정 불국토에 왕생하기를 발원하는 것이다. 이곳의 중생들과 아미타불의 사이에는 특수한 인연이 있기에 대체로 극락정토에 왕생하기를 발원한다. 혹은 이 도솔천(兜率天) 내원궁 미륵보살 가까이 왕생하기를 발원한다.

'행'을 하면 필연적으로 결과가 생기기 마련이다. 그러므로 이 결과를 '과(果)'라고 부른다. 또한 교리를 연구해서도 '과'를 얻게 되는데, 교리를 통해 얻은 '과'를 '신과(信果)'라고 부른다. 신과(信果)는 결코 미신이 아니다. 왜냐하면 이것은 교리에 대한 연구와 이치에 대한 참구(參究), 수행을 통해 얻은 신심(信心)이기 때문에 신과야말로 미신이 아니라 '지신(智信)'이며, 지신을 지녀야 비로소 진정한 불교 신도가 된다. 재가자를 가리켜 신중(信衆)이라 하고 출가자를 승중(僧衆)이라 한다. 또 십주(十住), 십행(十行), 십회향(十廻向)을 삼현(三賢)의 보살이라 한다. 계율을 청정하게 지켜 얻어진 결과를 '덕과(德果)'라고 한다. 이 오편(五篇),[13] 삼취정계로서 모든 업장(業障)을 다스리는 것이 계의 덕과이고, 자리이타(自利利他)가 승보(僧寶)이다. 이러한 덕과들은 삼현십성(三賢十聖)에 공통된 과(果)이다. 선(禪)과 관(觀)을 통하여 미혹됨을 벗어난 것을 '정과(定果)'라 한다. 삼승(三乘)이 공통적으로 수행하는 사마타(奢摩他),[14]

비바사나(毗婆舍那)[15] 내지는 부처의 경지인 이른바 능엄대정(楞嚴大定), 해인삼매(海印三昧)가 모두 여기에 해당한다. 삼승성위(三乘聖位)에 이르러 무루정지(無漏定智)를 수행하여 얻은 결과를 '혜과(慧果)'라고 한다. 혜과는 바로 반야무루성혜(般若無漏聖慧)를 말하는데, 이 성혜(聖慧)는 무시(無始)이래로 지닌 모든 장애의 습기(習氣)를 끊게 하여 마침내 과덕(果德)을 이루게 한다. 이 위치에 오르면 비로소 부처라고 하며 진정한 깨달은 자라고 할 수 있다.

교리행과를 총괄하여 표로 작성하면 다음과 같다.

```
                 ┌─ 불교 법물 수집 ──────── 인도, 페르시아, 인도네시아 등
                 ├─ 불교의 역사 자료 편찬과 연구 ── 스리랑카, 태국, 미얀마 등
            ┌ 教 ┤
            │    ├─ 불교 경전의 교정(校訂) ──── 중국, 조선, 일본 등
            │    └─ 불교서적 찬역(纂譯) ───── 티베트, 네팔, 몽골 등
            │
            │    ┌─ 인도 소승학파 ──── 스리랑카 등이 여기에 속함
            │    ├─ 인도 대승학파 ──── 티베트 등이 여기에 속함
            ├ 理 ┤
            │    ├─ 중화 종합학파 ──── 일본 등이 여기에 속함
            │    └─ 유럽과 미국의 신연구파
  佛學 ──────┤
            │    ┌─ 계율 ──── 통(通) ──── 보살계(別) ──── 칠중계
            │    ├─ 선관(禪觀) ──── 대소승의 각종 지관(止觀) 및 선종(禪宗)
            ├ 行 ┤
            │    ├─ 진언(眞言) ──── 인명(印明) 및 무량인명(無量印明) 등
            │    └─ 정토(淨土) ──── 극락정토 혹은 도솔정토 등
            │
            │    ┌─ 신과(信果)-교리의 과 및 제행의 공과(公果) 연구-신중(信衆)
            │    ├─ 덕과(德果)-계율의 과 및 제행의 공과 수지(受持)-승중(僧衆)
            └ 果 ┤
                 ├─ 정과(正果)-선관의 과 및 제행의 공과 수습(修習)-현중(賢衆)
                 └─ 혜과(慧果)-선관의 과 및 제행의 공과 수승(修勝)-성중(聖衆)-불(佛)
```

위의 표를 통해서 불학을 공부함에 있어 '교리행과(敎理行果)'에 순서가 있고 차례를 멋대로 할 수 없다. 오늘날 불학을 공부하는 사람들 중 대부분이 교리를 제대로 알지도 못하면서 수행의 증득을 망령되이 말하고, 사마(邪魔)의 꾐에 빠져 있는 것이 마치 장님이 코끼리 만지는 것과 같으니 이 때문에 불학을 공부한다면서 도리어 진리는 더욱 멀어져서 속세의 사람들이 미신을 믿는다 한다. 진실로 각자 노력해서 이런 폐단을 스스로 끊을지어다.

불학은 혜학慧學이다[16]

1) 불학의 발생

작년에 상해불학분회(上海佛學分會)가 성립된 후 나는 불교 포교를 위해 상해를 떠나 하문(廈門), 홍콩, 광동, 산두(汕頭) 등지에서 2개월여 동안 강연을 하러 다녔다. 이제 다시 상해로 돌아와 여러 회원들을 만나게 되니 감개무량하다. 불학회가 모임을 갖는 이유를 다시 한 번 생각해 볼 필요가 있다. 모임의 이름이 갖는 의미를 되새겨 보면 바로 불학을 연구하는 모임이라는 뜻이다. 그러므로 나는 이 자리에서 '불학'이 의미하는 바가 과연 무엇인지에 대해서 설명해 보겠다.

불학을 연구함에 있어 무엇보다 중요한 것은 먼저 '불(佛)'의 참 의미를 아는 것이다. '불타(佛陀)'는 한문으로 음역된 말인데, 그 뜻은 '깨달은 자'이다. 여기서 깨달음이란 일반적으로 말하는, 일상에서 무언가를 깨달았다는 의미가 아니다. 그것은 곧 '아뇩다라삼먁삼보리,' 즉 무상정등정각(無上正等正覺)을 얻은 자, '원만구경평등보편대각대오대지(圓滿究竟平等普遍大覺大悟大智)'를 얻은 자를 의미한다. 부처님께서는 위없는 깨달음을 얻으신 후 다른 사람도 깨닫게 하겠다는 자비의 마음을 내셨다. 그리하여 일체 중생이 모두 번뇌와 고통에서 벗어나지 못함을 철저히 살피고 대자대비의 홍원(弘願)을 발하여 무량한 중생, 일체 인류를 위해 고통을 벗어날 방법을 깊이 살피셨다. 그리고 일체 중생이 철저히 고통을 벗어나 즐거움을 얻어 모두 함께 맑고 편안함을 얻도록 하는 길을 제시하셨다. 부처님께서 제시하신 이 길은 두통에 머리를 치료하거나 다리 통증에 다리를 치료하는 지말적인 치료가 아니다. 무량세계에 존재하는 일체 사물을 모두 대상으로 삼을 뿐만 아니라 우주 형성의 근거와 중생의 번뇌가 일어나는 원인을 철저히 연구하여 각 대상마다에 적합한 근본적 치료 방법을 얻으셨다.

고통과 번뇌가 병이라면 약으로 치료해야 한다. 그러려면 병의 원인을 철저히 추적하고 연구한 후에 각각의 증상에 맞는 약을 주어야 고통의 뿌리를 제거할 수 있다. 부처님께서 구도의 길을 가신 근본 동기가 일체 중생이 고통을 벗어나 즐거움을 얻게 하려는 것이었다. 그리하여 마침내 부처님은 일체 만물의 실상에 대해서 철저한 규명을 하셨다. 이렇게 철저히 규명을 하셨기에 번뇌의 뿌리를 철저히 끊을 수 있었던 것이다. 동시에 부처님은 일체 중생도 또한 깨닫기 전의 자신처럼 번뇌에 묶여 있으므로 부처님 자신이 이미 깨달은 제법(諸法)의 실상을 미처 깨닫지 못한 중생들에게 두루 보여주지 않으면 중생이 고통을 벗어나 즐거움을 얻지 못할 것임을 철저히 관(觀)하셨다. 그러나 중생마다 근기(根機)가 각각 차이가 있기에 각기 방편 법문을 달리하셨다. 이렇게 방편 법문은 매우 다양하지만 그 목적은 하나이니, 길은 다르나 목적지는 하나라는 것이 바로 이것이다.

부처님의 설법을 들었던 사람들은 각자 계기와 인연이 있었다. 부처님께서 열반에 드신 후 여러 경전이 세상에 유통되었고, 그후 불법을 들은 사람들은 각자 자신의 근기에 따라 이해 내용이 조금씩 차이가 나게 되었다. 그리고 이에 따라 불학이 생겨났다. 비록 약간씩 차이는 있지만 불학은 근본적으로 계(戒)·정(定)·혜(慧) 셋을 순차적으로 높여서 깨달음에 이르는 학문이다. 따라서 계정혜에 의지하여 일체 중생에게 교화를 펼쳐 보이고 수행해야 한다. 이렇게 하면 부처님께서 얻으신 위없는 깨달음에 도달할 수 있다. 이처럼 불학이란 먼저 자신이 무상정각(無上正覺)을 깨닫고, 다음에 스스로 깨달은 무상정각을 미처 깨닫지 못한 중생에게 열어 보이는 것이다. 계정혜에 의지하여 차례대로 수행하는 것이기에 노력하면 범부도 성인의 반열로 들어설 수 있으며, 번뇌업장, 생사의 고통의 근본을 벗어나 중생도 부처가 될 수 있는 것이다. 이상이 계정혜 삼학(三學)에 대한 나의 종합적 설명이다.

2) 많이 들어야 신심이 생긴다

계정혜 삼학은 위없는 깨달음을 얻으신 부처님이 제시한 방법이니 여기에 의지하면 누구나 부처가 될 수 있다. 그런데 삼학의 의미를 다시 정확히 따져보면 셋 가운데 가장 중요한 것은 지혜이다. 불학을 한마디로 말하면 바로 혜학(慧學)이기 때문이다. 왜 그럴까? 불교를 공부하는 사람들이 가장 먼저 가져야 할 것은 믿는 마음[信心]이다. 신심(信心)은 법문을 들어서 얻는 지혜에서 생겨난다.

부처님께서는 스스로 깨달음을 얻은 후 다른 사람을 깨닫게 하기 위해서 각종 방편으로 법을 설하셨다. 부처님께서는 사람들에게 방편설을 들려주어 깨닫게 하셨다. 그리고 깨달음으로 말미암아 지혜를 얻을 수 있게 된다. 오늘 이 자리에 와서 강연을 듣는 분들도 이미 법문을 들은 적이 있기도 하고 오늘이 처음 듣는 분들도 있기도 하지만 일단 불법을 들음으로써 불교의 이치가 이러저러하다는 것을 알게 된다. 이것은 바로 지혜를 완성시킬 수 있도록 듣는 것이다. 즉 법문을 들어서 얻는 지혜[聞所成慧]가 신심을 만드는 것이다. 세상에 유통되고 있는 많은 경전들, 경(經)·율(律)·론(論) 삼장(三藏), 잡장(雜藏) 등이 있다. 이러한 경전들을 읽고 연구함을 통해서 불법의 의미를 명료하게 알 수 있다. 경전에서 지혜를 얻는다는 것은 곧 법문을 들어서 얻는 지혜를 얻는다는 의미이다. 법문을 들어서 얻는 지혜의 결과로 나오는 것이 바로 신심이다.

여기 삼보에 귀의한 분들이나 아직 그렇지 않은 분들이나 이미 상당한 신심이 생겼을 것이다. 신심으로 말미암아 불법승 삼보에 귀의하게 되고 삼보에 의지하여 견고한 신심이 생기게 된다. 신심이 견고하고 완전하게 자리 잡게 되면 비로소 몸과 마음이 귀의할 곳이 생기게 된다. 이렇게 불법을 들음으로 말미암아 불법에 대한 이해가 생기고 불법에 대한 이해로 말미암아 지혜가 생겨난다.

또 지혜가 결정됨으로 말미암아 견고한 신심이 생겨나게 되고, 마침내 불법이 무상정각의 진리임을 믿게 된다. 이런 믿음은 결국 법문을 들어서 얻는 지혜로부터 나오는 것이다. 즉 법문을 들어서 얻는 지혜에서 생겨나는 것이다. 만약 불법을 들은 바가 없거나 경전을 읽고 연구한 적이 없어 불학의 이치가 어떤 것인지 전혀 모른다면 법문을 들어서 얻는 지혜가 없기에 믿음이 정확한지 아닌지와 같은 이야기를 꺼낼 필요조차 없다.

따라서 불교 입문의 첫걸음은 신심(信心)이다. 신심에는 얕고 깊음, 원만한가 아닌가의 차이가 있다. 따라서 법문을 들어서 얻는 지혜에도 원만함과 편협함의 차이가 있다. 이는 곧 불법을 듣는 데 있어 각자 마음에서 발하는 지혜의 정도, 일어나는 신심의 정도에 차이가 있음을 의미한다. 불학은 성불(成佛)을 위한 학문이다. 따라서 불학 공부에는 우선 신심이 형성되어야 하며, 그 신심은 법문을 들어서 얻는 지혜와 관련 있다. 법문을 들어서 얻는 지혜를 위해서 이렇게 불학회(佛學會)를 만들 필요가 있는 것이다.

불경을 연구하고 강의를 듣는 것은 모두 법문을 들어서 얻는 지혜를 이루는 것이다. 이런 과정을 통해서 우리의 신심은 더욱 깊어지고 진리를 인식하는 것도 원만해지게 된다. 불법에 대한 신심이 더욱 깊어지는 것은 불법을 듣는 것과 비례한다. 불법을 공부하는 사람에게 있어 신심은 일체 사유 행위가 귀납되는 표준이다. 신심이 없으면 자신의 일체 사상과 행위가 돌아갈 바를 잃고 흔들리게 된다. 따라서 각자 공부하는 불법을 통해 신심을 일구고, 신심으로 말미암아 더 많은 불법을 들으며, 더 많은 불법을 들음으로써 더 깊은 신심이 발하게 되어야 한다. 이렇게 볼 때 불법의 근본이 혜학(慧學)임을 알 수 있다.

3) 내적 사색에 의한 지혜로 계율을 완성한다

법문을 들어서 얻는 지혜[聞所成慧]가 사람에게 신심을 생기게 한다고 앞서 말했다. 이렇게 신심이 생기게 되면 스스로 많은 사색을 하게 되고, 마침내 내적 사색에 의한 지혜[思所成慧]가 생기게 된다. 평소에 불법을 많이 듣게 되면 스스로 고요히 사색하고 곰곰이 분석해 보게 된다. 이렇게 해서 맑고 명징한 지혜가 생겨나게 되니 이런 지혜를 일러 '사소성혜(思所成慧),' 즉 내적 사색에 의한 지혜라고 한다. '사소성혜(思所成慧)'에서의 '생각한다'는 의미의 '사(思)'는 일반적인 '생각한다'와는 의미가 다르다. 여기서 '생각한다'는 것은 '마음의 힘이 작용한 행위'를 의미한다. 이는 촉각, 느낌, 감상으로 말미암아 일어나는 신(身)·구(口)·의(意)의 조작을 뜻한다. 이런 조작의 행위를 '사(思)'라고 한다.

사소성혜는 법문을 들어서 얻는 지혜, 즉 문소성혜(聞所成慧)를 통해 진리를 이해한 후 행동과 생활 속에서 신·구·의 삼업의 체험으로 드러나는 것이다. 시시각각 관찰하며 문소성혜를 통해 파악한 진리를 바탕으로 생각과 행동에 있어 선악과 시비 판단의 표준으로 삼아 스스로의 악습을 개정해 나가는 과정이다. 이런 실천적 실험을 통해서 몸과 마음이 더욱 깊고 명징한 이해를 갖게 되면 비로소 사색을 통한 지혜가 생겨나게 된다. 사소성혜의 '혜(慧)'

는 지행합일(知行合一)의 혜(慧)이다. 그래서 악을 그치고 선을 실천한다. 이는 마치 왕양명(王陽明, 1472 ~ 1529)의 지행합일과 같아서 이것이 진정한 지(知)임을 알아 실천을 통해 자신이 얻은 지혜를 증명하고자 하는 것이다. 즉 악을 그치고 선을 행하는 체험을 통해서 얻은 지혜가 바로 사소성혜인 것이다.

사소성혜로 말미암아 계행(戒行)을 완성한다. 계율에는 해야 할 계율과 하지 말아야 할 계율의 두 가지가 있다. 마땅히 해야 할 계율은 선(善)이므로 당연히 행해야 한다. 마땅히 하지 말아야 할 계율은 악(惡)이므로 마땅히 그쳐야 한다. 마땅히 하지 말아야 할 것을 하지 않는 것을 '지(持)'라고 한다. 마땅히 하지 말아야 할 것을 하는 것을 '범(犯)'이라 한다. 마땅히 해야 할 것을 하는 것도 '지(持)'라고 하며, 마땅히 해야 하는데 하지 않는 것도 '범(犯)'이라고 한다. 문소성혜, 즉 법문을 들어서 얻는 지혜로 말미암아 신심이 일어나는데, 이 믿음이 유일한 진리이다. 즉 이것으로써 시비와 선악의 표준으로 삼아 응당 해야 하는 것을 행하고, 응당 행하지 말아야 할 것을 행하지 않는 것, 이것을 계행(戒行)이라고 한다.

계(戒)는 사소성혜로부터 이루어진다. 공자가 안회(顏回)에게 "예(禮)가 아니면 보지 말고, 예가 아니면 듣지 말며, 예가 아니면 말하지 말고, 예가 아니면 움직이지 말라."고 했던 것과 같은 것이 바로 계이다. 계학(戒學)에는 기본적인 계학과 일반적인 계학이 있다. 일반적인 것으로는 오계(五戒)와 십선(十善) 같은 것이 있는데, 재가자나 출가자나 구분 없이 모두 이러한 것을 생각과 행위의 표준으로 삼고 돈독히 실천해야 한다.

십선을 행함에 있어 다음과 같이 구분할 수 있다. 이것은 불법의 보편적 규율에 해당한다.

신(身) : 불살생(不殺生), 불투도(不偸盜), 불사음(不邪淫)
구(口) : 불망어(不妄語), 불악구(不惡口), 불양설(不兩舌),
   불기어(不綺語)
의(意) : 불탐(不貪), 부진(不瞋), 불치(不痴)

위의 십선의 계율 가운데 행하지 말아야 할 것은 마땅히 하지 말아야 하고, 행해야 할 것은 마땅히 행해야 한다. 이를테면 생명을 죽이는 일은 바로 멈춰야 한다. 동시에 인자함과 박애정신과 같이 중생을 구하는 마음을 확대시켜 적극적으로 실천하고 인류를 구제하기 위하여 선한 일을 힘써 행해야 한다. 또 마땅히 그쳐야 할 일은 그치고, 마땅히 해야 할 일을 해서 십선의 계율을 실천하는 것이 사소성혜를 이루는 것이다.

지계(持戒)의 기본 요소 중 첫째가 지혜이다. 먼저 법문을 들어서 지혜를 발하고, 지혜로 인하여 믿음이 일어나고, 청정한 불법을 인지하여 모든 선을 행하고 악을 멈추는 일체 판단의 표준으로 삼는다. 불법에 의지하여 하지 않으면 불가함을 자연스럽게 명확히 알게 되면 이로 인하여 자동적으로 지계라는 결과가 생겨난다. 이는 그때그때 상황에 따라 몇 가지 규율을 정하여 사람들의 행위를 속박하는 일반적 계율과는 전혀 다른 것이다.

4) 정심상응(定心相應)의 수소성혜(修所成慧)

앞에서 문소성혜(聞所成慧)로부터 신심(信心)이 일어나는 것이 제1단계이며, 사소성혜(思所成慧)에 의지하여 계(戒)를 이루는 것이 제2단계라고 말했다. 이제 수행의 실천으로 얻을 수 있는 지혜, 즉 수소성혜(修所成慧)가 제3단계이다. 이 단계에 들어가면, 이미 앞에서 말한, 기초가 닦여 있는 상태, 즉 법문을 들어서 얻은 지혜가 신심을 일으키고 사색으로부터 얻은 지혜를 통해서 계율의 수지가 이루어져 있다. 이제 이런 상태에서 한 걸음 더 나아가 수행을 지속하여 심의(心意)를 정결하게 하여 수행을 닦으면 선정(禪定)을 얻게 된다. 정(定)이 혜(慧)와 서로 상응하는 것을 가리켜 수소성혜라고 한다. 수소성혜가 있으면 범부의 무명과 우매와 전도몽상의 산만한 마음이 점차 명철해지고 고요한 삼매(靜定)를 얻게 된다. 문소성혜로 인하여 신심이 생기면 마음이 귀의할 곳은 생기지만 여전히 야생마와 같이 날뛰는 마음이 아무 때나 생겨나는 것을 굴복시킬 수는 없다. 그러나 사소성혜의 힘으로 계율에 의거하여 행동할 수 있게 되고, 이것을 오랫동안 수련하면 마음이 안정(安定)되어 지혜가 생겨난다. 이것이 바로 계(戒)로부터 정(定)이 생기고, 정(定)으로 말미암아 지혜가 생기는 것이다.

지혜로 말미암아 행할 것과 그칠 것, 버릴 것과 취할 것이 명료해지며, 응당 해야 할 것을 하고 응당 그쳐야 할 것을 그치게 된다. 이치를 알게 되니 마음이 편안해지고 마음이 편안해지니 마음의 일어남과 생각의 일어남이 모두 불법의 이치에 합당하지 않음이 없다. 이와 같게 되면 신(身)과 심(心)에 매우 경쾌하고 편안한 느낌이 온다. 여기에서 얻은 결과가 바로 선정(禪定)이다. 아직 정(定)을 얻지 못한 상태의 마음을 산심(散心)이라고 한다. 산란한 마음의 상태에서는 마음이 돌아갈 곳을 찾지 못하여 끝없이 이리저리 흐르고 분탕질 치며 잠시도 쉼이 없다. 그러나 이제 안정(安定)을 얻게 되면 정신이 한곳에 집중되고 통일, 통달되어 편안하고 고요하다. 그리하여 수소성혜의 정혜(定慧)에 이르게 된다.

수행의 실천을 통해 얻은 지혜는 마음을 편안하게 하여 정(定)을 얻게 한다. 정(定)에 이르면 육근(六根)이 맑고 편안해진다. 육근은 안(眼), 이(耳), 비(鼻), 설(舌), 신(身), 의(意)를 말한다. 마음이 산만해지고 분열된 것을 산(散)이라고 한다. 마음이 안정되고 통일된 것을 정(定)이라고 한다. 정이 계속 되면 매우 맑고 밝은 마음의 힘이 생긴다. 이러한 상태에서 이른바 육신통(六神通)이 생겨난다. 육신통이란 천안통(天眼通), 천이통(天耳通), 타심통(他心通), 숙명통(宿命通), 신경통(神境通), 누진통(漏盡通)을 말한다. 수소정혜를 얻게 되면 보고 듣는 것이 정(定)의 힘 덕분에 굳세고 강해져서 외부에 의해서 쉽게 흔들리지 않는다. 심력이 집중되고 통일되게 되면 불가사의한 신통력이 생기는데, 이는 사실상 수소정혜로 말미암아 얻어진 것이다. 먼저 문소성혜로 인하여 신심이 일어나고, 이어서 사소성혜로 말미암아 일관된 실천을 통하여 계율을 지키는 힘이 얻어지며, 이어서 수소성혜로 말미암아 지계와 정진이 가능해지고 마침내 진리를 증득하여 마음이 안정된 상태에 도달하여 마음의 힘이 하나로 집중·통일되어 정신이 평화롭고 안정되어 일체의 행위가 보통 사람과 확연히 다른 경지에 이르게 된다.

따라서 수소성혜로부터 얻은 정(定)은 자연적 순서에 따라 수행함에 의해 이루어진 정(定)이다. 평소에 수행을 통해 들게 되는 정(定)이란 정좌(靜坐)하여 생각에 집중해서 얻어진 것이다. 이는 마치 코로 들락거리는 숨을 관(觀)하거나 염불을 하거나 경전을 독송할 때와 같다. 심념(心念)을 억제한다는 점에서 서로 대동소이하다. 사실 말하자면 수소정혜로부터 얻은 정(定)은 더욱더 수학하는 증상학(增上學)의 정(定)이다.

　　문소성혜로부터 얻은 신심은 결코 맹목적인 미신이 아니다. 신심에 의해서 불법의 가르침에서 해야 할 것과 하지 말아야 할 것에 대한 '계율'을 배우기 때문에 계율은 규율이나 조약과 같은 속박에 의한 금지와는 차원이 다르다. '정(定)' 또한 같다. 수소성혜로부터 얻은 '정(定)'이기에 단지 한 가지 법만을 생각해서 얻은 것과 차원이 다른 '정'이다. 불법의 진제(眞諦)를 명확히 알아 신심으로부터 지계로 나아가고, 수소성혜로부터 마음을 집중하여 얻은 정(定)은 점차 무루혜(無漏慧)를 끌어내어 불법의 정정(正定)을 이룰 수 있을 것이다. 만일 문소성혜로부터 신심이 일어나고 사소성혜로부터 지계를 얻고 수소성혜로부터 정(定)을 얻은 것이 아니라 오로지 억지로 제어하고자 노력해서 얻어진 정(定)이라면 그것은 진정한 정(定)이 아니다. 비유하자면 돌로 풀을 눌러 놓은 것과 같아서 비록 잠깐은 제압할 수 있겠으나 나중에는 반드시 다시 올라오기 때문이다.

5) 삼혜(三慧)가 자라나 무루(無漏)의 지혜를 발현한다

　　불법의 정학(定學)은 수소성혜로부터 이루어진 정(定)을 뜻한다. 심념(心念)이 이르러 하나같이 불법의 진의(眞意)와 부합하는 까닭에 정(定)에 이어 참 지혜가 나오는 것이다. 이는 문소성혜로부터 신(信)이 일어나고, 사소성혜로부터 계(戒)를 지닐 수 있게 되며, 수소성혜로부터 정(定)을 얻는다는 뜻이다. 여기에서 한 걸음 더 나아가 얻는 지혜가 바로 무루의 지혜 또는 무분별의 지혜이다. 이것은 바로 성지(聖智)이다. 무루(無漏)란 물을 컵에 담았을 때 그릇이 깨졌으면 물이 새고 깨지지 않았으면 물이 새지 않는다고 할 때의 무루이다. 여기서 루(漏)는 번뇌이다. 마음속에 탐·진·치, 오만(傲慢), 의심 등의 번뇌로 마음에 금이 가면 새게 된다. 위에서 말한 문소성혜, 사소성혜, 수소성혜는 비록 무시로 찾아오는 무명번뇌(無明煩惱)를 능히 극복하고 제어할 수 있기는 하지만 그래도 누수(漏水)가 생기는, 완전하지 못한 지혜이다. 따라서 무루(無漏)의 지혜만이 번뇌를 철저히 끊을 수 있고 고통을 근본적으로 제거할 수 있다.

무루의 지혜와 무명번뇌(無明煩惱)는 서로 함께할 수 없다. 문소성혜, 사소성혜, 수소성혜를 순서에 따라 점진적으로 닦아가게 되면 가행(加行)의 지혜가 나온다. 그리하여 일체법의 무상무분별(無相無分別)을 알아 심경일여(心境一如)하게 되어 주관과 객관 둘 다를 잊게 된다. 쉬지 않고 정혜(定慧)를 닦으면 정혜가 끊어짐이 없게 되어 가행무분별혜(加行無分別慧)를 얻는다. 이렇게 계속해 가면 무시이래의 무명의 번뇌가 모두 사라지는 근본무분별혜(根本無分別慧), 즉 무상무분별혜(無相無分別慧)를 일으켜 일체법의 공(空)

함과 진여(眞如)의 성품을 보게 될 것이다. 이렇게 되면 범부가 성인의 반열에 들어 성과(聖果)를 얻게 된다.

근본무분별혜, 즉 무상무분별혜로부터 스스로 진여를 증득하고 무명과 망상(妄想)을 벗어나면 후득무분별혜(後得無分別慧)에 이르게 된다. 후득무분별혜로부터는 인연으로 이루어지는 즉공즉가즉중(卽空卽假卽中)의 제법의 실상을 두루 관(觀)하게 되어 아무런 장애도 없고, 자신의 깨우침은 물론 타인도 깨우칠 수 있고 진속(眞俗)이 원융(圓融)하게 된다. 대승의 교의(敎義)에 의거하여 근본무분별혜(根本無分別慧)를 얻으면 현생에서 성스러운 과보인 보살이 된다. 근본무분별지와 후득무분별혜에 의지하여 정진하면 원융무애한 부처의 경지, 즉 구경묘각의 아뇩다라삼먁삼보리에 이르게 될 것이다.

6) 불학(佛學)의 완성은 혜학(慧學)

이른바 불학(佛學)은 먼저 부처가 된 이가 아직 부처가 되지 못한 사람을 성불하도록 열어 보이는 학문이다. 이에 불학을 배우고자 하는 사람들은 먼저 문소성혜로부터 신심(信心)을 일으키고 신심을 일으키는 것으로부터 불학을 배운다. 그러므로 불학의 출발점은 혜학의 입문으로부터 시작한다고 할 수 있다.

문소성혜에서 사소성혜로, 사소성혜에서 수소성혜로, 수소성혜로부터 가행무분별혜로, 여기서 다시 근본무분별혜, 후득무분별혜, 구경원만성취무상보리로 나아가기 때문에 이 모든 것을 통틀어 살펴보면 결국 '혜(慧)'라는 한 글자를 벗어나지 못한다. 한마디로 말하자면 불학은 곧 혜학(慧學)이다.

무릇 진정으로 불교를 믿고 불교를 공부하려 한다면 문소성혜로부터 시작하여 노력해야 한다. 그래야 진실한 신심이 생길 수 있고 진실한 신심에 의거해야 삼보에 귀의하는 사람이 된다. 불법에 의거하여 사상, 행위, 선악의 판단을 하고 스스로 능히 사소성혜에 의거하여 계(戒)를 지키며, 수소성혜를 통하여 정(定)을 얻는다. 따라서 수소성혜와 정은 마땅히 신심(信心)과 계(戒)로써 기초를 삼아야 한다. 만약 불교의 신심과 계(戒)에 진실로 의거하지 않고 정(定)을 얻었다면 그것은 삿된 믿음이요, 삿된 계요, 삿된 정이니, 그런 것은 미신에 불과하다. 불학은 계(戒) · 정(定) · 혜(慧) 삼학이 골간이다. 그리고 계 · 정 · 혜 삼학은 신심으로부터 출발한다. 그리고 신심은 불법을 듣는 데서부터 비롯된다.

불학회를 창건하게 된 이유도 사람들에게 불경이나 법문을 많이 듣는 기회를 제공하고자 하는 데에서 비롯되었다. 이렇게 법문을 들은 지혜로부터 신심을 얻는 것은 매우 중요한 일이다. 바라건대 회원 여러분들은 불학이 곧 혜학이라는 이치를 듣고 신심을 내길 바란다. 그리고 이를 계기로 깊이 연구하여 내가 모르는 것을 남에게 듣고, 또 내가 아는 것을 다른 사람에게 들려주어 나도 깨닫고 남도 깨닫게 하기를 바란다. 그리하여 자타가 함께 도움을 받을 수 있도록 해야 한다. 오늘 이렇게 신구 회원이 함께 모인 좋은 기회를 빌려 이러한 주제로 강연을 하였으니 모쪼록 도움이 되었기 바란다.

나의 종교관[17]

1) 종교라는 말의 뜻

종교는 종(宗)과 교(敎)라는 두 글자를 합쳐서 하나의 명사가 되었지만 본래는 일본인이 서양 문자를 번역하여 중국에 전해서 오늘 유행하는 명사가 된 것이다. 서양 말의 원뜻은 무엇인지 알지 못한다.

불경에 나타난 원래 뜻을 살펴보자. '종(宗)'은 종파이고, '교(敎)'는 부처님의 가르침이다. 교는 모든 가르침이고, 종은 하나의 종파인데, 불교의 법화종과 화엄종 등이 이것이다. 또한 중국에서 불법은 당송 이후에 선종(禪宗)이 가장 성행하여 선종 외의 가르침을 교(敎)라고 불렀다. 선종에서는 불립문자(不立文字)라고 하여 그 종지가 언어의 가르침 밖에 초월하여 있었기에 선종을 종(宗)이라고 이름하고 경전에 의지하는 것을 교(敎)라고 하였다. 또 선종과 교리를 강의하는 것을 나누어 선(禪), 강(講), 율종(律宗), 정토종(淨土宗), 밀종(密宗)이라 하고, 종파에서 교리를 제공한다. 각각 불법의 한 부분만을 말하고, 병립하기는 하지만 하나의 이름을 쓰지는 않는다. 즉 종과 교를 함께 사용하지 않았다. 또한 요즘 유행하는 '종교'라는 어휘의 의미를 정의하면, 원래 뜻은 중국에서 유교, 불교, 도교 등의 말에서 쓰이듯이 응당 교(敎)를 가리키는 말이다. '교'가 종교이기 때문에 불교 및 기독교 등이 모두 종교이다.

'교(敎)'에는 자기 마음을 닦아 증득하는 것과 다른 사람을 교화시키는 두 가지 면이 있다. 개인이 자기 마음을 닦아 증득한 실제를 '종'이라 하고, 그것을 근본으로 삼아 다른 사람을 교화시키는 것을 '교'라고 한다. '종'은 자기 마음을 닦아 증득하는 것이고 '교'는 다른 사람을 교화시키는 것이기 때문이다. '종'은 자기 마음을 닦아 증득하는 실제 경험이어서 언어로는 미칠 수 없고 다른 사람들과 같이 알 수 없기 때문에 이 가르침의 근본은 언어 밖의 경지에 있는 것이다. 이 근본에서 표현을 발휘하여 다른 사람을 교화시키고 다른 사람들도 함께 알 수 있게 하는 것을 종교라고 말한다. 가르침을 들은 사람들은 각자 들은 것에 의지하여 수행하고, 수행으로 말미암아 증득하는 것을 종교라고 한다. 다만 이 가운데 가르침을 들은 것으로 다른 사람들에게 가르침을 전하는 것만을 일러 '교'라고 말할 뿐이다. 즉, 종교란 마음속에서 수행을 증득하여 경험한 것을 종의 근본으로 하여 다른 사람을 교화를 하는 것이다. 제임스(William James, 1842 ~ 1910)가 '종교는 마음속의 경험'이라고 말했는데 이치에 맞는 말이라고 생각한다.

　자신이 수행하여 증득하기 위해서는 먼저 믿음과 이해가 있어야 하고, 계율을 수지하고 선정을 닦아 오랜 시간이 지나야 비로소 비상한 깨달음과 평화로움을 얻는다. 불교 또한 그와 같음은 말할 필요조차 없다. 기독교나 이슬람교의 교주도 또한 일찍이 산중에서 단식을 하는 고행을 하여 보통사람을 넘어서는 내심(內心)의 경험을 증득하여 그 교화를 위한 종(宗)의 근본을 확립했다. 중국의 공자, 노자의 경우도 특수한 마음속의 경험을 증득함이 있어 보통사람들이 보고 듣고 깨달아 알아 증득한 것과 차원이 다른 것을 증득하였다. 그러므로 종교는 철학, 과학 내지 철학과 과학이 가르치는 바와 같지 않으며, 일상을 초월한 내면의 경험을 종(宗)의 근본으로 삼는다.

2) 종교의 발생 원인

종교가 일어난 원인은 네 가지로 나누어 설명할 수 있는데 그 구체적인 내용은 각각 다음과 같다.

첫째, 기이한 환상이나 신비한 영감에 기인하여 종교가 발생한다. 이는 마치 우리들이 꿈을 꾸었을 때 이 꿈 속의 대상들이 환영 같아서 우리들이 이전에 보지 못했고, 듣지 못했던 것이면서 미래의 전조(前兆)를 보여주고 현실에 영향을 줄 수 있는 신비한 특성을 보여준다. 이런 일은 우리가 우연히 높은 산이나 큰 바다에 갔을 때에도 나타날 수 있다. 큰 바다나 높은 산을 만났을 때 한순간 의식의 저 아래에서 기이한 경계(境界)가 출현하기도 한다. 이런 신령한 경계는 실로 심령의 작용이고, 이로 인해 과거와 미래의 이미 경험했거나 경험하지 못한 경계가 기묘한 환상이나 신비하고 불가사의한 모습으로 나타나게 된다. 또 최면술사처럼 개인의 심령과 타인의 심령이 서로 연결되어 나타났다 사라졌다 하기도 한다. 그 밖에 갖가지 이상한 상상이 환상과 신비의 불가사의한 영혼의 경계를 보여주기도 하고, 갑자기 그 사람을 전혀 다른 사람으로 변화시켜 버리기도 한다. 심령을 매개로 하는 종교들은 모두 이와 관계가 있다.

둘째, 조물주나 주재자가 있다고 상상하여 우주의 만유(萬有)는 그로부터 존재한다고 하고, 이와 같이 그 긴밀하고 엄정한 정돈에는 반드시 하나의 조작자나 주재자가 있다고 생각하는 것이다. 그래서 사람이나 다른 존재들은 모두 조작자가 만든 것이고, 그러므로 자신의 삶을 스스로 주재할 수가 없고, 유일한 것은 조작자의 명령을 따라야 하고, 그 조작자를 유일한 주재자로 삼아야 한다고 생각한다. 이처럼 가상(假想)의 존재를 내면의 영감과 연결시켜 형성된 종교가 기독교, 이슬람교, 브라만교와 같은 천신교(天神敎)이다.

셋째, 현세에 불만족하여 초월을 도모하며 만족을 구하는 것이다. 중국 진(秦)나라의 시황제(始皇帝)나 한(漢)나라의 무제(武帝)는 현세에서 부귀가 극에 달했으나 늙어 죽음을 두려워하고, 현실 세상에는 만족할 수 없어 불로장생의 신선 세계를 상상하여 현세의 불완전한 점을 초탈하고 신선의 세계에 오르기를 바랐다. 이 세상을 버리고 피안에 이르기를 바라고, 고통을 제거하여 즐거움에 이르기를 바랐다. 이러한 생각이 한 걸음 더 나아가게 되면 기독교, 이슬람교, 브라만교 등에서 사람이 죽으면 천국에 올라가기를 바라는 것이나, 소승 등에서 삼계의 고해를 벗어나 열반의 피안에 오르기를 바라는 것 등과 같은 모습이 나타난다. 이들은 모두 현실 세계에 만족하지 못해서 현실 세계로부터 초탈하기를 추구하여 현실로부터 멀리 떨어져 만족할 만한 영역에 오르기를 구한다. 대승과 소승도 이로부터 발생했다.

넷째, 무한한 욕망 안에서 영원히 남을 삶의 가치를 찾으려는 요구에서 나온 것이다. 인간 세상에서 무한한 욕망을 만족시킬 수 없다면 인생에 영원히 남을 가치를 찾아야 한다는 것인데, 이것은 곧 인생은 공(空)하고 허무하다는 공과 허무의 가치를 깨닫는 것이다. 또한 인생은 자유롭지 못하고 곳곳마다 모두 환경과 계급간의 다툼이 있어 마침내 파괴와 멸망으로 귀결되므로 비록 지금 간신히 생명을 유지한다고 하나 이는 일찍 죽는 것보다 못하다고 본다. 그래서 이런 마음이 자살을 불러오기도 한다. 현세를 감옥과 같다고 보고 인생은 공허하다고 느낀다. 이에 인생의 참모습인 본래면목이 근본적으로 어떠한가를 이해하려고 하는 노력들이 있어 왔다. 이것은 여러 종교와 여러 철학에만 국한되는 것이 아니라 대승불교도 또한 여기에서 비롯하고 있다. 당나라 종밀(宗密, 780~840)이 「원인론(原人論)」에서 밝히고자 했던 것도 바로 이것이다. 대승불교에 의하면 인생의 실상은 무시무종(無始無終)이고, 무장무애(無障無礙)하며, 무생무멸(無生無滅)하고 무래무거(無來無去)하다. 이와 같이 인생에 본래 무한한 영존의 가치가 있는데 이것을 굳이 밖에서 구할 필요가 없음을 알 때 비로소 정각(正覺)을 이룬다고 보는 것이다.

3) 종교의 본질

위에서 본 것처럼 종교의 발생 원인을 알 수 있다. 이에 여기서는 종교는 무엇을 본질로 하는지를 살펴보고자 한다.

첫째, 종교는 자신의 마음으로부터 믿음을 갖고 수행하여 평범함을 초월한 경험을 증득하는 것이다.

사원의 탑과 불상이 종교인가? 아니면 다만 경전과 의식이 종교인가? 비록 이러한 것들도 종교에 속하지만 모두 본질은 아니다. 종교의 근본은 실질적으로 스스로 믿는 마음을 내어 일상을 초월하여 증득하는 것이다. 먼저 스스로 마음으로 믿고 이해하고 적극적으로 수행하여 점차 효과를 얻어 점차 일상적인 사람들이 보고 듣고 깨달아 아는 것을 초월하여 불가사의한 것까지 증득하는 것이다. 불교에서 삼매를 얻는 것이나 기독교에서 성령과 감통하는 것 등이 모두 스스로 마음으로 믿어 증득하는 것이다. 이는 학문의 연구로 얻을 수 있는 것이 아니며 오직 종교만의 특성이다.

둘째, 일상을 초월해서 증득한 자신만의 경험을 보여줄 뿐만 아니라 타인들에게 입문하도록 길을 가르쳐 주는 것이다.

스스로 증득한 평범함을 초월한 것을 홀로 묵묵히 마음에 품고만 있는 것은 아직 종교라고 말하기 어렵다. 자신이 증득한 초월적인 것을 다른 사람에게 알려주고 가르쳐 주어 타인도 깨닫도록 할 때에서야 비로소 종교라 할 수 있다. 이에 스스로 증득한 초탈의 깨달음은 물론 타인을 그 길로 인도하기 위한 교리나 경전 등의 서적도 또한 종교의 본질이다.

셋째, 일상을 초월하는 경험을 표현하거나 방편으로 영험한 행적을 보여서 교화한다.

일상적인 사실을 초월하는 경험의 표현은 갖가지 영험하고 기이한 신통의 행적으로 이루어져 있어, 사람들이 이전에 보지 못한 것을 보고, 듣지 못한 것을 듣게 하여 후학이 흠모하게 한다. 방편으로 영험한 행적을 보여서 교화하고, 영험한 이적을 보여 흉악하고 포악한 사람이나 짐승 등을 만났을 경우에 적절하고 교묘한 방편으로 그들을 항복시키는 등의 사례가 여기에 해당된다. 대개 각 종교마다 이런 종류의 영험한 이적이 많아 따로 기술하지 않겠다.

넷째, 신도의 의식(儀式)과 제도를 규정하고 인도한다.

종교에는 반드시 신도들이 있고, 신도들이 있으므로 의식과 제도에 대한 규정이 있다. 이를 세상에 유포하는 데는 반드시 갖가지 상호(相好)와 장엄한 의식이 있어서 일반인의 주의를 끌게 하고 신심을 내도록 인도하고, 그 신도들이 마땅히 지켜야 할 규범을 제정하여 행위의 표준으로 삼는다.

위에서 말한 네 가지가 종교의 본모습이다.

다섯째, 사람들의 마음과 세상의 도리에 손해를 끼치기도 하고 혹은 이익을 주기도 하는 광범위한 효능이 있다.

대체로 이미 성립하여 세상에 유포된 종교는 사람들의 마음과 세상의 도리에 유익한 효과를 주었다고 말할 수 있다. 그럼에도 불구하고 모든 세상의 종교가 다 사람의 마음이나 세상의 도리에 도움을 주었다고는 할 수 없다. 왜 그런가? 세상에는 사람들에게 해를 끼치는 사교(邪敎)가 한때 부당하게 일어나서 승승장구하기도 했지만 오래 가지는 못했다. 이에 반해 수백, 수천 년에 걸쳐서 많은 사람들의 믿음을 얻은 종교는 인간 세상에 유익함을 주었기 때문이다. 만약 세상에 이익을 주지 않는 종교라면 세상에서 공인하지 않았을 것이고 저절로 도태되고 말았을 것이기 때문이다. 인간 세상에 이익을 주거나 손해를 끼치는 것은 종교가 주는 부대효과일 뿐이며 진정한 과보는 천국에 가거나 피안에 이르는 데에 있다.

4) 종교의 차이

무릇 세계를 크게 보면 종교가 많은데 그 차이를 등급에 따라 나누어서 판별하면 대개 세 종류이다.

(1) 귀령교(鬼靈敎)

가장 낮은 등급의 종교로 기이한 환상[奇幻]과 신령한 경계를 느끼는 것이 그것이다. 불, 뱀, 물질, 영혼을 숭배하는 등의 다신교가 여기에 속한다. 일본의 다신교, 중국의 도교 및 현시대에 유행하는 동선사(同善社)¹⁸나 도원(道院)¹⁹ 등이 그것이다. 이런 종교는 다 신도들에게 귀령(鬼靈)을 소재로 접근한다. 이런 종교의 특징은 대다수가 복과 화로 사람을 놀라게 한다는 점이다. 이를 숭배하고 믿는 사람들은 미신에 맹종하고 지식이 없는 사람들이 많다.

(2) 천신교(天神敎)

이는 귀령교보다 고등한 종교인데, 우주 만유는 창조를 주재하는 유일신이 있다고 생각하고, 유일신 외의 다른 각종 영혼들을 인정하지 않는다. 인도의 범천을 숭배하는 바라문교, 기독교, 이슬람교가 믿는 신이 이런 종류이다. 이는 우주 만물을 창조하고 주재하는 천신을 생각하고 내면에서 증득한 초월적이고 신이한 경험을 상상적 관념과 결부시켜 만든 것이다. 이 천신교를 숭배하는 사람들 대다수는 이미 개화된 민족들이다.

(3) 자심교(自心敎)

자심교는 자기의 마음에 의지하여 믿고 수행하여 얻은 일상을 초월하는 경험에 의하여 자기 마음의 심경만을 인정하고, 갖가지 귀령 및 유일무이한 창조주가 우주만물의 창조자라는 것은 인정하지 않는다. 사람 및 사람이 아닌 자의 능력에 높고 낮음이 있고, 정도에 깊고 얕음이 있어 그 차이가 매우 크다고 하지만 업에 따라 과보를 받고 업이 변하면 과보도 바뀌어 오르내리면서 전전하여 천상의 세계로 높아지기도 하고 삼악도에 떨어지기도 하니 사람과 물질 이외에 따로 조작자나 주재자가 있을 수가 없다. 우리 중생의 자심(自心)의 능력은 본래 무한하고, 각각이 인식한 우주 만유는 모두 각각의 자심이 표현된 것이다. 우리 각자의 자심에 나타난 것은 다른 사람의 마음과 상호 증상연(增上緣)이 된다. 즉 하나의 방에 천 개의 등불을 켜면 천 개의 빛이 두루 퍼지고 서로 장애가 되지 않고, 자신의 모습을 깨트리지도 않는 것과 같다. 또한 타심도 역시 다른 유정(有情)의 마음이지만 귀령이나 천신과는 다르다.

이 자심교(自心敎)는 또 넷으로 나뉜다.

첫째는 정려교(靜慮敎)다. 정려는 곧 선나(禪那)를 말한다. 선정(禪定)에 들어 적정(寂靜)을 얻고, 적정을 얻어서 편안해지고, 편안해진 후에 사려를 할 수 있다는 뜻이다. 송(宋), 명(明)시대의 성리학도 정려를 중시하여 정려를 수양의 공부로 삼아 그 심력(心力)을 화평하게 하고 통일하였으니 마치 물이 맑고 고요하면 파도가 일지 않고, 청명하고 환한 것과 같다. 이처럼 스스로를 수행하고 타인을 가르치는 데 전념하는 것을 정려교라고 한다. 정려교 또한 인천교(人天敎)에 속하지만 한낱 이론적으로만 따지길 좋아하는 세간의 일체 학설들과는 감히 비교할 수 없다.

둘째는 존아교(存我敎)이다. 인도의 수론학파(數論學派)와 자이나교 등이다. 앞의 정려교에 철학적 이상을 더하여 자아의 독존(獨存)을 해탈로 간주한다. 우주가 아무런 영향을 주고받음이 없이 신과 자아가 하나 되어 해탈하여 영원히 존재할 수 있다고 생각한다. 이런 이론으로 스스로를 수양하고 다른 사람을 가르치기 때문에 존아교라고 부른다. 이는 정려(靜慮)와 이상을 결합시켜 만든 것이다.

셋째는 무아교(無我敎)이다. 이는 불교의 소승학파로 수론학파와 자이나교의 존아교를 타파하려는 것으로 자아라는 존재를 인정하면 해탈할 수 없다고 말한다. 그러므로 진일보하여 자아의 존재를 부정하고 무아(無我)를 주장한다.

넷째는 정각교(正覺敎)이다. 대승불교는 우주 만유의 세간법과 출세간법의 진실면목을 정확히 아는 것이 마치 크고 둥근 거울이 맑게 세상을 비추어 조금의 가려진 것도 없는 것과 같다. 이 정각(正覺)의 마음을 구하는 것이 무상(無上)의 보리심이다. 이 마음은 유정물(有情物)이나 무정물(無情物)에게나 모두 평등하며 중생의 단계에서 시작하여 수행을 통해 성불에 이르게 되면 정각을 이루어 원만(圓滿)을 얻게 된다. 다만 중생의 근기가 각각 다르므로 각각의 차이가 있을 뿐이다.

5) 종교의 미래

향후 종교가 어떻게 될 것인가에 대해 사람들의 의견이 분분하다. 여기에서 나는 최근 종교와 관련하여 관심을 모으고 있는 문제에 대한 나의 의견을 말하고자 한다.

첫째, 종교는 존재할 수밖에 없는가?

종교가 꼭 필요한가의 문제에 대해서 근래 여러 학자들이 회의적인 태도를 보이지만 쉽게 결론을 내리지 못하고 있는 큰 문제임에 틀림없다. 결론적으로 말하자면 종교가 지금뿐만 아니라 앞으로도 사상적으로 충분한 근거와 정당성이 있는 교리를 제시할 수 있고 또 세상에 유익함을 줄 수 있다면 당연히 지속적으로 존재하게 될 것이다. 이와 달리 이론적 근거가 불충분하고 현실 속에서 구체적으로 증험해 주지 못한다면 종교는 존재할 수 없을 것이다. 인간 세상에서 욕망은 큰데 욕망을 충족하지 못하기 때문에 현실 속에서 불만족이 있고, 또 한편으로 영원히 존재하고 싶다는 갈망이 동시에 인간을 지배하는데, 돌이켜보면 인류의 바로 이런 점이 늘 종교가 존재하도록 하는 여지를 제공하는 것 같다. 오로지 불교를 제외하면 나머지 종교들은 교리상의 이지적(理智的) 측면의 부족함과 경험으로 증명함이 부족하여 점차 도태되고 말 것이다.

둘째, 세계 종교가 하나로 통일될 수 없는 것인가?

근래 각 종교를 연합하여 하나로 통일하려는 시도가 많이 있으나 이는 모두 단편적인 사고에 근거한 구상에 지나지 않는다. 중생 각자의 지식의 정도와 근기가 같지 않기 때문에 인생에서 만족을 원하는 마음도 일치하지 않는다. 중생들은 성품이 없고 오직 부처만 성품이 있어 중생들은 성불에 이를 수 없다. 종교에 대한 요구가 있어 종교가 존재하기에 종교는 하나로 통일될 수 없다. (즉 중생들은 각자가 요구하는 종교가 다르기 때문에 종교가 통일될 수 없다는 뜻) 또한 일체 중생이 모두 성불한다면 모두 일치하고 평등하여 종교는 존재할 필요가 없게 될 것이다. 그러므로 여전히 종교가 존재한다면 중생들의 근기에 따라 다르므로 종교는 통일될 수 없다. 이는 추론해서 알 수 있을 것이다. 여러분들이 다시 논의해보기 바란다.

2 참된 불교도

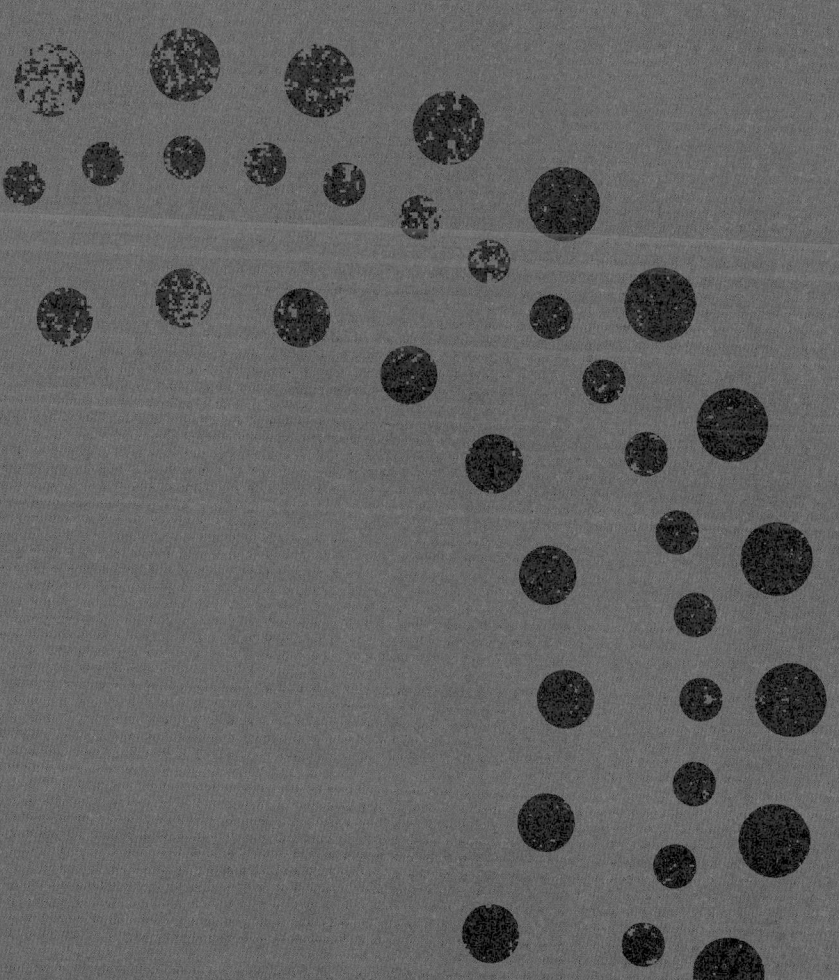

참된 불교도[20]

불법을 참구하는 산중의 장로님들을 앞에 두고 이 태허가 무슨 말을 드릴 필요가 있을지 모르겠다. 여러 거사님들 또한 모두 평소 불법을 연구하고 있는 만큼 내가 여기에서 개회사를 한다는 것이 과연 필요한가 하는 생각이 든다. 더구나 불법의 심오함은 언어가 미칠 바가 아니기에 더욱 그러하다. 제법의 실상은 오직 부처님만이 알 수 있고, 실증도 오직 부처님만이 할 수 있다. 또한 제법의 실상을 이렇게도 말해보고 저렇게도 말해보지만 종국에는 스스로 체험하는 것이 관건이다. 불법을 설하는 이유는 모두 방편을 통해서 중생을 이끌기 위해 임시로 세운 법문으로, 마치 『법화경』에서 삼승(三乘)의 비유를 든 것과 같이 중생들로 하여금 스스로 실상의 경계를 증득하게 하려는 것에 불과하다. 이 비유로 그들을 구경의 경지에 도달하게 하려는 것이다. 그러하니 또 어찌 말할 것이 있겠는가? 사유가 미치지 못하니 언설(言說)로는 대개 불법의 진제를 얻기는 어렵고, 털끝만한 차이가 천 리나 멀어지게 하므로 오류에 떨어지는 것을 면하지 못하니 법문하는 나 자신도 많은 한계가 있다. 이에 한두 가지만 들어 여러분이 바른 길을 찾는 데 도움을 주고자 한다.

예로부터 말하기를 불법은 청정무위의 학문이라고 한다. 스스로 기정의 일이나 국가의 일, 사회의 일 등에 묶여 있기 때문에 몸과 마음이 불법을 배우는 데 이르지 못한다. 그러므로 이런 사람들은 마음은 비록 불법을 향하나 여러 가지 일로 인해 민활하게 자신을 되돌아보지 못한다. 이런 사람들에게 불법의 대강을 잡아 이른바 "오온이 모두 공하다."라고 하고, "사대(四大)는 임시로 화합하여 존재하는 것이 아니다."라는 두 가지 말로써 불교라고 생각한다. 그리하여 불교 총림(叢林)을 만들거나 자선을 행하거나 중생을 구제하는 각종 사업을 벌이는 것에 대해서는 모두들 달가워하지 않고, 더구나 불교 공부를 좀 했다고 하는 사람들은 이런 일들을 더더욱 해서는 안 된다고 생각하는 경향이 있다.

또한 재가거사들은 삼귀의나 오계를 받은 사람들을 말하는데, 세상 사람들은 그들을 가리켜 불교도라고 한다. 그런데 여기에서 사람들이 불교도라고 말하는 것은 대개 청정무위한 삶을 사는 사람들을 대표하는 말이다. 그래서 거사들 중에 사업가나 군인이나 정치가나 교육가 등으로 활약하는 사람들을 비방하곤 하는데, 마치 불교를 따르는 사람들은 어떠한 세속적인 일도 하면 안 된다고 여기는 듯하다. 그러나 이런 생각은 불법과 세간의 사업이 서로 별개가 아님을 모르는 소치이다. 이른바 "불법과 세속의 법은 같은 것도 아니요, 다른 것도 아니다."는 것을 모르기 때문이다. 오직 불교를 공부한 자가 행하는 것이 진정 선으로 귀결됨을 모르는 것에 기인한 잘못된 생각이다.

본래 중국에서 세상을 다스리는 법이나 인민을 교화하는 일은 거의 전적으로 유교가 담당해 왔다. 그래서 유교를 따르는 사람들 스스로도 세상을 다스리거나 인민을 교화하는 일을 "나 아니면 누가 하겠는가?" 하고 생각해 왔다. 이처럼 유교가 이런 일을 담당했기에 불법은 세속 밖의 고상한 법으로 여겨 불교를 배우는 사람을 고상한 선비나 지조를 지키는 선비, 산림에 은둔하여 한가한 부류의 사람으로 여겼다. 세간에서 공을 이룬 것이 있으면 물러나기를 고하고 산속에 은거하여 불법을 익히는 것으로 한가롭게 시간을 보냈다. 혹은 이치를 익히고 내전(內典, 불경)을 연구하여 청담(淸談)의 주제로 삼았다. 이와 같은 부류들은 실로 모두 불교를 연구하는 사람 중에 소수였으나, 세상 사람들은 이런 사람들을 진정한 불교도라고 생각했다. 이 밖에 인과(因果)와 화복(禍福)에 대한 얕은 이치를 조금 깨달은 후 천박한 식견으로 어리석은 백성을 이끌었던 불교도도 있었다. 사실 인과법은 매우 심오하고 범위가 광대하기 때문에 인과법에 대한 아주 약간의 식견만 가지고도 복을 구하고 재앙을 피하고자 하는 백성의 마음에 접근하여 어느 정도 세속을 교화시킬 수 있었다. 인과응보와 길흉화복의 가르침은 중하층의 인민의 마음에 깊이 각인될 수 있었으나 불교의 참뜻과는 너무도 다르니, 이른바 천양지차가 있다는 것이 이를 두고 하는 말이다.

예를 들어 중국의 절에서 남녀노소를 가리지 않고 향을 사르고 불상에 절하는 사람들은 매우 많지만 진정 불법의 의미를 이해하고 오류가 없는 바른 믿음을 가진 사람들은 봉황의 깃털이나 기린의 뿔처럼 드문 실정이다. 그들은 도교의 사원에 있는 여러 신상과 절에 있는 보살상이 같다고 여기고 보살상에 절한다. 도교의 사원에서 가서 향을 피우는 마음으로 불상 앞에 향을 피운다. 이처럼 아무런 구분도 못하고 맹종하는 사람들을 어찌 불교도라고 할 수 있겠는가? 또한 사람들은 진정한 불교도란 깊은 산중에 사는 승려나 속가에 머물되 고요하고 고결한 수행에만 종사하는 사람들이라고 생각한다. 이와 같은 견해가 일반 인민의 인식에 깊이 새겨져 있으므로 사람들은 세속을 제도하는 승려와 각계각층에서 교화에 힘쓰는 거사들을 비방한다. 왜냐하면 그들은 세속적 사업을 겸하게 되면 청정무위(淸淨無爲)할 수 없다고 생각하기 때문이다.

불교에는 오승(五乘)[21]의 법이 있다. 이 중 천승(天乘), 인승(人乘)은 세간의 불법이고, 성문(聲聞), 연각(緣覺), 보살(菩薩)의 삼승

(三乘)은 출세간의 불법이다. 이 오승의 불법은 각각의 교리와 수행의 과보와 수행의 증득 등으로 이루어져 있다. 석가모니께서 인도에서 교화를 하던 때에 인민들은 의식주와 생활도구가 매우 풍부하였기 때문에 세간 생활의 경영은 매우 담박하고, 고상한 사상을 갖추고 있어 물질을 경시하고 정신을 중시하였다. 산속이나 물가의 아란야(阿練若, aranya)[22]에 거주하면서 인간은 완전하지 않고 태어나고 늙고 병들고 죽는 등의 괴로움이 있고, 육체의 고통으로 자유자재함을 얻을 수 없다고 관(觀)하여 마침내 오염된 세계에서 벗어나 청정하고 안락한 세계를 구하고자 했으며, 이를 통해 정신의 평온을 바랐다. 석가모니께서 아직 세상에 나오기 전에 인도에는 이미 이와 같은 부류들이 많아 이러한 이론을 전파하여 인민의 사상에 자못 깊은 영향을 끼치고 있었다.

석가모니께서 처음 성도했을 때는 근본 법륜을 굴려 원돈(圓頓)을 바로 밝혀 중생들이 바로 부처의 지견에 깨달아 들어가는 길을 보여주었으나 오직 소수의 근기가 뛰어난 이들만 알 수 있었다. 삿된 견해와 미신을 고집하던 부류들을 위해서는 녹야원에서 근본 법륜에 의한 지말(枝末) 법륜을 굴렸다. 『법화경』에서 "옛날 바라나시에서 사제(四諦)의 법륜을 굴렸다."고 말하는 것이 이를 가리킨다. 이런 범부들도 인간의 고통을 보고 천상에 태어나는 즐거움을 구하고, 범천 등의 신을 받들고 선정을 닦아 인간 세계를 벗어나

색계(色界)와 무색계(無色界)의 천상에 태어나기를 바랐다. 수론(數論)[23]과 같은 외도에서는 인간 세계에는 세 가지 고통이 있다고 말한다. 첫째는 육체가 제압 받는 고통이고, 둘째는 날씨가 춥거나 더운 것으로 받는 고통이고, 셋째는 사회 환경 속에서 서로 미워하는 고통이 그것이다. 이 세 가지 고통에서 벗어나야 정신상의 오묘한 즐거움을 얻을 수 있다고 한다. 그것의 최고 경지는 무색계천(無色界天)이고, 그들은 이것을 무상열반이라 하며 모든 고통에서 영원히 해탈할 수 있다고 했다. 그러므로 이런 부류의 중생들은 비록 고통을 벗어나 즐거움을 얻기를 원하지만 실로 자아를 제거하지 못하여 고통이 아직 남아 있으니 즐거움이 어떻게 생길 수 있겠는가? 복이 다하면 윤회에서 낮은 단계로 떨어져 여전히 고통을 받고 외적으로는 색계와 무색계천 등의 즐거움을 구하고 내적으로는 자아의 탐욕이 전변하는 것에 따르기 때문이다.

부처님은 자신의 이익에 극히 미혹하고 집착하는 사람들에 대해 방편으로 소승법을 설하셨는데, 그 교의는 외도의 가르침에서 한 단계만 앞으로 나아간 방식을 취하셨다. 외도는 비록 천상계에 태어나더라도 윤회에서 벗어나지 못하고 삼계의 모든 유(有) 가운데 존재한다고 하였기 때문에 부처님은 비유를 사용하여, "과보가 다하여도 오직 고락은 다 끝나지 않았다."고 설하셨다. 또한 고통으로 인해 즐거움을 구하고, '내'가 있다는 것에 집착하기 때문에 '내 것

[我所]'이 있고, '내'가 있다는 것으로 인해 외부에 비아(非我)가 있으며 이 비아가 '나'에 장애가 되어 '나'는 끝내 해탈을 얻을 수 없다는 것을 말씀하셨다.

이 '나'에 대해 부처님은 크게 외치셨다.

삼계는 커다란 고통의 덩어리이고, '나'가 고통의 근원이고, '나'가 있기 때문에 탐욕, 성냄, 어리석음이 일어나고, 복을 받는 업과 복을 받지 않는 업과 부동업(不動業) 등을 지어서 고통의 과보, 즐거움의 과보, 고통도 즐거움도 아닌 과보 등을 받아 윤회에 전전하여서 영원히 지속한다. 이 윤회에서 해탈을 얻고자 하면 먼저 속세의 번뇌를 등지고 깨달음에 들어서 무아를 증득하고, 육체가 '나'가 아닐 뿐만 아니라 정신도 '나'가 아니고, 근본의 지혜에 통달함을 얻어 탐·진·치 삼독의 업을 소멸하고, 삼계 윤회의 모든 고통을 없애야 한다. 이것이 성문, 연각의 법이고, 이와 같아야 바야흐로 진정한 생사의 고통에서 해탈하고, 탐·진·치의 근본 고통을 제거하는 것이다.

이상에서 말한 것이 석가모니께서 속세를 떠난, 본 취지는 아니었다(방편으로 인연에 따른 설법이었다). 그렇다면 본뜻은 어디에 있을까? 『법화경』에서 "이제 부처님은 가장 묘하고 위없는 대법륜을 굴린다."라고 말하고 있으니, 바야흐로 부처님께서 본뜻을 펼쳐 일체의 중생들로 하여금 각각에게 부처가 될 수기를 내려주고, 인지(因地) 가운데 각각 보리심을 내고, 보살행을 닦게 하는 것이 부처님이 세상에 나온 유일한 일대사였던 것이다. 그렇지만 부처님이 어찌하여 번뇌를 마다하지 않고, 청정무위의 즐거움을 누리지 않고, 중생을 제도하여 성불에 이르게 하려고 하는 이 뜻은 어디에 있는 것일까?

여래는 불안(佛眼)으로 일체 중생이 본래 부처임을 보았던 것이다. 그래서 깨달음을 얻으셨을 때 다음과 같이 말씀하셨다.

기특하도다! 기특하도다! 대지의 중생들이 원래 여래의 덕과 모습을 갖추었으나 망상에 집착하여 증득하지 못할 뿐이다. 이에 대비심을 내고 대자비의 원력을 세워 모두 부처님과 같이 대신통력을 얻고 대안락을 얻게 하고자 한다.

일체 중생이 여래의 덕과 모습을 갖추었으나 다만 뒤바뀐 잘못된 생각으로 인해 마치 거지 아들이 옷 속에 값비싼 보석이 있음을 알지 못하고 망령되이 밖에서만 구하려는 것과 같이 무명의 장애로 영원히 해탈을 얻지 못하게 된다. 이에 부처님께서 노파심에서 쓴소리로 간곡하게 타일러서 각각의 사람들이 초발심을 내어 적정의 즐거움을 얻도록 하였다. 이런 까닭에 일체 중생의 근본에는 모든 삿된 견해가 없고, 지혜의 업이 깊고 견고하여 하나를 들으면 바로 깨달아 이 마음이 본래 부처임을 입증할 수 있으니 어찌 통쾌한 일이 아니겠는가? 그러니 중생들이 어찌 이 평탄한 대승의 길을 버리고 구절양장의 소승의 길에 몸을 던지겠는가? 아! 참으로 가여운 일이 아닐 수 없다.

중국은 여러 대에 걸쳐서 고승과 명사를 계속 배출하였고, 그들의 설법은 현묘하고 이론은 깊었다. 그러나 그 이전의 수행을 살펴보면 윤회의 고통에서 벗어나 자신의 이익만을 구하려고 한 것뿐만 아니라 양이나 사슴 등이 끄는 수레를 타고 불난 집에서 벗어나려 한 것이다. 만약 진정으로 보살심을 내었다면 큰 흰 소가 끄는 수레를 타고 생사의 바다에 들어가 중생을 구제하려고 하였을 것이다. 이는 곧 옛 대덕들이 구하려고 한 것이니 어찌 희유한 일이지 아니겠는가? 그런 부류들은 입으로는 대승의 원돈(圓頓)의 가르침을 설하지만 몸으로는 소승의 편벽한 방편만을 행했을 뿐이다.

오호라! 인도에서 불교는 대승은 선양되지 않고 소승만이 성행하였다. 중국으로 전래되어서 점점 대승의 교리가 널리 퍼졌으나 실천적으로는 그렇지 못했다. 한번 새벽의 밝은 빛이 분명하게 드러났으나 그 이외에는 모두 소승의 자리(自利)만이 천하에 유행하였다. 이 소승의 관습이 하나의 풍조를 형성하여 불교를 배우면서 중생을 제도하는 일을 겸하는 것은 진정한 불교도가 아니라고 비웃었다. 그리하여 이것이야말로 바로 대승의 즉속즉진(卽俗卽眞)

의 묘행(妙行)임을 알지 못했다.

중세시대에 서양에서는 천신교, 즉 기독교를 숭상하여 한때 매우 성행하였다. 그런데 갑자기 과학이 발달하면서 여러 가지 어려움을 겪게 되었다. 과학자들은 도덕 정신에는 관심을 기울이지 않고 오로지 개인의 욕망을 발휘하는 데만 과학의 이기(利器)들을 사용하였다. 이런 형이하학적 기술은 서양에만 영향을 준 것이 아니라 중국도 그 훈습을 받아 매우 심하게 오염되었다. 과학이 발달하면서 세계의 국면은 일변하였다. 고대의 도덕문화는 깨끗이 사라져 버렸고, 모습에만 집착하는 지식을 숭상하고, 자아는 물질에 제압되고, 오로지 눈앞의 육체적 쾌락만을 쫓고 장차 정신이 고통받는 것은 생각하지도 않고 있다. 도덕은 더 이상 거론되지 않고 오히려 쾌락에 제압당하거나 꺾여버렸다. 이때 전쟁이 발생하고, 살육이 천지를 덮고 중국도 혼란의 와중에 휩쓸리고, 인민들도 물과 불의 재앙 가운데 내던져졌다. 유럽의 제1차 세계대전이 이를 고스란히 증명하고 있다.

그러나 이처럼 커다란 고통의 시대를 만회하고자 한다면 불법을 버리고서는 돌아갈 곳이 없다. 지금의 불교를 배우기를 바라는 사람들은 예전 소수의 소승인들을 따르지 말아야 한다. 청정한 무위에 전념하는, 자리(自利)만을 위한 수행을 버리고 반드시 사람들이 대승의 마음을 내고, 대승의 서원을 행하여 용감하게 바로 앞의 불난 집으로 들어가 중생들을 구제하는 백절불굴의 정신으로 대승의 정신을 드높이고 여래의 본뜻을 밝혀야 한다.

그 첫걸음은 인승(人乘)으로 인간의 도리를 구해야 한다. 근자에 사회는 타락하고, 도덕은 땅에 떨어지고, 온 세계는 전쟁이 일어나고, 약육강식이 넘치고, 인간성은 파괴되고 야심의 불길에 휩싸여 짐승과 다름없다. 그러므로 인승(人乘)으로 바른 인간의 도리로서 대승불교의 기초를 세워야 한다. 다른 종교도 비록 인륜과 도덕의 실천을 중시하지만 그것은 대비심과 보리의 서원에서 나온 것이 아니다. 그러므로 궁극의 경지를 만들고자 하는 사람들이 불법과 대승을 버리고 다른 것에서 구하고자 한다면 거북의 털과 토끼의 뿔을 구하는 것과 같다고 하겠다.

이 대승의 불법을 행하고자 한다면 뜻을 견고하게 세우고 부처님의 공덕에 의지하고 수행을 하며 마음마다 생각마다 시방의 삼보와 감응하며 도를 교류하고, 시방의 모든 부처님의 보호하는 마음에서 물러나지도 잃어버리지도 않고, 대지혜를 얻고, 모든 공포를 떠나 위없는 보리에 가까워지고, 근본이 견고하여 이로부터 위없는 자비의 서원을 내야 한다. 이와 같이 하면 그 행하는 바는 바라밀행이 아님이 없어 금강 같이 견고하고 깊은 마음을 이룰 수 있다. 아울러 선악의 업으로 과보가 생김을 믿고, 오계(五戒)와 십선(十善)의 인륜 도덕을 봉행하여 성취해야 한다. 옛 고승대덕이 말씀하였다.

"인륜이 지극한 것을 성인(聖人)이라 말한다. 여기서 말하는 성인은 아마도 부처의 기초단계일 것이다!"

그러므로 인류 도덕을 보전하며 지극한 뜻을 내는 사람들이 어찌 불교를 배우는 바른 행을 하지 않겠는가? 만약 유(有)나 공(空)에 집착하는 외도나 소승을 따른다면 자기 옷 속에 보석이 있는 줄 알지 못하는 거지 아들을 불쌍히 여기는 것처럼 그 차이는 항하의 모래알보다 클 것이다.

비록 그렇지만 모든 천신은 즐거움에 탐닉하고, 아수라들은 성을 내고, 아귀들은 악취(惡趣)에 깊이 빠지고, 축생들은 끝내 혼미한 데 매몰되어 육도(六道) 중에 오직 사람만이 수행하기 쉬우니 세계의 행복을 도모하는 책무도 오직 인류만이 가지는 것이다. 더욱 나아가 교화를 권하고, 각각 삼보를 공경하게 하고, 오계와 십선을 봉행하여 지니고, 자신의 몸과 마음을 점검한다면 칼과 병란과 도적의 화가 어디서 일어나겠는가? 이렇게 된다면 물과 추위의 재앙도 다시는 일어나지 않을 것이다. 땅이 바르면 거기에서 열리는 열매도 반듯한 법이다. 그런 후에 십신(十信)과 십주(十住) 등을 거쳐 등각(等覺)을 증득하고, 층층이 올라가 불(佛)에 이르는 길이 어찌 불가능한 일이겠는가!

그러므로 출가자들은 계정혜의 삼학을 몸에 지니고, 큰 정법으로 중생을 제도하고, 자신을 교화하며 다른 사람을 교화하고, 선정을 닦으며 모든 위의를 일으키고, 본제(本際)에서 움직이지 않으며 중생들을 제도하는 일을 해야 한다. 재가자들은 각자 적합한 길로 나아가 불법으로 몸과 마음을 살피고, 삼업을 청정하게 하고, 탐욕과 성냄이 일어나지 않고, 어리석음과 원망이 생기지 않도록 해야 한다. 그러므로 소리, 색, 재화, 이익을 탐할 것이 없고 또한 오욕(五慾)의 티끌을 바랄 것도 없고, 기만과 사기의 행위로 타인에게 손해를 끼치고 자신을 이롭게 하는 일을 도모하는 일도 생길 것이 없다. 그런 후 불법의 공덕을 삼천대천세계에 널리 알리면 육도(六道)와 사생(四生)의 생명들이 그 혜택을 입지 않는 것이 없을 것이다. 비록 그러하나 나의 이 말에 대해서 평소 대승을 익힌 사람들이라면 환희하고 찬탄할 것이고, 청정 무위의 소승과 외도의 무리에 빠져 있는 사람들에게는 거슬릴 것이다. 모쪼록 여러분들이 법륜을 굴려 집착에 빠져 미혹한 사람들로 하여금 모두 깨닫게 하고, 세계의 행복에 일조를 하고자 도모하기를 바란다.

생명生命의 기원[24]

1) 생명이란 무엇인가?

'생(生)'은 보통 생존을 말하고, 흔히 생멸(生滅)이라 하여 멸망이란 말의 대구로 쓰인다. '생'은 생기(生起)이고, 본래 없던 것이 현재 새로 생겨난 것을 생이라 한다. 생기하여 계속 존재하는 것을 '존(存)'이라 한다. '멸'은 훼멸이고, 훼멸이 최후에 도달하여 '공(空)' 내지 '무(無)'에 이른 것을 '망(亡)'이라 한다. 다만 생명에서 생이란 말은 생존과 멸망의 생이 아니라 평상시 말하는 생활(生活)의 생이다. 생활과 상대이고, 곧 평상시 말하는 생사(生死)의 생이다. 생과 사는 상대이고, 살아 있음의 명사가 생이다. 이른바 생명은 곧 살아 있음이다. 보통 말하는 생활에 필요한 일체를 생활이라고 한다. 비유하자면 의, 식, 주 등이다. 의, 식 등은 사람의 생활을 자양하기 때문에 생활이라고 부르고, 이 후에 부가 된 것이 진정한 생활이다. 이와 대비하여 '사(死)'라는 말은 여기서 강의하는 '생'과는 다른 문제이다.

'명(命)'은 평상시는 명령, 운명 등의 뜻이다. 그러나 여기서 내가 강의하는 '명'은 불전(佛典)에서 말하는 명근(命根) 또는 수명이다. 보통 생명이라는 말은 동물에만 해당되지 않고 식물에까지 통할 수 있다. 불학에서 말하는 명근, 수명은 유정의 동물에만 속한다. 유정은 단순히 우리가 눈으로 볼 수 있는 동물에 국한되는 것이 아니라 여러 가지로 말하면 실로 생명체로서의 동물 모두에 해당된다.

흔히 말하는 생명은 식물도 포함하여 풀 한 포기, 나무 한 그루도 모두 죽음과 생명을 가지고 있어 그 생활하는 시기에는 계속하여 끊이지 않는 생명을 가지고 있다. 명은 하나하나로 말할 수 있는데 마치 소나 말을 죽이는 것을 한 생명을 해쳤다고 말하는 것과 같다. 그러나 이 한 생명을 바르게 말하면 '생활을 지속하는 한 개체'라고 말할 수 있다. 이 나무 한 그루, 풀 한 포기에 있어서도 생활의 지속이 있기 때문에 각각의 이 개별적인 하나하나도 생명을 가지고 있다. 이 한 포기 풀의 생명은 저 한 포기 풀의 생명이 아니고, 소나 말, 초목 등도 이처럼 하나하나의 생명이라고 보는 것이 통상적인 생명의 뜻이다. 생명이 있는 물건은 끊어지거나 부러지면 곧 죽는다. 한 줄기 마른 풀, 사람의 사체, 썩은 곡식알 등은 모두 생명이 없는 것들이다. 마른 풀은 비록 죽었지만 마른 형체로 대지와 한 몸이 되어 존재한다. 이로 인해 과학에서는 존재하는 어떤 것이 멸망했으나 아직 공(空)이나 무(無)로 돌아가지 않은 것에 대해서는 유(有)라고 말한다. 죽은 것, 즉 생명이 없는 것과 생활을 지속하는 것은 각각 사(死)와 활(活)로 서로 대립되는 것이다. 사는 무생명이고, 활은 유생명이어서 또한 생물과 무생물로 구분된다. 생활을 계속하는 존재를 생물이라 하고, 생활을 계속하지 않는 존재를 무생물이라 한다. 흙, 돌, 벽돌, 기와 등은 무생물이라 하고, 풀, 나무, 조류, 짐승을 생물이라고 한다. 이는 모두 생명이 있고 없는 것으로 분류한 것이다. 그러나 불학에서는 이와 같이 분류하지 않고, 단지 유정(有情)과 무정(無情)으로 분류한다. 중요한 것은 유정이어야 생명이 있는 것으로 본다는 것이다. 그러므로 좁은 의미에서 생명을 말하자면 유정중생, 즉 일체의 동물은 생명이 있다. 감각, 인지, 감정, 인식이 있어야 충족된 생명이다. 따라서 꽃, 나무 등은 생명으로 보기에 불충분하다.

 현재, 일반인들이 강의하는 생명설에 따르면 일체의 동물과 식물을 포괄하고, 무릇 하나의 생명 있는 존재를 곧 생물이라고 한다. 그러나 생물은 모두 생명의 현상이 있어, 처음을 태어남이라 이름하고, 장성함을 자람이라고 이름하고, 쇠약함을 늙음이라 이름하고, 늙어서 죽음에 이르게 된다. 태어나 자라고 늙고 죽음은 생물이 반드시 지나게 되는 과정이다. 이 과정상에서 생명은 각각 그 종류를 이루고, 각각 종자를 후세로 전하며 초목에도 이런 현상이 있다. 그러므로 생물과 무생물은 크게 구별이 된다. 생물이 모두 생장과 생명유지를 해야 하기 때문에 항상 영양분을 흡수함으로써 죽음을 면하게 된다. 다만 생명의 개체는 상당한 기간에 도달하면 노사를 면하지 못하게 된다. 그래서 생장력이 충족되어 있을 때에 개체의 생명으로부터 동족의 생명으로 전달된다. 이러한 생물성을 생명이라고 한다. 이러한 생명의 현상, 생명의 성능은 어디에서 기원했을까? 우리는 이러한 문제에 관심을 가질 때가 되었다.

2) 과학에서 말하는 생명의 기원

과학은 우주 속의 일체 사물에 대하여 그들의 근본이 무엇인가를 연구한다. 과학의 연구방법은 화학적인 분화과정을 살피는 것이다. 이 때문에 생물은 무생물적인 성분이 조합되어 시작된 것으로 간주한다. 그러나 화학적으로 쪼개고 쪼개면 결국 남은 물질은 모두 무생물적인 것이다. 만약 우리 인간을 화학적으로 쪼개면 14종 혹은 15종의 물질로 나뉘기 때문에 우리가 그런 것들의 합성체라고 말한다면 이는 불교에서 말하는 지·수·화·풍 사대로 이루어졌다고 말하는 것과 무슨 차이가 있겠는가? 그러나 쪼개진 물질은 더 이상 생물이 아니기 때문에 과학에서 말하는 이런 방식은 말이 안 된다. 과학자들은 원 물질의 본질은 무엇인가에 대해서 규명하려고 애를 쓴다. 그래서 다시 나누고 나누어서 분자를 찾아내고 다시 원자를 찾아내고 또 전자(電子)를 찾아냈다. 그러면서 전자가 가장 기본이 되는 것이라고 한다. 또 어떤 연구에서는 전자도 다시 쪼갤 수 있다고 한다. 그리고 우선 전자가 무생물과 동식물을 이루는 기본적인 원소임을 인정하자고 한다.

하지만 과학의 입장에서 생명의 기원을 설명하자면 여전히 많은 문제가 있다. 생물은 쪼개어 볼 수 있기는 하지만 한 번 쪼갠 것을 다시 합치면 더 이상 생물이 아니기 때문이다. 이렇게 본다면 생물은 비생명적인 물질을 결합시켜 만들 수 있는 것이 아니다. 따라서 과학이 생명의 기원을 설명하는 것에는 문제가 많다.

생물학을 연구하는 어떤 사람이 생물을 분석해 보면 전자 안에 음양, 흡수력, 저항력 등이 있다고 한다. 하지만 이런 것들로는 태양이나 행성을 이룰 수는 있지만 생명을 만들어내지는 못한다. 따라서 이 지구에 존재하는 생물의 씨앗은 다른 우주에서 바람을 타고 날아온 것일 수도 있다고 주장한다. 그래서 우리가 사는 지구 위에 이런 씨앗들이 생겼고 처음에는 생명체가 적었다가 갈수록 늘어났으며 점차 오늘날과 같이 군락을 이루어 살게 되었다고 한다. 그런데 이런 기원설은 하나 마나 한 이야기다. 만약 이 사람에게, 당신이 말하는 다른 우주에서 종자가 날아왔다는 설을 가지고 따져볼 때 그렇다면 다른 별의 종자는 또 어디서 왔냐고 묻는다면 그는 어떻게 대답할 것인가? 이 때문에 생명의 기원의 문제를 이렇게 풀어서는 답이 나올 수 없다.

과학자들이 설명하기를, 생물은 각종 물질이 화합하여 이루어졌다고 한다. 즉, 여러 물질을 화합하면 생명 있는 생물이 된다는 것인데, 이는 매우 많은 비용과 힘든 노력을 기울인 연구 결과이다. 결과적으로 볼 때, 물질을 화합하여 만들어낸 계란과 바나나가 비록 진짜 계란, 진짜 바나나와 차이가 없다고 하더라도 단지 보거나 먹을 수만 있을 뿐, 화합해서 만든 그 계란이 병아리를 낳거나 바나나가 싹을 틔우는 것은 불가능하기 때문에 죽은 계란, 죽은 바나나이다. 그러므로 현재 과학자들의 설명으로는 생명 기원의 문제를 해결할 수 없다.

3) 철학에서는 생명의 기원 문제를 어떻게 설명하고 있는가?

자연철학에서는 생물과 무생물의 경계를 나누고 있지만 이는 자연현상의 분류에 불과하다. 다만 만물의 원래의 본질을 연구하여 이를 학문적으로 쪼개어 원자, 전자 등에 도달하고, 다시 세분하여 보통 생물학에서 말하는 세포와 같은 결과에 이르고, 어떤 사람들은 이 세포를 생의 근원이라고 간주한다. 이 자연철학은 과학 연구의 결과에 근거하여 생물에서 가장 작은 단위인 세포가 모여서 생명체가 되었다고 생각한다. 이는 화학에서 최소 단위인 전자가 생명에서는 세포라고 생각한 것이다. 자연철학에서는 세포도 생명이 있는 것으로 볼 수 있다고 생각한다. 왜냐하면 전자도 음성과 양성이 있고 생멸을 하기 때문에 생명이라고 볼 수 있기 때문이라는 것이다. 양성자도 비록 매우 미세하고 은밀하긴 하지만 생명이 있다고 볼 수 있다고 본다.

자연철학에서는 흔히 극도로 쪼개어질 수 있는 물질의 작은 단위가 비록 비생명적인 것이기는 하지만 따지고 보면 그것 또한 은밀하고 작은 생명이며 다만 등급이 다른 것일 뿐이라고 본다. 이에 따라 절묘한 화합이 이루어진다면 생명을 가진 생물로 탄생될 것이라고 간주한다. 물질은 영원히 존재하기에 생명도 영원이 영원히 존재할 수 있다고 보는 것이다. 이것이 바로 생명의 기원에 대한 과학에 근거한 자연철학의 설명이다. 최근 주장된 유생론(唯生論)[25]도 이러한 생각에서 나온 것으로, 일체가 모두 생명이 있다고 보았기 때문에 '유생(唯生)'이라 이름한다. 모든 생명은 물질과 마찬가지로 무궁무진하며 적합한 환경이 주어지면 거기에 맞는 생명이 발생한다고 보았다. 또한 비록 적절한 조건이 충족되지 않는 상황에서도 은밀하고 미약하게나마 생명이 여전히 존재하고 있다고 보았다.

또한 생물학에 근거하여 생명을 논하는 사람으로 독일의 드리슈(Hans Driesch, 1867~1941)[26]를 들 수 있다. 그는 이전에 중국에도 왔었다. 그는 일반적인 생물의 현상을 화학 물질에 관한 이론으로는 명확하게 설명하지 못한다고 인식했다. 그는 생물은 모두 생기(生機), 즉 엔텔레키(entelechy)[27]가 있는데, 이 엔텔레키는 비물질적인 것이며 이것이 있어야 생명이 이루어진다고 보았다. 따라서 엔텔레키가 없으면 생물이 형성될 수 없으므로 화학에서 생명을 해석하는 방법은 잘못된 것이라고 주장했다. 그는 또 엔텔레키는 물질이 아니라 정신적인 것이나 그렇다고 물질과 완전히 구분될 수 있는 것은 아니라고 보았다. 이는 마치 중국인이 생각하는 '생기(生氣)가 있어야 생명현상이 있고 생기가 없으면 생명현상이 없다'는 생각과 유사하다.

그렇다면 엔텔레키란 도대체 무엇이란 말인가? 이를 설명하기는 쉽지 않다. 나는 독일에서 드리슈를 만나 그와 토론을 벌인 적이 있다. 그는 엔텔레키가 있어야 비로소 생물이 있다고 보고 있는데, 다만 엔텔레키가 원래부터 많이 있었던 것인지 아니면 원래는 하나였는데 후에 많은 것으로 변하였는지에 대해서는 분명하게 설명하기 어렵다고 했다. 무릇 물질이 분화한 후 비로소 각각의 생명현상으로 바뀌고 여기서 다시 감각, 지식, 사상이 생겨난다고 보았는데 이 또한 가상적 추론이다. 이렇게 본다면 엔텔레키가 물질을 합성하여 생명이 탄생한다고 볼 수 있다.

또한 유심론적 철학은 우주의 본원이 정신적, 심령적인 것이라고 간주한다. 이러한 주장을 하는 학파들은 매우 많은데, 프랑스의 베르그송(Henri Bergson, 1859 ~ 1941)[28]의 해설에 의하면 우주는 곧 생명의 흐름이다. 우주는 영원히 활동하고 쉼 없이 극도로 긴장된 생명의 흐름이며 순전히 정신적인 것으로, 우주에 물질은 근본적으로 없다고 본다. 다만 해체되고 멈춘 곳에 비로소 물질현상이 생겨난다는 것이다. 그러나 이 또한 생명이나 정신적인 것을 벗어나지 못한다는 것이다. 인류는 바로 생명정신의 표현이며, 무생물은 생명으로부터 남겨진 찌꺼기라는 것이다. 무시무종(無始無終)의 영원히 긴장되어 있는 것이 생명이며, 이것이 이완되어 흩어지면 무생물이 된다고 한다. 이렇게 본다면 긴장 정도의 차이가 생물의 근원인 셈이다. 우주의 위대한 정신으로부터 생명이 분화되어 나왔다는 것이다.

예로부터 중국에서도 이러한 사상이 있었다. 특히 『역경(易經)』에서는 "낳고 또 낳는 것[生生之]을 역(易)이라고 말한다."라고 한 바 있다. 이처럼 낳고 또 낳아 그침이 없는 것이 우주의 본체인 것이다. 이러한 점에서 말하자면 드리슈의 '엔텔레키'나 베르그송의 '생명의 흐름' 이론은 유사한 측면이 있다.

4) 종교에서 말하는 생명의 기원

일반적으로 대부분의 종교는 생명의 기원을 설명해 내지 못하는데, 다신교는 두말할 것도 없이 더더욱 그렇다. 어느 정도 도리에 맞는 설명을 할 수 있는 것은 일신교(인도의 힌두교와 기독교 등)에서만 가능하다. 그들은 우주 만물의 근원이 모두 신에서 기원하고 일체의 기원은 완전히 신이 근본이라고 한다. 이를 종합하면 우주에는 오직 무시무종(無始無終)의 너무도 넓고 넓어 일체 포용하지 못할 것이 없는 신이 있어 모든 생명을 창조할 수 있다고 한다. 비교적 분명하게 말하기 위해 기독교의 구약(舊約)에서는 신이 세계와 만물을 창조했다고 말한다. 첫째 날은 해와 달, 별들을 만들었고, 계속해서 여러 가지를 만들다가, 여섯째 날에는 마지막으로 인간을 만들었고, 일곱째 날에는 쉬었다고 한다. 생명이 있는 것은 모두 신에게서 기원한다고 보는 것이다.

기독교에서는 일반 생물은 오직 생(生)만 있고 영(靈)은 없는데, 사람만 영이 있는 이유가 사람만이 신에게서 기원하기 때문이라고 한다. 이런 종류의 설명을 하는 이들에게 돌이켜 묻고 싶다. "우주 일체가 신에게서 기원한다면 신 자신은 누구에게서 기원하는가?" 나는 이에 대한 해답을 듣지 못했다.

이렇게 보면 생명의 기원에 대해서 과학은 설명하지 못하는 곤란한 점이 있다. 또 철학의 설명도 대부분 과학에 기대어 말하기 때문에 이들 또한 생명의 기원에 대해 제대로 설명하지 못하고 있다. 철학자들이 말하는 '생명의 흐름'이니 '엔텔레키'니 하는 설명 방식을 따져보면 그 또한 일신교에서 말하는, '신'이 생명을 창조했다는 설과 조금도 다름이 없어 생명의 기원에 대해 철저하게 설명하지 못하고 있다.

5) 불법에서 설명하는 생명

(1) 법계의 중생은 무시무종(無始無終)

법계의 중생에 대해 말하자면 그 본래의 궁극을 추구해 들어가면 일체 사물 또는 인간의 본래 성품에는 개별적인 자성(自性)이 없다. 이 때문에 그것들에 시작과 끝이 있다거나 하나라거나 많다고 말할 것이 없다고 본다. 답을 할 수 없어서 말할 것이 없다고 회피하는 것이 아니라, 그 자체가 본래 말할 거리가 없기 때문에 말할 것이 없다고 하는 것이다. 만약 인연 생멸의 입장에서 말하자면 법계의 중생은 모두 무시무종이다. 일체 무정의 사물과 일체 유정의 생명은 인연 화합의 변화상에서 유전(流轉)하므로 무시무종이다. 일체 유정의 생명은 변해서 오고 변해서 가서 모두 영원히 서로 계속되어 끊이지 않는다. 이로 인해 일체 법계의 모든 법은 인연 따라 생멸하며 무시무종이다. 일체 유정의 생명은 업의 과보가 서로 이어져서 무시무종이다. 일체가 이미 무시무종이므로 기원을 말할 수 없다. 부처님이 『인왕반야경(仁王般若經)』에서 "만약 삼계 외에 따로 중생이 생겨나는 것이 있다고 말한다면 이는 외도(外道)의 『대유경(大有經)』에서 말하는 것이다."라고 말한다. 이것은 이러한 사고의 설명으로 매우 합당한 것이다.

(2) 세계 중생의 기원에 대해서 말할 수 있다

한 세계 안에 존재하는 중생의 기원에 대해서는 말할 수 있다. 하지만 세계는 대천(大千) 세계와 소천(小千) 세계로 나누어진다. 대천세계가 완전히 붕괴되어 아무것도 없는 상태에서 겁(劫)의 시간이 이루어진다. 그리고 순서상 가장 먼저 천(天)이 존재한다. 그렇다면 이 천(天)이 바로 생명의 기원이라고 말할 수 있다. 이 소천 세계 중 하나의 소세계, 즉 대범천에 속하는 세계가 분명하게 드러난다. 이 세계가 화재로 붕괴되고 겁이 이루어지고, 가장 먼저 대범천(大梵天)의 기세간(器世間)과 대범천의 몸이 생성된다. 대범천의 생명은 이 세계의 생명의 기원이라고 말할 수 있다. 왜냐하면 이 소세계는 최초에 대범천이 만든 것이기 때문에 세계의 공업(共業)과 각각 별업(別業)의 힘이 계속 생겨나서 점점 범보천(梵輔天), 범중천

(梵衆天) 그리고 인간이 있게 된다. 대범천이 그들이 있음을 보고난 이후 일체가 생겨났고, 곧 그들이 생겨났다고 말한다. 뒤에 일체가 대범천이 보는 것으로 인해 생겨나서 모두 대범천으로부터 생겨났다고 인식한다. 대범천이 아버지이고 나머지는 모두 자손이니, 이로부터 부모와 자식의 관계가 생겨난다. 이렇게 보면 '신'이 생명의 기원이며, 생명은 대범천의 관념에서 생겨난다고 말할 수 있다.

    불법의 입장에서 보면 이러한 관념은 근본적으로 착오가 있다. 왜냐하면 세계의 일체가 생겨난 까닭 중 하나는 공동의 업보이고, 하나는 별개의 업보인데, 이 두 가지 업력이 한 곳에 모였기에 세계의 일체가 생기는 것이다. 선후의 순서가 다른 것뿐만 아니라 대범천으로부터 생겨난 것이 아니다. 대범천 자체도 또한 업보로 생겨난 것이다. 다만 업보의 사실에 있어서 확실히 대범천은 가장 먼저 생겨났고, 이러한 사실에 의해 일체가 모두 대범천에서 생겨났다는 일반 종교의 그릇된 관념이 생기게 된 것이다. 사실 각각의 유정은 업보에 따라 생겨나고, 일체 사물이 생겨나는 것도 모두 유정(有情)의 공업(共業)의 과보에 의하여 생겨난 것이지 대범천에서 생겨난 것은 아니다. 그렇지만 한 세계에 관해서만 말한다면 대범천이 생명의 기원이라고 말할 수 있다.

(3) 유정(有情)의 일정 기간의 업보로 생명의 기원을 말할 수 있다

유정의 일정 기간의 업보로 생명의 기원을 말할 수 있다. 불법에서는 사유(四有)[29]인 본유(本有), 사유(死有), 중유(中有), 생유(生有)가 있다고 말한다. 중유가 태내에 들어가 생유가 되어 일정 기간의 업보가 시작된다. 경전에서 말하기를 처음 태내에 들어간 심식(心識)이 한 생명체의 생명의 기원을 형성시킨다고 말하는데, 이는 바로 일정 기간의 업보의 관점으로 말한 것이다. 최초에 생명을 받는 이 심식은 업식(業識)이며 유식학에서는 아뢰야식(阿賴耶識)이라 하는데, 이것이 일정 기간의 생명의 기원이다. 이 식은 예를 들면 12연기 중의 '무명, 행, 식'의 식이고, 곧 일정 기간의 생명의 기원이다. 이것은 유식학에서 아뢰야식 가운데 종자(種子)를 가리키며 또한 최초에 태내에 들어가는 식이다. 유정은 일정 기간의 업보를 받아 한 생명을 얻고, 생명의 기원은 업식으로 말할 수 있다.

아직 남은 문제가 있는데 앞에서 말한 사유(四有)에 관한 것이다. 생유로 삶을 시작하고, 태어난 후에는 본유(本有)라 이름하고, 생명이 끊어지면 사유(死有)라 이름하는 것이 모두 한 생명에 있다. 그리고 죽음과 새로운 삶의 중간에 중유가 있는데, 이 중유를 또 다른 하나의 생명으로 간주해야 하는가? 아니면 이 중유가 이전의 생명에 속하는가 이후의 생명에 속하는가? 바로 여기에 많은 문제가 있다. 중유는 이후의 생에 속한다는 학설이 있는데, 만약 이 중유가 이후 일정 기간의 업보에 속한다면, 앞에서 말한 일정 기간의 생애의 업보의 시작이 업식이라는 것과 합치되지 못한다. 가령 중유가 이후의 생애에 속하고 업식의 전에 생명을 받는다면 어떻게 중유가 있다는 것인가? 그렇다면 이후 일정 기간의 생명은 마땅히 죽은 이후의 중유에서 시작해야 한다. 다만 12연기에서 무명(無明)과 행(行)은 과거에 속하고, 식(識)은 현생의 태내에 최초로 던져지는 것이라고 하는데, 일정 기간의 생명의 시작이 만약 중유라면 12연기의 설명과 불일치한다. 또한 모든 중유가 태내에 들어가는 것은 아니다. 그렇기 때문에 중유가 이후의 한 생명에 완전히 속한다고 말하는 것은 매우 불합리하다. 만약 중유가 이전의 한 생명에 속한다고 하면 이전의 한 생명은 이미 죽어서 끊어졌는데 중유가 있다고 하는 것이니, 이 또한 불합리하다.

이렇게 보면 중유는 단지 두 생애의 업보 사이의 과도기적인 또 다른 일정 기간의 생명이라고 말할 수 있다. 이런 관점에서 볼 때 일정 기간 동안의 생명의 기원은 최초에 태내에 들어간 식이라고 보는 것이 현실과 교리에도 매우 맞아떨어진다. 중유는 단지 그 외의 한 생명이고, 이후 일정 기간의 생명을 예비하는 또 다른 일정 기간의 생명이라고 말할 수 있다.

심양사변에 대해 대만, 조선, 일본의 4천만 불자에게 고함[30]

현대 서양의 국가들은 제국주의가 극단으로 치달려 민족의 혁명으로 반항을 불러일으키고, 자본주의가 극단으로 치달려 공산혁명의 반항을 불러일으키고 있다. 그런 까닭에 서양문명은 함몰하여 전체가 붕괴되는 말로로 들어간다. 우리들은 지혜와 자비를 겸비하고, 복과 지혜를 함께 융성하고, 자타가 다 같이 이익을 얻고, 마음과 물질이 서로 융합하는 불교의 가르침으로 아시아 각 민족문화의 전체 실마리로 삼아, 아시아의 민족문화를 부흥하여야 한다. 또한 아시아의 민족국가가 서로 도와주고, 약한 나라를 도와주고 신뢰와 화합의 대연합을 이루어서 서양의 나라를 세운 민주주의 정신으로 나아가서 함께 국제평화와 대동세계의 질서에 들어가기를 바란다. 아시아 각 민족의 영도자들은 인도, 중국, 일본의 불교를 믿는 민중이다.

과반수의 일본민족의 불교도들이 타국의 영토를 점령하기를 원하지 않으나 이제 일본의 군국주의는 마침내 스스로 그 탐욕과 분노를 억제할 수 없고, 인과의 도리에 미혹하여 흉폭한 행동을 하고, 망령되이 전쟁을 일으켜 중화민국 동북의 요동성과 길림성을 강제로 점령하기에 이르렀다. 또한 해군을 보내 천진, 청도, 해주, 상해 및 장강의 각 도시를 위협하고, 또한 만주인, 몽고인을 강박하여 괴뢰국가를 만들고서는 독립국을 세우게 도와주었다며 거짓말을 하고 있다. 일본군국주의는 10악업과 5역죄를 함께 짓고, 다섯 민족이 공화국을 이룬 중화민국을 잔혹하게 훼손하고, 동남아에서 남아시아에 이르는 전 아시아 불교민중들을 핍박하여 서로를 도살하는 길에 들어가게 하여 아시아 민족 부흥의 활로를 갑자기 막아버리게 할 뿐만 아니라 세계평화의 기초를 홀연히 파괴하기에 이르렀다.

최근 일본이 중국에 대해서 하는 행동을 가만히 보노라니, 만약 일본이 이토록 넓은 땅과 수많은 민중으로 지금 새롭게 떨쳐 일어나는 중국에 대해 진실로 곰곰이 생각해 보았다면, 어찌 감히 우리 중국을 삼킬 생각을 하였겠는가? 전쟁의 힘에 기대려는 자는 결국 전쟁의 재앙을 과보로 받아 재앙이 끊이지 않을 것이다! 심지어 구미 각국을 이 동남아 격전장으로 이끌어 제2차 세계대전을 일으켜 중국이 그 피해를 입게 만들었다. 또한 이런 행위로 일본이 수십 년간 이룬 정치적, 경제적 우세를 일거에 훼손할 뿐 아니라 일본의 이익을 저해할 것이다. 더 나아가 말하자면 동남아 및 전 아시아 각 민족 연합 부흥의 기틀을 파괴할 뿐만 아니라 국제평화도 붕괴하고 세계를 분쟁의 나락에 빠트려서 벗어나지 못하게 하고 있다.

그러나 이것은 모두 일본의 소수 귀족 군벌 정치가들이 행한 일이지 일본 전 국민의 공통된 뜻은 아닐 뿐 아니라 세상의 이치에 밝은 인사들과 많은 반대자들의 뜻도 아닐 것이다. 오히려 군벌 정치가들의 폭압 아래에서 어찌 해볼 도리가 없을 것이다! 슬프기 짝이 없다!

일본 및 조선, 대만의 민중들은 일본의 군벌 정치가들의 핍박을 영원히 소멸시키기 위하여 어찌 속히 일어나 <u>스스로</u>를 구호하지 않는가?

『유가사지론(瑜伽師地論)』「보살지 계품(菩薩地 戒品)」에서는 말한다.

> 또 보살이 아주 높은 재상과 관리가 극히 폭악하여, 모든 유정에게 자비로운 마음이 없고, 전횡을 일삼아 핍박하는 것을 보는 것과 같다. 보살이 보고서는 불쌍하게 여기는 마음을 일으키고, 이익과 안락함과 생각의 즐거움을 내어 힘이 닿는 대로 아주 높은 지위 등을 버리게 하기도 하고 혹은 그런 마음을 내쫓기도 한다.
> 이 인연으로 말미암아 보살계를 범하는 바가 없고 많은 공덕을 낳는다.

그러므로 대만, 조선, 일본의 불교를 믿는 우리 4천만 민중들은 속히 하나의 대연합을 이루고, 보살의 대자비와 두려움 없는 위신력으로 일본 군벌 정객들이 인과의 정법을 알게 하고, 그들의 모든 불법적인 행동을 제지해야 한다. 그만두게 말려서 굴복하지 않으면 동남아, 남아시아 및 전 지구상의 불교도가 연합하여 불교의 국제기구를 조직하고, 연합하여 아시아 각 민족이 모두 평등과 자유를 획득하도록 진흥하는 것을 사명으로 삼아야 한다. 또한 세계의 모든 민족이 평등을 추구하며 연합하여 항구적인 평화가 실현되도록 하여야 하고, 봉기하여서 일본 군벌 정객의 높은 벼슬아치들을 쫓아내어서 그 폭악한 정책으로 중국의 다섯 민족 및 대만, 조선, 일본의 모든 무고한 민중들을 괴롭히는 일을 못하게 해야 한다.

돌(咄)! 돌! 우리 대만, 조선, 일본의 4천만 불교도들은 진리를 좇는 동포이며, 그대들은 그 진리로서 부처님을 믿는 민중이다! 그대들은 참된 불보살의 마음을 자신의 마음으로 삼는 자들이로다! 그대들은 진정으로 불보살의 교훈을 봉행하는 자들이로다! 장차 그대들은 일본 군벌 정객들의 불법적인 행동을 결단코 제지해야 하지 않는가.

돌! 돌! 우리 대만, 조선, 일본의 4천만 불교 동포는 속히 봉기하라. 속히 봉기하라. 속히 봉기하기를 바란다!

나의 불교혁명실패사[31]

우연한 관계로 나는 많은 혁명인물들의 사상에 접하였고, 불교에도 혁명의 열기를 불붙이기에 이르러 신해혁명의 뜨거운 열정 속에 교리(당시에는 학리) 혁명, 승가의 제도(당시에는 조직) 혁명, 사찰의 재산(당시에는 재산) 혁명의 구호를 제창하였다. 이 세 가지 구호는 당시「불학총보」의 비판을 받았고, 나도 또한 '감히「불학총보」에 묻는다'라는 글을 써서 반박하였다. 이 일은 새로운 교육을 받은 승려 청년들을 중심으로 불교협진회(佛敎協進會)를 설립하게 하는 동력이 되었다. 비록 내가 이론적 근거를 제공하였지만 당시 나는 진강(鎭江)의 금산사(金山寺) 등의 곳에 머물면서 수행하는, 한 명의 방관자였다. 나의 실제 행동은 대부분이 경솔하고 산만하여 머지않아 커다란 반격을 초래하게 되었고 불교협진회는 일찍 그 생명이 다하였다. 그러나 불교 혁명과 관련된 나의 명성은 이 일로 인해 퍼져나가, 사람들의 존경, 혹은 두려움, 혐오,

동정을 받기에 이르렀다.

그 후에 자리에서 물러나 수년간 수행하며 교리 면은 불법에서 논리를 정돈하였고, 또한 교육, 철학, 진화론, 일신교, 주역, 묵자, 순자 등에 대해 비판하며 '불교를 중심으로 고금의 동서 학술문화를 채택하여 현대사상에 순응하는 신불교'를 이루었다. 승가제도와 사찰의 재산에 대해서는 승가제도론을 정리하여 '중국 한족의 불교를 중심으로 시대의 수요에 적합한 신불교'를 주장하였다.

민국 7년(1918)에 약간의 신도들을 모아 '각사(覺社)'를 조직하고, 저서를 쓰고 강의를 하면서 나의 자취를 드러냈다. '무창불학원(武昌佛學院, 1922년 창립)'을 창립하여 '승려를 교육할 스승이 될 인재'를 양성하고자 하였다. 일반 승려를 훈련하는 승려 교육과 승가의 제도, 사찰의 제도를 개혁하여 신불교를 건립하고자 하였다. 그러나 제2보를 제대로 진행하지 못하였기에 제3보는 내딛지도 못하였다.

민국 15년(1926)부터 민국 17년(1928)까지 중국 대륙은 온통 혁명의 격동에 휘말려 있었고, 이로 말미암아 전국의 사찰과 승단도 요동쳤다. 이에 불자들도 승단과 사찰조직을 개혁할 필요가 있음을 각성하기에 이르렀다. 때마침 우연한 기회에 중국불교회도 설립되어 전국의 모든 승단과 사찰에서 승려 양성을 위한 제도 개선을 진행하였고, 시대정신과 부합하는 불교에 적응하기 위하여 강연을 다녔다. 그러나 몇 년을 못가서 옛 승려제도와 사찰제도로 차츰 복귀하여 다시 자리를 굳건히 하면서 중국불교회를 조직하였던 본래의 취지를 잃어버리고 말았다. 그러던 차 작년(1936)에 중국 국민당 중앙당의 민중훈련부가 중국불교회를 주목하여 '중국불교회 정관 초안 수정안'을 마련하였고, 여기에 나에게 억지로 이른바 '최근 중국불교회를 이끌며 불교회의 문제점을 개선시키려는 사람들'을 이끌게 하였고, 승단과 사찰 개혁을 진행하도록 하였으나 이 또한 끝내 실패하고 말았다.

나의 실패는 반대파의 저항이 완강하였던 점도 있지만 내 이론에 여지가 있었고 실행력이 부족하고, 계몽하는 내용이 교묘하기는 하지만 통솔력이 무능한 나의 약점에 크게 기인하였기에 실천하는 경우를 만났을 때 통솔력이 따르지 않았다. 그러나 나의 이론과 계몽은 확실히 장점이 있기 때문에 실행력과 통솔력을 갖춘 사람을 얻으면 반드시 현대 중국 불교의 학리와 제도에 적응하여 건립할 수 있다고 나는 자신하였다.

내가 실패한 원인은 나 자신의 성정과 기질의 탓도 많았지만 시대 환경의 영향도 적지 않다. 예를 들면 제1기에는 불교혁명의 열정이 갑자기 불붙었고, 제2기에는 우연히 강의와 학문의 기풍이 생겨났고, 제3기에는 우연히 중국불교회 조직을 주도하였다. 대개 우연히 행운을 만나서 이루어졌으나 심사숙고하지 못하였고, 애써 노력하지 못하여서 왕왕 인연에 따라 응하는 태도를 보였고, 가벼이 바꾸고 산만하고, 굳세고 강하지 못하였다.

    지금의 나는 뜻과 행동에 진력하고자 하여도 몸과 마음이 이미 쇠퇴하여 인연에 따라 예전의 업을 소진할 뿐이어서 다시 어떤 새로운 공헌을 할 수가 없다. 뒤의 사람들은 응당 나의 약점과 이로 인한 것을 알아 스스로 근면하게 하고, 나를 바라만 보지 말고 나를 질책하지 않기 바란다. 내 불교의 이론과 계몽을 대하면서 혹은 그것이 담당했던 작용을 잃지 않으면서, 나의 실패를 후세의 성공의 어머니로 삼아주기 바란다.

3 선불교를 말하다

중국불학의 특질은 선(禪)에 있다

1) 인연을 간략하게 서술함

　　　　　　중국불학은 불교가 발원한 인도나 세계 각국에 전파된 내용과 같지 않다. 중국불교 역사연구로부터 뿐만 아니라 중국불학의 특수한 면과 계통을 통해 설명할 수 있기 때문에 중국불학이 성립한다.

　　이제 먼저 중국불학의 특질이 선(禪)에 있음을 말하고자 한다. 무엇을 특질이라고 하는가? 어떤 물건을 말할 것도 없이 모든 존재는 허다한 인연 화합으로 이루어지고, 이루어진 물건 하나에는 하나의 특질이 있고, 한 종류에는 한 종류의 특질이 있다. 왜냐하면 그들 각각에는 각각의 동일하지 않은 특수한 요소가 있기 때문이다. 지금 말하는 중국불학도 당연히 일반 불법과 같은 것이 있다. 그러나 중국불학을 말하는 까닭은 중국불학사상에 그 특수한 요소가 있고, 일체 불법의 공용과 화합하여 중국불학의 특수한 면목과 계통을 이루고 있기 때문이다. 그 특수한 요소는 무엇인가? '선'이 그것이다.

선은 중국에 통용되는 명칭인데, 선나(禪那)의 약칭이며, 정(定)이라고 하기도 하고, 선정(禪定)이라고도 하고, 인도에서는 요가라고 한다. 여기서 말하는 선은 선종을 가리키는 것이 아니고, 선종은 당연히 그 속에 포함된다. 지금 말하는 선은 계정혜 삼학 가운데 정(定)이기 때문에, 선종의 선과 비교하면 선의 의의는 더욱 넓다. 선나는 정려(靜慮)라는 뜻이며, 나아가 고요한 정(定) 가운데 사려를 관찰하는 것이기 때문에 선나는 비록 정이라고 말할 수 있으나 정 가운데 관찰도 있고 지혜도 있는 것이 선나의 특징이기 때문에 선나는 선관(禪觀)이라고도 한다.

중국불학의 특질이 선에 있다는 지금의 말에서 불학이란 두 글자는 당연히 각종 불법을 포괄한다. 각종 불법의 정의와 종류는 매우 넓어 지금 중국불학의 특질을 설함에 있어 그 특질이 선에 있다고 말하는 것이다. 남방불교의 특질은 율학에 있고, 서장(西藏)불교는 밀교의 주문(呪文)에 있고, 일본불교의 특징은 문혜(聞慧) 및 통속적인 응용, 각종 경전과 논서의 연구라는 학문적 업적이 크지만 몸과 마음을 실제로 수행하여 증득하는 공부는 적다고 할 것이다. 명치유신 이래로도 이와 같을 뿐만 아니라 원(元) 이전의 진종(眞宗)

도 통속적인 응용불교이다. 더욱이 일련종(日蓮宗)에는 소위 『입정안국론(立正安國論)』[32]이 있어, 오로지 바른 가르침을 세워 국가를 안정케 하는 것이 요지이다. 이상 각지의 불교특질과 비교해 보면 중국불교의 특질이 선에 있음이 드러난다. 이제 중국불학의 특질이 선에 있는 인연을 인도 승려의 교화 태도와 중국 사대부의 분위기 둘로 나누어 설명하고자 한다.

2) 인도 승려의 교화 태도

인도 승려들은 불교를 중국에 처음 전해왔던 전교자들의 통칭이다. 사실 출신지가 일정하지 않아도 모두 인도라고 하였고, 남방과 서역 각지에서 온 사람들을 인도 승려라고 섞어서 불렀다. 인도 승려들의 교화 태도도 몇 가지로 나누어 설명할 수 있다.

① 단정한 몸가짐

당시 중국에 온 인도 승려들은 대개 도덕이 높고 깊으며 학문이 박식하며 그들의 행주좌와의 4위의(威儀)와 태도는 단정하고 엄숙하여 사람들로 하여금 저절로 공경심이 일어나게 하였다.

② 고요한 태도

그들은 깊은 수양이 있어 매우 적묵한 그 태도는 사람들로 하여금 보면 그 깊은 경지를 측량할 수 없게끔 한다.

③ 신묘함의 현양

그들은 지혜가 높고 갖가지 기술, 신통한 주문, 술수가 극히 정묘하고, 또한 선정을 수행하고 주문을 지녀서 이룬 신통력과 묘용을 항상 드러내었다. 이런 신통력과 이적을 드러내는 역량으로 더욱 현저한 공을 이루었다.

④ 비밀하고 심오한 영역의 탐색

불법이 처음 전래 되었을 때 마등(摩騰), 축법란(竺法蘭) 및 한(漢), 위(魏), 진(晉) 초의 안세고(安世高), 지루가참(支婁迦讖), 불도징(佛圖澄) 등은 신통한 덕과 감복시키는 능력이 있었다. 이는 『고승전』 가운데 곳곳에 기록되어 있어 알 수 있다. 처음에 온 인도의 승려들만 이와 같은 것이 아니라 그 후에 경전을 번역하여 중국에 불학을 전한 것으로 유명한 구마라집, 보리류지 등도 역시 신통한 주문과 영감의 공력으로 유명하다. 구마라집은 임종 전에 신통한 주문을 세 번 외워 수명을 연장했고, 보리류지는 신통한 주문으로 우물물이 솟아오르게 한 것 등이다. 그러므로 이 인도 승려들은 모두 사람들이 존경하게끔 하였고, '높이 우러러 보고 금강석처럼 견고한' 마음이 일어나게 하였다. 일반적으로 불학을 닦는 사람들은 모두 불법을 심오하고 신비하게 보게 되었고, 죽을힘을 다해 각고의 노력으로 불법을 탐색하였다.

    이 인도의 승려들이 중국에 왔을 때 중국의 문화는 이미 매우 발달되어 있었다. 인도승려들은 단엄하고 적묵한 가운데 무궁한 신공과 묘한 지혜를 보여서 사람들로 하여금 우러러 보게 하였고, 불교의 고심막측한 경지를 탐색하려는 마음을 강하게 불러 일으켰다. 중국에 온 달마도 이러한 방법으로 선종의 풍토를 일구었는데, 불학을 배우는 사람들이 모두 선을 참구하고 그 신비를 탐색하게 하여, 마침내 선이 중국불학의 특질이 되었다. 다만 이 한 방면으로만 나아가 선만이 중국불학의 특질이었던 것이 아니었고, 일종의 신비로운 신앙으로서의 불교도 이루어졌다. 그런 이유로 한 방면만 말한 것이다.

3) 중국 사대부의 분위기

중국의 사대부는 독서하는 선비, 즉 사군자(士君子)이고 사대부이다. 당시의 문화는 이미 높았으며, 일반 사대부의 사상은 모두 간결하고 종합적인 현리(玄理)의 요지를 추구하였다. 그들은 말을 할 때에도 질박한 어구를 숭상하고, 시가(詩歌)의 종류도 요약적인 언어로 번잡하지 않고 실제로 정밀한 의미를 드러낼 수 있었다.

일반 사대부는 그 품행에 있어서 오직 청담하고 고요한 한가로움을 숭상하여, 죽림칠현 등과 같이 모두 은둔하여 수행하는 데 종사하였다. 생활에 있어서는 스스로 먹을 것을 구하고 검소하고 담박하게 사는 것을 중시하였다. 당시 사대부를 대표할 만한 사람으로 제갈량과 도연명 이 두 사람이 가장 존경받았다. 제갈량과 도연명은 모두 스스로 밭을 갈고 전원생활을 하면서 품격은 고고하지만 생활은 검박하였다. 시문(詩文)은 모두 간결하고 정묘하였다. 그들은 독서를 할 때 다만 대략의 뜻을 볼 뿐 깊은 이해를 구하지 않고, 논쟁이나 분석을 즐기지 않았다. 어떤 이들은 도연명이 (자신을 알아주는) 주인을 만났으면 제갈량이 되었을 것이라고 말한다. 제갈량이 유비를 만나지 못했다면 도연명이 되었을 것이라고 말한다. 이러한 삶은 중국 일반 사대부들이 숭상한 것이다.

인도의 승려들이 전한 불법은 농부, 장인, 상인들에게는 인과응보와 영험이 가득한 신앙으로 받아들여졌다. 사대부들에게는 사상의 현리(玄理)의 요지, 언어의 질박함, 품행의 한가로움, 생활의 검소함을 추구한 것에 따라『사십이장경(四十二章經)』과 『팔대인각경(八大人覺經)』등과 같이 간결한 불학이 당시의 문화와 적합하여 서로 맞아 떨어졌다. 동시에 인도에서 온 선사들은 산속의 동굴에 즐겨 살면서 간소하게 생활하고 고요히 선정을 수양하며, 찾아와서 진리에 대해 묻는 사람들이 있으면 간결하면서도 실제의 요지를 제시해주었다. 이와 같이 사대부들의 분위기와 맞아떨어져 선이 중국불학의 특질이 되었다.

중국에 온 인도의 승려들에 의해 불학을 받아들인 중국은 사대부들의 사상 등의 여러 인연이 화합하여 불학의 선정을 익히게 되어, 선은 2천 년 이상 중국불학의 기초가 되었다. 당시 전해진 것에 율학도 있었는데, 법명(法明)의 제자 법도(法度)와 같이 소승의 율학으로 교화를 행하여 몇몇 사람들이 율학을 배웠지만 널리 유통되지 못하였다.

또한 아비달마, 성실론, 중론, 유식, 인명 등과 같이 갖가지 분석적인 논서들도 전해져서 사대부들도 이 논서들을 알고는 있었지만 그 간결한 요체를 파악할 수 없었기 때문에 널리 퍼져나갈 수가 없었다. 중국불학의 특질이 선에 있다고 말하는 까닭의 절반은 중국에 원래 있던, 사대부들이 숭상하던 문화에 기인한다. 만약 사대부들의 이러한 사상과의 관계를 뺀다면, 존경하는 인도 승려들의 신통한 주문에 감응하는 신앙이 되었거나 혹은 분석하고 변론하는 학술에 집착하여 머물게 되었을 것이다. 예를 들면 서장에 원래 없던 문화인 신통한 주문을 중시하는 신앙을 이루게 된 것과 같다. 동남아시아의 기후와 생활은 인도와 비슷해 율학을 받아들이기가 쉬웠다. 그러나 중국에는 사대부들의 현오하고 간결한 생활 태도가 이미 있었기 때문에 정밀하고 철저한 선풍을 이루게 되었고, 이는 곧 중국불학의 특질이 선에 있게 된 원인이다. 다만 중국불학의 특질이 선에 있다고 말은 하지만, 이때의 선은 나중에 성립된 선종에 국한된 것이 아니고 그 범위가 매우 넓다. 그러므로 지금 여기서 말하는 선은 선종이 성립되기 이전의 선을 말하는 것이다.

교학에 의지하여 마음을 닦는 선

마음을 닦는다는 수심(修心)은 곧 선을 수행하는 것이며, 선을 수행하는 것 또한 관법을 수행하는 것이라고 할 수 있다. 마음을 더욱 배우는 것이 곧 선정을 더욱 배우는 것이기 때문이다. 교학에 의지한다[依敎]는 두 글자는 후에 '교외별전(敎外別傳) 불립문자(不立文字)'를 주장하는 선종과는 다르다. 선종과 교학은 서로 대립적이기 때문이다.

선종 이전의 선은 교학에 의지하여 관법을 닦는 선이다. 교학에 의지한다는 것은 천태교관처럼 곧 교리에 의지하여 마음을 닦는 선이고, 교학에 대한 이해에 의지하여 마음을 포섭하여 선정을 닦는 것을 말한다. 선종과 교학이 대립하고, 밀교가 현교(顯敎)와 대립한다. 밀교가 아직 독립하기 이전에는 잡밀(雜密)이라고 불리고 있었다. 『공작명왕경(孔雀明王經)』 등이 일찍이 번역되어 있고, 아울러 각 대승경전의 말미에 여러 주문(呪文)들이 부기(附記)되어 있었지만 아직은 현교에 대립하지 못하고 겨우 경전에 부기되어서 유행하는 정도였으므로 잡밀이라고 한다. 서장(西藏)에서는 밀교를 사밀(事密), 행밀(行密), 유가밀(瑜伽密), 무상유가밀(無上瑜伽密)의 넷으로 나눈다. 그 중 사밀은 작밀(作密)이라고도 하는데 중국에서 말하는 잡밀(雜密)이고, 어떤 주문을 외우는 것은 어떠한 작법(作法)과 작용의 뜻이 있다는 것이다.

선종이 나타나기 이전에, 교학에 의지하여 마음을 닦는 선은 선종의 입장에서 보면 밀교의 잡밀과 같다. 그러므로 교학에 의지하여 마음을 닦는 선은 '교외별전'의 선종은 아직 아니다. 교학에 의지하여 마음을 닦는 선을 네 가지로 나누어 살펴보기로 한다.

1) 안반선(安般禪)

안반선은 일정 부분 특징이 있다. 안세고(安世高, ?~170?)가 번역한 『안반수의경(安般守意經)』과 『음지입경(陰持入經)』은 오로지 선정만을 밝혀 한(漢), 위(魏), 진(晉) 시대에 초창기 선정을 수행하는 선법을 이루었다. 이 경은 수식(數息)으로 선정을 닦는 것을 밝히고, 그 나머지 여러 가지 선정법을 포섭하여 가장 중요한 것은 조식(調息)에 있음을 밝혔다[음(陰)은 곧 오음(五陰)의 음이고, 수의(守意)는 마음을 포섭한다는 뜻이다].

안세고는 이 경을 번역하여 전한 후 스스로도 수행을 하고 다른 사람들에게도 수행하게끔 했다. 안세고는 선정을 수행하여 여러 가지 신통력을 보였으며 또한 지혜로워 사람들이 그를 앙모하고 믿고 숭상했다. 당시 이 경전은 선을 닦는 근본법이 되었다.

삼국시대의 강승회(康僧會, ?~280)는 이 경전을 주해(注解)하고 안반선을 수행하였다. 동진(東晋)시대의 일반 사대부들은 지둔(支遁, 314~366, 지도림(支道林)이라고도 함)을 추중하였다. 그는 마음에 노닐고 선에 머물며 『안반수의경』을 주석하였다. 도안(道安, 312~385)도 축법제(竺法濟)와 지현(支縣)으로부터 『음지입경』을 전수받았고, 『반야경』, 『도행경』, 『밀적경』 등 안반선 계통의 여러 경전들을 주해했다. 도안이 살던 시대에 『미륵상생경(彌勒上生經)』이 전해졌는데, 도안은 제자들을 이끌고 법을 만나 도솔천에 태어나기를 서원하였다. 이는 선을 통해 정토로 회향한 것이다. 도안의 친한 벗으로 복식호흡으로 선도(仙道)를 닦는 은둔도사 왕가(王嘉, ?~390)가 있었기 때문에, 후세의 사람들이 불교의 선은 선도가(仙道家)에서 나왔다고 말한다. 그러나 실제로 도안은 어떤 면에서는 호흡을 조절하는 선을 하여 비록 선도의 수행에 가깝다고 하지만 안반선은 원래 불교에서 전해져 온 것이다.

또한 도안보다 이른 시기에 백승광(帛僧光)[33]이 있었다. 그는 석성산(石城山)에서 항상 선정을 닦았는데, 7일이 되면 선정에서 나왔다. 나중에 7일이 지났는데도 선정에서 나오지 않아서 제자가 살펴보니 그가 선정에 들어 앉은 채로 입적하였음을 알았다. 그리고 축담유(竺曇猷)[34]도 석성산의 석실에서 선정에 들었다. 승현(僧顯)[35]도 "수일 동안 선정에 들었으나 추호도 배고픈 기색이 없다."고 하였고, 또한 선정 가운데서 아미타불을 친견하고 목숨을 마칠 때는 염불하여 서방정토에 왕생하였다. 이런 선풍을 안반선이라고 부르는 까닭은 모두 『안반수의경』과 『음지입경』을 받아들여서 계발하였기 때문이다.

2) 오문선(五門禪)

불타밀(佛陀密)이 번역한 『오문선법요략(五門禪法要略)』은 오정심관(五停心觀)과 밀접하다. 오정심관은 탐욕이 많은 것을 다스리는 부정관(不淨觀), 성냄이 많음을 다스리는 자비관(慈悲觀), 어리석음이 많은 것을 다스리는 인연관(因緣觀), 산란함을 다스리는 수식관(數息觀), 교만함이 많은 것을 다스리기 위해 오음(五陰), 12입(十二入), 18계(十八界)로 분석하는 무아관(無我觀)이다. 그러나 이 다섯 번째는 당시에 이미 대승의 염불관으로 바뀌었다.

『오문선법요략』에서는 5문에 대해 균등하게 다루었지만 염불관 1문에 대해서만 특별히 상세하게 다루어 정수리 혹은 배꼽에서 1불, 2불 나아가 5방(五方)의 5불을 관한다고 설명하고 있다. 이 관불삼매(觀佛三昧)는 뒤에 밀교작법의 기초가 되었다.

이외에도 이 오문선법과 가까운 것으로는 승호(僧護)[36]가 사상과 실천의 근거로 삼은 『좌선삼매경(坐禪三昧經)』이 있다. 이 경은 구마라집이 번역하였고, 또한 구마라집은 직접 『선법요략(禪法要略)』을 편집하였다. 각현(覺賢) 삼장도 『달마다라선경(達摩多羅禪經)』을 번역하였다(각현과 구마라집은 동시대인이다). 또한 『미륵상생경』을 번역한 거사 안양후(安陽侯) 저거경성(沮渠京聲, ?~464)[37]은 불대선(佛大先)의 『치선병비요법(治禪病秘要法)』을 번역하였다.

이런 종류의 불교경전들은 거의 비슷하기 때문에 한 가지로 귀납하지만 작은 차이가 있으니 『오문선법요략』에서는 염불선을 중시하나 구마라집의 『선법요략(禪法要略)』은 실상선(實相禪)을 중시한다. 『오문선법요략』 서문에서는 말한다.

"삼업이 흥할 때는 참선과 지혜가 요체가 된다. 선정이 없으면 지혜도 없어 깊이 적정(寂靜)하고, 지혜가 없으면 선정도 없어 적정으로 관조한다."

이것이 당시 선정을 닦는 요지였고, 후에 실상선과 종문선(宗門禪)에서 말하는 "적정하여 관조하고, 관조하여 적정한다."는 것도 이 구절의 요지에서 벗어나지 않는다.

당시의 사대부들인 현고(玄高)인들은 불타선다(佛陀扇多) 혹은 불타발타라(佛陀跋陀羅)라고 불린 불타(佛陀) 선사로부터 선을 배워 선의 공력이 매우 높아 불타선사가 인증을 해주었다. 선사는 희유한 일이라고 찬탄하였고, 그들은 당시 주군들의 존경과 믿음을 얻었으며, 신통력을 나타내는 일이 매우 많았다. 각현은 역경에도 종사하였지만 선법을 널리 알리는 데 주력하였다.

위(魏)나라의 효문제(孝文帝)는 불타선다를 존경하여 소림사를 지어 그가 제자들을 받아 선을 수행하게 하였고, 담마야사(曇摩耶舍)도 강릉(江陵)에서 선을 널리 알리는 일을 하였다. 승조(僧稠)는 불타선다의 제자 도방(道房)에게서 선을 익혀 소림사 불타선다 조사가 파미르고원 동쪽에서 선을 수행함에 으뜸이라는 찬탄을 받을 정도로 선의 경지가 높았다.

당시의 국왕은 승조 선사에게 신통력을 보여줄 것을 여러 차례 요청하였으나, 승조는 불법에서 허락하지 않는다고 답하였다. 왕이 계속 요청하자 승조는 가사를 땅에 내려놓았는데, 왕은 많은 사람들에게 가사를 들어 올리도록 하였지만 움직이지 않았다. 승조가 시자에게 명하여 힘들이지 않고 집어들고 갔다.

그 후에 양(梁)나라의 무제(武帝)는 불교를 받들고 도교를 버렸다. 도사 육수정(陸修靜)이 무리를 이끌고 북제(北齊)로 가서 왕에게 승려들과 누가 진짜이고 가짜인지를 시험하여 불교가 무능하면 도교를 받들기를 요구하였다. 승려와 도사들을 모아 놓았고, 도사들이 부적과 주문으로 승려들의 가사와 발우가 모두 공중에 떠 있게 하자 승려들이 다 놀라고 두려워하였다. 이때 무리 가운데 승조 선사의 제자 담현(曇顯)이 스승이 입던 가사를 들고 도사들의 주문을 무능하게 만들었다. 이와 같이 도사들의 술법이 효력이 없자 왕은 불교를 믿게 되었으니 승조의 선법의 능력이 위대함을 가히 알 수 있다. 승조가 살던 시대의 제왕은 선법만 익히게 하고 경전과 율을 폐기하려고 하였으나 승조가 선과 경전과 율은 서로 통하는 것이라고 간언하여 폐기를 면하였으니, 당시의 선법이 사람들을 놀라게 하여 발전함을 널리 볼 수 있다. 이는 선종 이전의 선의 제2단계이다.

3) 염불선(念佛禪)

여기서 말하는 염불선에서 후에 전문적으로 행하는 염불법문이 나왔다. 다만 그 차이점은 당시 염불선을 수행하던 사람들은 대다수가 선정을 주로 하면서 염불하였기에 그들의 염불은 선정의 법문을 수행하고 닦는 것이었다.

본래 오문선법 안에 염불삼매가 있었지만 이 염불선은 더욱 진일보하여 염불에만 전념하는 수행법이다. 이 염불선은 오문선(五門禪)보다 나중에 나온 것이 아니다. 중국불교의 역사에서 보면 후한(後漢) 말 안세고와 같은 시대에 지루가참(支婁迦讖)이 『반주삼매경(般舟三昧經)』을 번역하였고, 앉지도 않고 눕지도 않고 오랫동안 염불을 하였기에 장행(長行) 염불삼매라고도 불렀다. 지루가참이 번역한 『수능엄삼매경(首楞嚴三昧經)』도 염불삼매에 속한다. 아미타불과 관련된 경전으로 지금 우리가 항상 염송하는 『아미타경』은 구마라집이 번역하였는데, 이전에 이미 번역된 적이 있었다. 또한 『관미륵상생경』이 있는데 이 두 종류의 경전은 모두 염불로 정토에 왕생한다는 것을 주장한다. 도안(道安) 이전에 이미 승현 선사가 선정 가운데서 아미타불을 친견하고 정토에 왕생하였다. 도안법사도 처음에는 안나반나선(수식관)을 수행하였지만 뒤에 미륵불을 염하면서 도솔천에 왕생하기를 서원하였다. 그러므로 염불선은 혜원(慧遠) 이전에 이미 싹트고 있었다.

염불선은 비록 도안 이전에 이미 맹아가 싹트고 있었지만 주로 주창한 사람은 여산(廬山)의 혜원 법사이다. 『아미타경』에 부처님의 이름을 지니는 염불법문이 있어 혜원 법사는 이 법문에 의하여 여산의 백련결사(白蓮結社)를 주창하였다. 혜원 법사는 비록 염불결사에 전념하였지만 그의 염불은 선을 수행하는 것이므로 그것은 후대에 선에서 분가한 염불과 같은 것이 아닙니다. 결론적으로 그의 염불은 선의 염불이다. 그러므로 혜원 법사는 임종 시에 "나는 삼매 가운데서 정토와 성중(聖衆)들을 세 번 보았다."라고 말했다.

혜원 법사는 이미 염불결사를 했기 때문에 당시의 현철들이 많이 와서 의지하였는데 이를 '여산 18현'의 집합이라고 불렀다. 당시의 혜영(慧永), 혜지(慧持), 야사(耶舍) 등 현인들은 모두 선정을 닦으면서 정토를 닦았다. 정토법문이 이미 당시 현철들에서 널리 전해졌고 세상에 확정되었으므로 염불선을 정식으로 주창하고 수행한 것은 혜원 법사라고 말하는데, 이는 사실에 근거한 것이다.

그 후에 담란(曇鸞) 법사는 『대집경(大集經)』을 강의하다 병들어서 장생을 얻는 방법을 수행하고자 하여 다시 『대집경』을 널리 알렸다. 그는 본래 북위(北魏) 사람으로 장생술을 얻으려고 남조의 양나라 땅에 갔다. 당시의 남조 사람들이 그를 첩자로 여겨 양 무제에게 보고하였다. 양 무제가 그에게 설법을 청하며 남조로 온 까닭을 물었다. 담란이 말하기를 "남방에 기(氣)를 수련하여 신선이 되는 법을 닦는 도은군(陶隱君)에게서 장생술을 닦고자 한다."라고 하였다. 양 무제가 예방을 허락하여 담란 법사는 도은군을 만나 장생술을 얻어 북방으로 돌아갔다. 그는 낙양에서 보리류지를 만나 인도불교에 장생술이 있는가를 물었다. 보리류지는 중국의 선도술은 보잘 것 없다고 하면서 『관무량수불경』을 주면서 이 경을 따라 수행하면 반드시 진정한 장수를 얻을 것이라고 말했다. 담란 법사는 보리류지의 가르침을 받아 선도술을 버리고 하서(河西)로 돌아가 무량수불의 법만을 오로지 닦으면서 널리 전하였다.

이때 정토의 『소본아미타경』, 『무량수경』, 『관무량수불경』의 3경(經)과 세친의 『정토론』인 1론(論)이 완비되었다. 담란 법사는 오로지 3경 1론만을 널리 강의하였기에 정토종의 근본교의가 담란 법사에 의해 확립되었다.

그 후 수 왕조 무렵에 도작 선사(道綽)가 있었다. 도작 법사는 원래 선정을 닦았는데 후에 담란 법사의 유작을 보고 정토만을 수행하겠다고 결의하였다. 이들 선사들은 모두 선정을 닦았지만 도작 선사는 오로지 지명(持名) 염불을 중시하였을 뿐이다. 그러므로 '하루에 7만 번 염불'하는 것으로 일과를 삼고 사람들에게 콩으로 염불한 횟수를 기록하도록 가르쳤다.

이상과 같은 선사들이 중국의 염불선을 대표한다고 할 수 있다. 후에 당나라 시대에 이르러 선도(善導) 법사가 염불을 선양하여 가장 성행하였다. 일본의 정토종은 담란, 도작, 선도의 가르침을 전승한 것이다. 선도 이후에 대해서는 정토종을 강의할 때 다시 언급하겠다.

4) 실상선(實相禪)

실상선도 뒤에 오문선과 염불선으로 정해진 것은 아니고, 그 성행하던 때의 말은 그저 염불선에 지나지 않는다. 실상선(實相禪)과 실상삼매(實相三昧)라는 말은 구마라집의 『선법요략』에서 나온다. 구마라집 이전에는 『반야경』과 『법화경』에 의하여 공관(空觀)을 닦는 실상관이 있었다. 구마라집이 번역한 『중론』, 『대지도론』, 『법화경』, 『유마경』 등은 모두 실상(實相)에 대해 상세히 말하고 있는데, 이것이 실상선의 교본이다. 구마라집은 경론을 널리 전하면서 교리의 연구를 중시하였을 뿐이고 선정의 수행을 전적으로 주창하지는 않았다. 그러므로 구마라집의 『선법요략』에서는 관법에 대해서만 말하고 있을 뿐이다. 후대에 와서 실지로 수행한 것은 혜문(慧文), 혜사(慧思), 지자(智者) 등이고, 혜문으로부터 사자상승(師資相承)하여서 정식으로 중도 실상선이 성립되었다.

혜문(慧文)에 대해서 『고승전』에서는 그의 전기가 없고, 「혜사선사전」 가운데 기록이 있다.

"북제(北齊)에 선사 혜문이 있어 따르는 사람이 수백 명이고, 대중의 법이 청정하고 엄숙하고, 도술이 높아 혜사가 가서 의지하였다."

『고승전』 가운데 혜문에 대한 기록은 이런 정도의 구절만 근근이 나타나고 있다. 천태종의 조사 전기 가운데 혜문에 대한 기록이 비교적 상세하게 기록되어 있다. 혜문 선사는 『중론』, 『대지도론』에 의지하여 수행하였고, 『중론』의 "인연으로 생긴 법을 나는 공이라고 말하고, 가명(假名)이라고 하며 중도의(中道義)라고 이름한다."라고 하는 구절에서 관법을 닦았는데, 이는 곧 인연으로 생긴 법으로 삼제(三諦)의 도리를 파악하는 것이다.

그가 가장 중요하게 여긴 것은 『대지도론』의 "삼지(三智)를 일심(一心) 가운데서 얻는 것"이다. 삼지는 법성을 두루 아는 일체지(一切智), 자신이 행하고 타인을 교화하는 도종지(道種智), 무이(無二)의 법을 요달하는 일체종지(一切種智)이다. 일체지는 공관(空觀)으로 이루는 것이고, 도종지는 가관(假觀)으로 이루는 것이고, 일체종지는 공(空)도 아니고 가(假)도 아니고 공에 즉하고 가에 즉하는 중도관(中道觀)으로 이루는 것이다. 『대지도론』의 삼지일심(三智一心)은 곧 일심(一心)으로 삼관(三觀)하고 하나의 대상을 관하여 삼제(三諦)를 이루는 것이다. 하나의 대상을 관하여 삼제를 이루는 일경삼제(一境三諦)는 제법의 실상이고, 일심삼관(一心三觀)이 실상선이다. 그러므로 혜문 선사는 실상선을 수행한 사람이다.

혜사(慧思) 선사는 처음에 혜문 선사에 의지하여 수학하였고, 팔촉(八觸)[38]을 내어 초선(初禪)을 얻었다. 후에 몸을 벽에다 벌렁 던졌는데, 등이 벽에 닿기 전에 법화삼매를 활짝 깨달았으며, 실상에 통달하여 남조에서 널리 법을 펼쳤다. 이로 인해 '남북선종을 따르지 않고 선을 휘날린 드문' 고승대덕이 되었는데, 이것을 보면 당시 혜사 선사가 선법을 드날리던 상황을 상상할 수 있을 것이다.

혜사 선사가 선법을 펼칠 때 지자(智者) 법사가 그에게서 수학하였다. 혜사 선사는 선관의 마지막에는 항상 경론을 강의하였으나 지자 대사가 온 후에는 그에게 대중 강의를 맡겼다. 지자 대사는 『금광명경』「대품」의 "한 마음이 만 가지 행을 갖추고 있다."는 구절에 이르러 의문이 일어났다. 그러자 혜사 선사가 법화삼매를 닦도록 가르쳤다. 후에 지자 대사가 『법화경』을 읽다가 「약왕품」의 "이것이 참된 정진이고 이를 참된 법공양이라 한다."는 구절에 이르러 영산(靈山)의 법회가 엄연하게 흩어지지 않는 것을 친견하고, 혜사 선사와 같은 영산의 법문을 들었다. 이로써 혜사에게 인증을 구하니 혜사가 "너는 이미 법화삼매 전의 방편을 얻었다. 문자와 생각의 무리가 백, 천, 만이라도 그대의 현묘한 언변에 미칠 수 없을 것이다."라고 말했다.

후에 지자 대사는 진(陳) 황제의 청으로 남경의 와관사(瓦官寺)에서 선을 전하고 역경을 하였고, '구순담묘(九旬談妙)'[39]의 공안이 이때부터 전해졌다. 수(隨) 왕조에 이르러 그는 진왕(晉王) 양제(煬帝)의 청으로 보살계를 전수하였다. 그는 비록 속세의 황제의 청으로 서울에서 강의를 하였지만 오래지 않아 산으로 돌아가서 천태

산에서 생을 마쳤다. 선정에 들어 있는 사람처럼 고요하고 단정하게 앉아 있는 것이 마치 살아 있는 사람과 같았다.

위에서 보았듯이 실상선법은 혜사로부터 유래하여 지자 대사가 널리 펼쳤지만 지자 대사는 또한 일체선법을 집대성하였다. 그는 자신이 애착을 가진 소지관(小止觀)과 같이 선을 닦기 전의 방편을 약술하였다. 육묘문(六妙門)은 안나반나선을 말한 것인데, 지자 선사가 말한 안나반나선은 선이 아니다. 왜냐하면 소지관이든, 대지관이든 편벽되거나 원만하거나 모두 수행할 수 있는 것이고, 부정하는 것은 어떤 한 부류의 사람들에게 관한 것이다. 선바라밀의 차제법문(次第法門)은 포섭하여 껴안을 수 있으며 넓힐 수 있기 때문이다. 안반선에서 염불, 실상선에 이르기까지 모두 포괄하는 면이 있다. 마하지관(摩訶止觀)과 혜사 선사의 대승지관(大乘止觀)은 전적으로 실상선을 말하는 것이다. 그러므로 지자 대사는 실로 일체선법을 집대성한 분이다.

이상 이야기한 것이 교(教)에 의지하여 마음을 닦는 네 가지 선이다. 이 4종의 선은 당시에 유행하였을 뿐만 아니라 후대에는 종문(宗門)을 이루어 세상에 유행하였다. 『고승전』에 당(唐) 도선(道宣) 율사의 습선편 말미에 다음과 같이 말하기에 이르렀다.

"이와 같이 선정을 익히는 것은 지혜도 아니고 선도 아니다. … 즉 깊은 산골 절벽에서 그 선풍을 드날린 것이다."

비록 종문선과 대립이 있음을 알 수 있지만, 일반적으로 선을 수행하는 사람들은 혜사, 지자 등의 교학에 의지하는 선을 숭상하였다.

대개 북위(北魏), 남제(南齊) 시대에 선법은 북방에서만 성행하였고, 혜문 선사도 역시 북제 사람이었다. 혜사는 북방의 혜문을 찾아가 배운 뒤 남조에서 선을 널리 알리기 시작했다. 북방에서 성행한 것은 오문선법 중의 선이 대부분이다. 조금 뒤에 보리달마도 왔는데, 『고승전』에 언급된 것처럼 "보리달마는 하도와 낙양에서 도를 천명하였다." 선종에 전해지는 바에 따르면 달마는 양 무제의 시대에 중국에 왔다. 그러나 『고승전』에서는 달마가 송(宋)나라 시대에 이미 북방에 도달했다고 하며, 승조 선사가 창도한 선과 병행하였다고 하며, 다음과 같이 말한다.

"고승(혜문)은 제나라 하북(河北)에서, 승조는 홀로 선풍을 드날렸다. 북주(北周)는 관중(關中)에 도읍을 정하고, 승실(僧實)[40]이 존경받았다."

또한 "승조는 사념처(四念處) 관법을 지켜서 청정한 무리들이 숭상하였고, 달마의 법은 허(虛)를 종으로 하여 현지(玄旨)가 깊고 그윽하다."고 말한다. 보리달마의 선은 교리에 의하지 않았기 때문에 현지가 깊고 그윽하다고 보기 어렵다.

이에 따르면 당시 북방에서 성행한 선에는 두 가지가 있다. 하나는 승조의 선이고, 하나는 달마의 선이다. 양나라 시대에 이르러 혜사 선사 등의 선법이 남방에서 행해지기 시작했는데, "지혜도 아니고 선도 아니다."는 뜻에 의지하였다.

도선 율사는 혜사와 지자 대사의 선을 따르고 숭상하였다. 이뿐만 아니라 달마에 대해서는 매우 준엄한 비평을 가했다. 그는 계율을 중시하였기 때문에 달마의 생활방식에 대해서는 근본적으로 찬성하지 않았다. 그는 다음과 같이 말했다.

"도끼와 칼을 휘둘러서 피할 수 있는 중생들이 없다. 밥을 지어 먹고 부끄럽게 머물러 산다!"

그는 또 달마의 선의 내용에 대해서도 다음과 같이 비판한다.

"언뜻 한 구절을 듣고 행위의 정확한 방향을 말하고, 오주(五住)[41]는 오래되어 뒤집어졌고, 십지(十地)는 장차 원만하게 되고, 법성을 일찌감치 보았고, 십지(十智)는 이미 밝았다. … 서로 선종에 의지하고, 선의 자구에 막히지 않는다. 이와 같은 무리들이 매우 많다."

그 뜻은 달마의 선을 닦는 무리들이 오주의 번뇌를 이미 다 멸하였고, 십지(十地)를 이미 원만하게 이루어 성불하였다고 말하나 그는 실로 연관된 선의 자구는 인식하지 못한다는 것이다. 이는 달마선이 율의(律儀)를 중시하지 않고, 교의에 의지하지 않고 스스로 돈오성불(頓悟成佛)한다고 함을 비판하는 것이다.

이로 말미암아 당나라 초기 혜능이 아직 나오기 이전에 숭상하던 것이 교에 의지하던 선이었음을 알 수 있다. 왜냐하면 이는 계정혜의 삼학에 의지하여 수행하던 것이기 때문이다. 도선 율사의 비판은 후대에 선종이 성행하여 계행과 혜학이 모두 쇠락하리라고 확신한 것이다.

선병 禪兵

선(禪)과 싸움을 하나로 묶어 말하니 혹자는 이를 괴이하다고 생각할 수 있겠으나, 따지고 보면 놀랄 것이 없다. 나 태허는 말한다. 내가 어릴 적에 『장자(莊子)』「설검편(說劍篇)」을 읽었는데 참 기묘하다고 느꼈다. 정이천(程伊川, 1033~1107)이 임제(臨濟, ?~867), 덕산(德山, 782~865)과 같은 고승대덕의 구도의 자취를 보고 깜짝 놀라 다음과 같이 말했다.

만약 이들이 구도자가 되지 않았다면 필시 악당의 두목이 되었을 것이다!

이를 통해 볼 때 선(禪)과 병(兵)은 필시 통하는 바가 있는 것이다. 이에 '선병(禪兵)'이라는 글을 짓게 되었다. 그 옛날 순자(荀子)가 병법에 대해 논할 때도 그 근본을 유학(儒學)에 두고 말했다. 선종 교리에 밝은 선사께 일찍이 병법에 관한 질문을 드리니 그 답변이 정말 아름다웠다.

인(仁)에서 발하여 의(義)에서 그치니, 서로 올바르게 하며 서로 어지럽힘이 없다.

그의 이 말의 의미는 순자의 뜻과 유사하다.

당나라와 송나라 때의 여러 선사들은 가끔 병법을 비유로 끌어와 선(禪)을 설명하였는데, 그 비유가 기가 막히게 맞아떨어지니 정말 불가사의하기 짝이 없다.

그럼에도 불구하고 『손자병법』 제13편은 진실로 병법을 지극히 정밀하게 논한 최고의 책이다. 손자가 말하기를 "지킬 때는 처녀가 자신을 지키는 것과 같이 신중하게 하고, 출병을 하면 도망치는 토끼와 같이 민첩하게 움직인다."라고 했다. 또 "적이 생각하지 못하는 곳으로 진출하고, 적의 방비가 없는 곳을 공격한다."라고도 했다. 진실로 이렇게 할 수 있다면 이는 병법의 성인(聖人)이라 할 수 있을 것이다.

대개 기선을 잡고 나아가서 비록 사람들이 장기가 있겠으나 그럼에도 불구하고 종종 대용(大用)을 놓친다. 그러니 반드시 스스로를 수양해야 비로소 자신을 가득 채워 대상과 하나 되어 효력을 발생하게 되는 것이다. 역사 기록에 의하면 후경(候景)이 칼을 쥐고 양(梁) 무제(武帝)를 핍박하니 자연히 심지(心志)가 고갈된 것이 이것이다. 그렇다고 해도 상황을 완전히 변화시키는 데에까지 이르렀다고 말하기에는 부족하다. 진정한 묘(妙)의 경지에까지 이른 것으로 치자면 선종의 오래된 예리한 송곳을 따를 것이 없다.

옛날 어떤 왕공(王公)이 『법화경』의 「관세음보살보문품」을 외우다가 선사에게 물었다.

"나찰(羅刹)이나 귀신이 사는 나라에 떨어지면 어떻게 됩니까?"

그러자 선사가 크게 꾸짖어 다음과 같이 말했다.

"이 종놈의 새끼가!"

그러자 이 왕공의 얼굴은 분노로 뒤덮였다. 이에 선사가 그를 가리켜 말했다.

"지금 이런 상태를 바로 나찰과 귀신의 나라에 떨어졌다고 하는 것이오."

그 추락하는 모습을 보고 추락했다고 하는 것이니, 이런 것을 일러 "열 걸음 안에서 단숨에 사람을 죽일 수 있는데, 그 대상이 천리 밖에 떨어져 있다고 해서 결단을 말릴 수 없다."[42]고 하는 것이다.

오통선인(五通仙人)이 부처님께 여쭈었다.

"저는 다섯 가지의 신통력이 있지만 당신은 여섯 가지가 있는

데, 당신만 가지고 있는 그 한 가지는 무슨 신통력입니까?"

그러자 부처님이 그 선인을 불렀다. 이에 선인이 "네."하고 대답했다. 그러자 부처님이 말씀하셨다.

"그대가 물은 신통력이 바로 이것이다."

이는 모두 기선을 잡는 것이며, 상대가 아직 예비하지 못한 상승(上乘)의 공격하는 자이다(기미를 먼저 잡게 되면 심(心)과 법(法)을 모두 잊게 되어 자연히 앞뒤의 틈이 끊어지게 되니 어디에서 '기선의 향방'이라거나 '기선을 잡는다'와 같은 군소리가 필요하겠는가?).

일갈(一喝)로 삼 일간 귀를 멍하게 때릴지니, 어찌 사람을 말로 속일 것인가? 옛날 월나라 여인이 검(劍)에 대해 논하기를 "신첩은 익히지도 않았는데, 홀연히 검의 도를 터득했습니다."라고 했다. 이에 대해 태허가 말한다. "홀연히 터득했는지 홀연히 터득하지 않았는지를 어떻게 알겠는가?" 선종을 비유하자면 화살촉과 화살촉이 서로 부딪치는 것과 같아 인간의 솜씨로는 예측할 수 있는 바가 아니다. 소동파(蘇東坡, 1037~1101)가 "근기는 둔해도 기미(機微)로써 화살촉을 떨어뜨렸네."[43]라고 할 때의 '기(機)'가 이것이다.

어떤 바라문이 부처님께 여쭈었다.

"말이 있음에 대해서도 묻지 않겠습니다. 말이 없음에 대해서도 묻지 않겠습니다."

이에 부처님은 답이 없었다. 그러자 바라문이 뛸 듯이 기뻐하고 떠나며 말했다.

"세존께서 대자비로써 미혹한 나를 깨우쳐 주셨도다."

이에 아난이 부처님께 여쭈었다.

"도대체 바라문이 무엇을 깨달은 것입니까?"

부처님이 대답하셨다.

"세상의 명마는 채찍의 그림자만 보고도 질주하는 것과 같으니라."

오랜 세월이 흐른 후 중국 당나라의 조과(鳥窠) 선사가 몸에 걸친 포모(布毛)를 들어 올려 바람을 불어넣음으로써 시자(侍子)를 깨닫게 하였다. 따라서 눈을 흘긴다거나 화를 내며 낯빛을 바꾼다거나 눈을 깜빡이거나 눈을 부릅뜨거나 하는 것 안에 살기가 깃들지 않은 것이 없으니, 부처님 열반 후 천 년이 지난 뒤에 몸을 버리고 목숨을 바쳤다는 것은 바로 이런 것을 두고 하는 말이다.

"살려고 하면 반드시 죽어야 하고, 죽은 뒤에야 비로소 편안히 머물 수 있다."는 말이 이것이다. 그래서 선종에서 '살(殺)'을 잘 이용하고 있는 것이다. 이를 살짝 맛만 보고 잘못 펼친 이들로 요광효(姚廣孝, 1335~1418)[44]와 청나라 세종(世宗, 1678~1735) 같은 이가 있고, 옆에서 흘깃 본 자들로는 왕안석(王安石, 1021~1086)과 왕양명(王陽明, 1368~1661) 같은 이가 있다.

밀종(密宗)에도 밀부(密符)의 선기(禪機)가 있다. 『능엄경』에서 말하기를 "마음에 새기고 주문(呪文)을 지니고 있으면 으쓱거리며 씩씩하다."라고 했다. 중국 송나라 승려 운문(雲門, ?~949)의 기개와 도량이 왕과 같아 "어떠한 것이 부처인가?"라는 질문에 "삼이 세 근"이라느니, "마른 똥막대기"라느니, "작약꽃 울타리"라고 하는 것이 바로 대명주(大明咒), 무상주(無上咒), 무등등주(無等等咒)이다. 이 때문에 티베트 성자 파스파는 칭기즈칸을 도와 병력이 유럽과 아시아를 진동시키도록 만들었다.[45] 이렇게 볼 때 선종과 밀종의 공력은 모두 '일성(一誠), 즉 오롯한 성실함'이라는 측면에서 동일하다. 『중용』에서 이르기를 "성실하지 않으면 아무것도 없다[不誠無物]."이라 했는데 이 말이야말로 시금석으로 삼을 만하다.

배고프면 먹고, 목마르면 마신다. 나라 안의 모든 백성이 배고픔과 목마름에 정성을 다하여 집중하지만 자신이 집중하고 있음을 자각하지 못한다. 비록 미묘한 말로써 달랜다 해도 이들에게 배고픔과 목마름을 잊게 할 수는 없다. 왜 그러한가? 다른 이유는 없다. 그들이 오직 배고픔과 목마름을 느끼는 것에 오롯이 집중하기 때문이다. 열반의 묘심(妙心)에 정성을 다하는 것도 그러하다. 정성을 다하면 집중하게 되고, 집중하면 하나가 되며, 하나가 되면 변화한다. 변화에 이르면 흰 구름이 일 듯, 간질이는 바람소리인 듯, 거울에 비치는 사물인 듯, 형체의 미추(美醜)를 그대로 비추니 이를 일러 정성스럽다고 하고 이를 일러 밝다고 하는 것이다. 정성을 다하면서도 또한 밝게 자각하고 있기에 기갈을 느껴 음식을 취하면서도 스스로 거기에 정성을 다하고 있음을 깨닫지 못하는 것과는 다르다. 이는 오직 선종에서만 터득한 것으로 이를 일러 대기(大機), 대용(大用)이라 칭하는 것이다.

부드러움을 버리고 마음에서 말미암은 것을 바로 몸으로 응하는 것, 이러한 예로 달마 대사의 『역근경(易筋經)』이 있다. 공자진(龔自珍, 1792 ~ 1841)은 이러한 경지를 알지 못했기 때문에 다음과 같이 말했다.

"시골의 목동들이 선 채로 선어(禪語)를 주고, 시자(侍子)가 시를 읊조림에 빠진 글자 없다 하니, 급조된 선사들이 길에 가득하네."

여기서 공자진이 한 평가는 그야말로 육보선(六步禪), 즉 고작 몇 걸음 걷고 그것을 선이라고 하는 정도 내지 염주 알을 꿰면서 그것을 선이라고 하는 정도의 하수들에나 해당하는 비판일 뿐이다. 이를 옛 고승대덕의 표현을 빌리자면 원숭이가 요 임금, 순 임금의 관을 쓰고, 요 임금, 순 임금의 옷을 입고 스스로를 요 임금, 순 임금이라 하는 것과 같다.

저 조괄(趙括, ? ~ B.C. 260)[46]이 제대로 병서를 읽지 않은 것이 아니었고, 마속(馬謖, 190 ~ 228)[47]이 『손자병법』을 잘 알지 못한 것이 아니었지만 실제로 전쟁이 임했을 때 그들이 어떻게 되었지 알 것이다. 따라서 미묘한 말로는 사람들이 배고픈데도 먹지 않고 목마른데도 마시지 않도록 할 수는 없는 것이다. 그러므로 선종에서는 이런 것을 일러 "진흙 말을 타고 강을 건넌다."[48]고 하는 것이며, "섭공(葉公)이 용을 그린다."[49]고 하는 것이다. 각범(覺範)[50]이 영원(靈源)에게 희롱당한 것이나, 한월(漢月)[51]이 원명(圓明)[52]에게 욕을 먹은 것은 실로 아주 잘못되었다고 할 수는 없다.

이에 어떤 이가 물었다.

"요광효나 옹정 황제는 너무 심했던 거 아닌가요?"

나는 대답한다.

이 또한 그렇지 않다. 기린이 개미 한 마리 해치지 않으나 사자를 죽이고 싶은 마음을 갖고 있다. 왜 그런가? 이는 사자가 기린을 잡아먹으니까 기린이 사자를 적으로 생각하기 때문이다. 만약 지극히 용감한 자라면 천하무적이므로 굽어 만물을 내려다 볼 때 마치 기린이 개미 대하듯 할 것이다. 그러나 만일 나의 적이라고 생각하는 순간 그가 나를 괴롭혔던 생각에 사로잡힌다. 바로 이때 이 한 생각을 돌이켜서 나를 이겨야 한다. 마침내 내가 나를 극복할 수 있다면 만물과 내가 하나로 된다. 그래서 석가는 대웅대력(大雄大力)을 시작이라 하시고, 대자대비(大慈大悲)를 끝이라 하셨다. 예를 들어 요광효의 무자비함, 청나라 세종 옹정제의 잔인함을 선종의 비유로 말하자면 막야(鏌鎁)[53]로 땅을 자르고, 참새 잡는 데 값비싼 구슬을 사용한 격이니 세상 사람들에게 비웃음을 당한 지 오래이다.

대기(大機)를 잡고 대용(大用)을 드러낸 자는 임제(臨濟), 덕산(德山) 이외에, 이전에는 마조(馬祖), 황벽(黃蘗), 조주(趙洲)가 있었고, 이후에는 운문(雲門), 대혜(大慧), 자백(紫柏)이 있었다. 자백 화상의 깨달음의 경지는 스스로 이룬 바가 있어, 임제종의 현요(玄要)와 천태종의 시교(時敎)에 비교하였다.

위(魏)나라 무기(無忌, ?~B.C. 243)[54]가 왕흘(王齕, ?~B.C. 244)을 물리칠 수 있었던 것은 10만 군사를 움직일 수 있는 병부(兵符)가 있었기 때문이다. 선종의 강종(綱宗)은 병부와 같은 것이다. 위나라의 무기가 왕흘의 병졸을 제압할 수 있었던 것은 위나라의 무기가 스스로 평소에 위신을 갖추고 있었기 때문이다. 그러한 위신을 이용해서 조나라에 군대를 요청할 수 있었고, 군사들을 이끌 수 있었다. 병부라는 것은 일순간의 기회에 응하여 발휘하는 힘일 뿐이고 이에 따라 그 효력도 순간으로 그치는 것이다. 그런데도 삼봉파(三峰派)[55]의 말류(末流)는 이를 따라 전개되었을 뿐이다.

선서(禪書)에는 백정이 하루 종일 칼을 쥐다가 홀연히 칼을 버리고 한바탕 웃고는 가람에 몸을 던져 사문이 되었다는 이야기가 있다. 정성을 다하여 칼을 쥐어야 할 때는 칼을 쥐고 돼지를 잡는 것이다.

나 태허는 말한다.

이것이야말로 사물의 관건으로 월나라 여인이 홀연히 검법을 깨우친 것과 다를 바 없다. 선(禪)이 병(兵)이고, 병(兵)이 선(禪)인 것이다. 이에 손자(孫子)에게 진심으로 감복해 마지않으며 그 앞에 엎드려 절을 올리는 바이다.

당唐나라 선종과 현대사조의 비교[56]

1) 서론

선종은 당나라 시대에 시작되어 당나라 시대에 끝난 것도 아닌데 중국의 선종이라 말하지 않고 당나라의 선종이라고 하는 것은 무슨 까닭인가? 당나라라는 말은 중국의 선종을 알리는 지표가 되면서, 동시에 인도, 조선, 일본의 선종과의 차별성을 드러낸다. 돌이켜 생각해 보면 중국은 당나라 이전에 중국에서는 겨우 한두 명의 선사들만 있었기 때문에 그때까지 불교는 아직 어떤 공이나 효력을 보여주지 못하였고, 세상의 도리나 인심에 어떠한 영향도 끼치지 못했다. 따라서 당나라 이전의 불교를 선종이라고 말하기는 부족하다. 오대(五代)[57]를 지나 송(宋)나라에 이르러서는 중국 불교를 선종이 독점하게 되자, 선종은 비교할 대상이 없을 만큼 교세를 확장하고 교(敎), 율(律), 정토(淨土), 밀교(密敎)

를 수용하여 융합시켰다. 더구나 송(宋), 원(元), 명(明) 이후 다시 유가(儒家)와 도가(道家)를 흡수·융합하여 점차 그 본래의 순수한 참 의미를 잃어버렸다. 따라서 오직 당나라의 선종만이 형태를 완비하고 순박하여 다른 것이 스며들지 않았기 때문에 선종이라고 말할 때는 당나라의 선종을 말하는 것이다.

따라서 나는 여기에서 '선종'이란 용어로써 '선종'을 대변하지 않고 '당나라 선종'이란 용어로써 '선종'을 대변하며 동시에 당나라 선종으로 현대사조와 맞대응시켜 말하고자 한다. 그 이유는 한갓 현대사조를 응용하여 당대 선종을 밝히려는 데에 있는 것이 아니라 오히려 당나라의 선종을 응용해서 현재사조를 밝히고자 하는 데에 있다. 이에 이상의 입장에서 다음과 같이 나누어 설명하고자 한다.

2) 종문(宗門)과 학술사상

여기서 말하는 종문이란 한 지류의 종파나 일가(一家)를 이룬 문중을 말하는 것이 아니다. 『능가경(楞伽經)』에서 말하는 "부처님의 말은 마음으로 근본[宗]을 삼는다."고 하는 종(宗)이고, "무문(無門)으로 법문을 삼는다."고 하는 문(門)이다. 이 종문이란 말은 선종(禪

宗), 불심종(佛心宗), 심인종(心印宗)이라든가 교외별전(敎外別傳), 심지법문(心地法門) 등으로도 불리고 있다. 요컨대 모두 각각의 처한 상황과 목적에 따라 이름을 지은 것이므로 여기에서는 가히 이름할 것이 없는 이름의 종통법문(宗通法門)의 의미에서 이렇게 부른다. 무릇 모든 일체의 것은 바른 명칭이 없으니 여기서는 세상의 흐름에 따라 잠시 종문(宗門)이라 칭하기로 하고, 이를 현대 학술사조와 비교해보고자 한다.

(1) 반신교적(反信敎的) 학술정신

① 반신교적 정신

무릇 종교가 권위를 세우고 사람들이 종교를 신앙하는 핵심은 해당 종교의 교주와 경전과 계율과 종교 의례를 존중할 뿐 아니라 그들을 절대불가침의 신성한 것으로 간주하고 반드시 공경하고 삼가 받들기 때문이다. 그런데 이런 관점으로 불교 종문을 관찰해 보면 불교 종문은 정반대의 모습을 갖추고 있다. 이를 나누어 서술해 보도록 하겠다.

㉠ **교주**

세상의 종교는 사람들이 유일신 혹은 많은 천신(天神)을 만들어 내어 그 종교의 교도들이 받들어 모시는 교주(敎主)로 삼는다. 그렇지 않으면 신도들이 그 종교를 창시한 사람을 교주로 받들며 비교를 불허할 갖은 예를 다한다. 불교는 최초의 소승의 재가자 무리들, 적정(寂靜)을 구하는 무리들, 악을 물리치려는 무리들, 세상을 정화하고자 하는 무리들이 먼저 석가를 존중하고 섬겼다. 그들은 인간 세계 위의 어떤 천신도 받들어 섬기지 않았을 뿐만 아니라 석가모니도 재가자 등의 따르는 수행자들이 어떠한 지극한 말로 천신과 귀신들에게 예배드리는 것을 허락하지 않았다. 스스로 수행하여 복과 지혜를 구하도록 하여 일체 종교의 미신에 대해서 반대했다. 재가자 등의 무리들은 석가모니를 직접 만나 눈으로 보고 그를 따라 수행하며 배우되, 어디까지나 석가모니를 먼저 깨달은 스승으로 받들었다. 불타(佛陀)라는 말은 '깨달은 자'라는 뜻일 뿐, 그 안에 '신성한 존상(尊上)'이라는 뜻은 전혀 포함하지 않고 있다.

석가모니의 열반 후에 소승과 대승의 경율(經律)이 세상에 흘러 다니자, 그것을 하나로 결집하여 유포시키게 되었다. 석가모니가 인세(人世)에 환화(幻化)한 흔적에 의하여 그 원만성취한 진실의 근본을 증득하고자 하면서 먼저 깨달은 대스승이자 세상을 구한 은혜로운 주인이라는 의미를 부여하게 되었다. 탑과 불상 등의 장엄으로 교주를 존경하고 받들기는 하지만, 한편으로 일찌감치 경전 가운데 "진리에 의지하고 사람에 의지하지 마라."고 말하고 있어 그러한 얽매임으로부터 벗어났다.

종문에 이르러서는 또한 도리어 거슬러 석가모니가 있지 않고, 불타의 이전이 있지 않다고 보고 철저하게 뒤집고 배척한다. 무엇이 불타인가? 혹자는 '똥 묻은 막대기'라고 말한다. 풀 한 포기를 들고 불상이라고 하고, 불상을 들고 풀 한 포기라고 한다. 단하(丹霞) 선사는 나무로 만든 불상을 태우고, 백장(百丈) 선사도 불상을 모시는 전각을 세우지 않았다. 운문(雲門) 선사도 또한 말하기를 "노승이 당시에 보았다면 몽둥이로 때려 죽여 개에게 먹여 천하의 태평을 도모하였을 것이다."라고 했다.

또한 어리석은 사람들이 교주에 대해 미신을 갖는 것을 두려워하여 종파의 조사에 대한 미신을 일찌감치 쫓아버렸고, 덕산(德山) 선사 등은 부처와 조사들을 동시에 꾸짖는다. 또 노승이 조사를 불러 자신의 발을 닦으라고 하는 경우도 나온다.

이는 삼세제불, 역대 조사들이 물살을 따라 줄줄 떠내려가듯 발붙일 곳이 없도록 하려는 것이다. 실로 뜨거운 불을 말한다고 혓바닥이 불에 타지 않는 것처럼 학인들이 스승의 이름에 의지하여 집착(신교의 의미)한다. 마치 마른 등나무 가지가 쓰러지니 위에 있던 원숭이 떼가 흩어지는 것과 같다. 이는 신교적(信敎的) 정신으로 보자면 파괴 행위인데 왜 이렇게 하는 것일까?

ⓛ 경전

　석가모니는 일찍이 스스로 "나는 49년 동안 한 글자도 말하지 않았다."고 말하여 그 모든 언설을 한마디로 다 물리쳤다. 또한 영산회상에서는 가섭과 함께 염화미소의 장면을 연출하였다. 달마에 이르러서는 면벽하고 묵묵히 앉아 오랜 뒤 "직지인심견성성불(直指人心見性成佛), 교외별전불립문자(敎外別傳不立文字)."라고 말하였다. 삼장(三藏), 12부 경전, 모든 논서(論書), 소(疏)와 기(記), 계율의 조항 등의 언설과 문자라고 칭해진 일체가 이미 거의 먼지가 되어 바람에 날아갔으니, 이것들은 허공을 날다가 이제는 그림자조차 끊어졌도다!

　또한 어리석은 사람들이 뒤바뀐 잘못된 생각을 하고 경론을 비방하고 오히려 종파의 조사의 언어에 집착할까 두려워 학인들이 그 말을 기록하는 것을 극도로 금하였다. 또한 후에 어떤 사람이 삼장과 경전의 가르침, 모든 조사의 말도 똑같이 가리고 숨겨서 고름 닦는 문드러진 종이 취급을 하여 사람들의 가슴에 부처의 가르침과 조사의 전적이 한 글자도 머물지 않게끔 한 것이다. 바꾸어 말하면 결국 모든 거친 속세의 말, 남녀의 애정에 관한 노래나 음란한 말, 조롱이나 분노의 말이 제일의제(第一義諦)가 아닌 것이 없게 되었다. 이는 신교의 정신과 상반된 것인데 이렇게 하는 연유는 무엇인가?

ⓒ 계율

　석가모니가 처음 교화를 시작할 때 근기에 따라 설법을 해서 듣는 사람이 그것을 사유하여 수행하였고, 어떠한 종류의 금하는 조항으로 몸과 마음을 구속하지 않고 대중들 역시 각자 스스로 청정한 법칙을 정해 지켰다. 오랜 뒤 무리들 가운데 어리석고 번뇌가 깊은 자들이 있어서 위법한 행동을 하여서 부처님이 꾸짖어 금하여서 이로 인해 계속 계율의 조항들이 많아지게 되었다. 그 후에 조문을 기록하고 아울러 그 계율을 제정한 사연을 기록하여 율장(律藏)이 성립되었다. 그 계율을 극히 존중하고, 의궤(儀軌)를 받고 또한 극히 엄격하게 그 규범을 지켰다. 대승에도 『범망경(梵網經)』의 「심지품(心地品)」, 『영락경(瓔珞經)』의 「본행품(本行品)」 등에서 널리 계율의 내용을 진술하고 있다. 그러나 대승의 계율과 의례는 실로 자성(自性) 가운데 드러나는 덕행일 뿐이다. 대승은 각심을 근본으로 삼고, 지혜를 안내자로 삼고, 그 계율을 지녀 깊고 미묘한 동기로 삼기 때문에 심지본행(心地本行)이라고 한다.

　그 겉모양에 집착한 것도 소승과 재가, 출가 칠중(七衆)의 율의(律儀)로써 잠시 최상의 의지처로 삼았고, 형태와 이름과 모습에 있어 어떤 종류의 정해진 규칙도 없었다. 종문에 이르러서 불타발타라(佛陀跋陀羅, Buddhabhadra, 359~429)는 먼저 계율을 우선시하였으나 대중들이 수용하지 않았기에 혜원(慧遠, 334~416)에게 가 의지하였다. 보리달마가 작은 방에 틀어박혀 있자 사람들은 그를 벽관(壁觀) 바라문이라 조롱했다. 혜가(慧可, 487~593)는 수시로 창녀촌과 주막거리를 들락거리며 마음을 조절하였는데, 이는 도선(道宣, 596~667) 율사와 같은 율사들과 매우 달랐다.

당, 송 시대 이후에도 종문의 사람들 대다수가 여전히 율종의 사람들을 조잡한 사문들이라고 비판하였다. 그래서 마조도일(馬祖道一, 709~788)은 율종을 따르는 무리들 가운데서 벗어나 총림을 만들어 스스로 종파를 세웠다. 백장회해(百丈懷海, 720~814)도 그를 따라, 농사를 지으며 선을 하는 청규를 세워 걸식하던 제도를 바꾸었다. 당에서 송에 이르는 수백 년 동안 종문의 무리들은 계율을 지키는 사찰을 훼손하고 총림을 세우는 것을 능사로 하였음을 자주 볼 수 있다. 계율을 지키는 사찰을 범어로 비나야(vinaya) 처(處)라고 하는데, 직역하면 조복처(調伏處)이다. 이는 유부(有部)의 금지와 억제의 뜻이다. 총림(叢林)이란 말의 의미를 살펴보면 무릇 풀들이 무성한 것을 총(叢)이라 하고, 나무들이 많은 것을 림(林)이라고 한다. 따라서 총림은 곧 도를 행하고 덕을 닦는 무리를 의미하는 것이다. 이는 신교의 정신을 깨트리는 것이니 이 또한 어떠한가!

ⓒ **의례**

탑과 불상, 의발(衣鉢) 등의 의례는 모두 부처님 당시 시대에서 기원했으나, 부처님이 열반에 드신 후 초기 5백 년 동안 소승화 되면서 점차 틀을 갖추었다. 대승불교 이후 밀교가 성행하면서 모습은 더 화려해졌고, 의궤는 더 복잡해져서 형식과 의례가 찬란하게 꽃피웠다. 후한(後漢)의 명제(明帝, 28~75)가 꿈에 금으로 된 사람을 보고, 가섭마등(迦葉摩騰), 축법란(竺法蘭) 등이 경전과 불상을 가지고 와서 의례가 갖추어졌다. 이어 오호십육국(五胡十六國)의 후진(後秦)과 양(梁)나라 때에 의례가 더욱 성행하였다. 이에 출가자는 속가의 성을 쓰지 않고 모두 석가의 자식이라고 하였다. 도안(道安, 314~385) 선사 이후 모두 경전과 계율을 준수하고 계율에 의지하여 발우 하나, 삼의(三衣)를 지니는 것이 비구들의 일상 생활방식이고, 출가자들의 공통 규칙이 되었다.

종문의 교화에서도 그 싹이 자라났다. 달마(達磨), 보지(寶志), 부현(傅玄), 혜가(慧可), 한산(寒山), 습득(拾得), 찰간(札干), 포대(布袋) 등의 승속들은 모두 기이하여 다른 사람들과 전혀 달랐다. 노(盧)지방 행자인 혜능(慧能), 마조(馬祖), 등은봉(鄧隱峰)[58] 같은 모든 종파의 조사들도 역시 왕왕 속성을 붙여서 불렀다. 공실(空室)[59]에서 생활하고, 좌선을 하고, 정명(淨名)을 모방하여 교화를 보였다. 머리에 모자를 쓰고, 허리에 보따리를 메는 것이 선재(善財) 동자의 참방과 흡사하다. 남전(南泉) 선사는 고양이의 목을 베고, 귀종(歸宗) 선사는 뱀을 잘라서 대용(大用)을 보이는 등 정해진 법칙이 없다!

혹자는 배를 타고 강위에서 놀고, 혹자는 구름 속에서 머물며 울고, 혹자는 사람의 그림자가 끊어진 섬에서 안부를 묻고, 혹자는 저잣거리에서 어울리고, 혹자는 봉을 들고 할을 하고, 혹자는 활을 당기고 삼지창을 가지고 춤추고, 여자와 어울리며 놀고, 고기 덩어리를 들고 술을 마신다.

옛날 사리불(舍利弗)은 들판을 경작하여 곡식을 심고 나무를 심어 사명(邪命) 외도들을 먹였고, 당나라 때 종문의 모든 대덕들은 화전을 경작하여 스스로 그 힘껏 생산한 것을 먹는 경우가 많았으니 어찌 의례로 구속할 수 있었으랴! 귀한 것은 대개 성품을 드러내는 덕행에 있을 뿐이다. 이는 신교의 정신을 깨트리는 것이니 이는 또 어떠한가!

② 학술적 정신

㉠ 당나라 선종은 과학적이다

과학적 정신의 핵심은 실험을 통한 발견과 이론에서의 귀납적 판단에 있다. 시스템적 조직과 정밀한 분류의 태도는 다만 과학의 형식적인 부분에 불과하다. 종문이 일체경론의 교의를 제거하자 그 방향은 전적으로 실험을 향해 치달렸다. 그래서 색(色)을 보거나 소리를 듣는 것으로부터 각자 만나는 인연에 따라 수행의 길을 찾았다. 계율을 깊이 파고들기도 하고, 묵언 수행하며 명상하여 흑산(黑山)의 귀굴(鬼堀)[60]에 떨어지기도 한다. 과학적 정신이 가장 풍부하지만 과학자들은 본인들의 열망에도 불구하고 도달하지 못하는 것을 종문의 수행자만은 바로 수행자 스스로의 실험을 통해서 안으로부터 밖까지 확연히 꿰뚫어, "천하의 까마귀는 모두 검다."[61]는 말로 귀납시킨다. 이것은 깨달은 자 본인만이 사용할 수 있는 것이고 다른 사람은 그의 말을 추론이나 연역을 위한 근거로 활용할 수 없다. 만일 스스로의 실험을 통해 나온 것이 아니라면 결단코 망령되이 사용할 수 없다. 따라서 이들이 귀납을 통해 내린 판단은 매우 탁월할 뿐만 아니라 과학적 정신을 영원히 보전할 수 있으되, 과학적 형식으로는 떨어지지 않고, 실험적 귀납을 거쳐 추리와 연역의 미로로 다시 들어가니 이러한 과학성은 오히려 진정한 현대과학의 원류라고 할 수 있다.

ⓛ 당나라 선종은 철학적이다

정신의 요체는 현실에 대해 의심하며 본체를 참구하고 증명하는 것에 다름 아니다. 만약 현실이 이러저러하다고 설명해내거나 본체가 이러저러한 모습이라고 그려낸다면 이는 가시를 심어서 길을 닦는 것이나, 덤불을 뽑아 평탄한 길을 닦는 것일 것이다. 현실에 대한 의심이 일면 스스로 반드시 세간에 널린 학설 가운데서 하나하나 찾아 비교해 보고, 평가하는데, 이는 만족하지 못하고 믿지 못하기 때문이다. 현상은 복잡다단하지만 실제 쓰임에서는 명확히 드러나 있다. 만약 가려져 있는 것을 용납하지 못한다면 그 본체를 끝까지 참구하여 스스로를 끝까지 핍박하여 몰고 간다. 마침내 홀연히 그 참뜻을 증득하여 자신의 마음에 밝게 드러나서 언어로써 표현하고자 하나 이는 마치 그물망을 불어 풍선을 만들고자 하나 바람을 모을 수 없는 것과 같은 이치다. 오히려 반대로 기침을 하거나, 어깨를 흔들거나, 눈썹을 찡그리거나, 눈을 깜박이거나, 물이 흐르고, 산이 솟고, 새가 날고, 짐승이 뛰는 것 등을 통해 표현하는 것도 또한 활기찬 표현에 다름없다. 이때 일찍이 둥글지 않았던 것들이 모두 원만하고 묘하게 되어 자유자재로 사용할 수 있다.

이에 반해 세상에서 철학을 연구하는 자들은 현실에 대해서 철저히 회의해 보지도 않은 채 눈앞에 펼쳐진 속세의 모습 일체를 멋대로 파헤쳐 이러저러한 구상과 가설을 세우기에 급급해 하고 있다. 그러므로 철학자들은 하나같이 진정한 성취를 이루지 못하고 있는 것이다. 이에 반해 오직 종문만은 철학적 완성을 이루었다고 할 수 있다.

ⓒ 당나라 선종은 예술적이다

백정이 소를 잡아 분해하고, 장인이 승조(承蜩)[62]의 경지에 이르러야 이른바 기술이라고 할 수 있다. 불법 가운데에는 갖가지 선교(善巧), 갖가지 해탈, 각종 삼매의 설법이 있다. 세상 사람들이 이를 응용하여 문자삼매(文字三昧), 시삼매(詩三昧), 서화삼매(書畵三昧) 등의 말을 만들었다. 일찍이 소식(蘇軾)은 선열(禪悅)의 깊은 맛에 빠져 이를 서예에 비유하여 말하였다.

"먹물은 종이를 잊어야 하고, 종이는 붓을 잊어야 하고, 붓은 손을 잊어야 하고, 손은 몸을 잊어야 하고, 몸은 마음을 잊어야 서예가 교묘한 선의 경지에 들어간다."

이제 당나라 종문의 모든 스승의 언어의 송곳을 가만히 들여다보면 그것들은 모두 그들 자신의 흉금에서 흘러나왔다. 또한 우연히 세상 사람들에게 유포된 그들의 몇 마디 말씀을 가만히 살펴보면 어느 하나 보배 아닌 것이 없으며, 광채가 나지 않는 것이 없다. 그들이 남긴 문장이나 시가(詩歌)는 신묘한 기운과 생동하는 현장감이 오롯이 담겨 있어 그야말로 세간의 일체 문자 밖에서 별도의 한 종류를 이룸이 마치 연꽃이 물에서 나오듯이, 혹은 용이 공중에서 춤추듯이, 활구(活口)를 이루었다!

이처럼 문학마저 그러할지니, 울고, 웃고, 움직이고, 멈추고, 나아가고, 물러나고, 말하고, 침묵하고, 묻고, 답하고, 던지고, 받고,

몽둥이로 때리고, 고함을 치고, 돌리고, 괭이질을 하고, 호미질을 하고, 묶고, 손바닥으로 때리고, 차를 마시고, 밥을 먹고, 꽃이 피고, 풀이 자라고, 취모검(吹毛劍)[63]을 휘두르고, 손가락을 세우고, 발을 내리고, 주먹을 쥐는 사이에 죽이고 살리는 기세의 용(用)과 쓰러지고 나르는 흥취를 내보이고 있다. 그 화살촉이 서로 부딪친 선 근기이며, 줄탁동시(啐啄同時)[64]의 교묘함은 부싯돌을 켜는 것으로도 비유할 수 없고, 번갯불로도 비유할 수 없다! 즉 자연의 묘함을 모아서 우주의 큰 무대에 몸을 던진 것이니 이 어찌 놀랍고 소름끼치는 기예가 아니겠는가!

㉢ 당나라 선종은 도술적이다

옛 송(宋)나라 때의 대유학자가 당나라 때 종문 대덕(大德)의 도영(道影)을 보고 깜짝 놀라 말했다. "만약 고승(高僧)이 되지 않았더라면 필시 악당의 두령이 되었을 것이다." 무릇 고서(古書)에서 "내가 만약 삼천 명을 한 마음으로 통일시킬 수 있다면 이로써 나는 왕이 될 수 있을 것이요, 억만 명의 사람들에게 억만 개의 마음을 갖게 한다면 이로써 나는 나라를 잃게 될 것이다."라고 하였다. 달마가 숭산(嵩山)에서 면벽하고 있을 때 신광(神光) 등이 그의 가르침을 희구하여 오랫동안 꾸짖고 물리쳐도 물러서지 않았다. 그러나 눈 속에서 끝내 기다리고 팔을 끊어 바쳐 도를 구하니, 신광이 구하고자 했던 것은 무엇일까?

    당나라의 대덕들은 깊은 봉우리에 띳집을 짓고 사람들과 천리 넘게 떨어져 살았지만, 배우는 사람들이 더욱 그들을 따르고 귀의하였다. 이르는 곳마다 언제나 사람들이 가득하고, 막대기로 때려도 물러서지 않고, 물을 뿌려도 흩어지지 않고, 독설을 퍼부어도 원한을 갖지 않고, 희롱을 해도 한을 품지 않고, 세간의 일체 골육 지간의 은혜와 애정을 뿌리치고, 벼슬길의 즐거움도 다 버리니, 비유하자면 잃어버린 화살처럼 미련을 두지 않았다. 본래 말로 유혹한 것도 아니고, 가무와 여색으로 달랜 것도 아니고, 명성으로 묶어둔 것도 아니고, 벼슬과 녹봉을 제공한 것도 아니고, 법령으로 금지하거나 형벌로 위협한 것도 아니니 도대체 그들이 참구하고자 한 것은 무엇일까?

    또한 그 진실을 체험하여 이른바 마음으로 마음을 전하고, 마음과 마음으로 서로 인정하여 그저 "그대가 이미 그러한가? 나도 역시 그러하다."고 말해 주는 것에 불과하고, '거북의 털이나 토끼의 뿔'[65]과 같은 것은 하나도 전해주지 않았다. 그러나 이 '그대가 그러한가?'라고 하는 것은 반드시 다른 사람도 스스로 그것을 얻었다는 것이다. 스스로 얻지 못하면 반드시 그러한 연유를 알지 못하고, 일단 얻으면 마음의 근본을 얻었다고 말하니 어찌 다른 물건이 있겠는가? 마음의 근본을 얻었다는 것은 곧 불조(佛祖), 성현(聖

賢), 천인(天人), 물아일체(物我一體), 날거나 물속에 숨은 것들, 동식물, 국내와 국외, 고금의 마음이 모두 오로지 하나이고, 갠지스 강 밖에 한 점의 빗방울이나 순간의 불빛도 일심으로 돌아가 의지하지 않는 것이 없다. 마치 쇳조각이 자석에 끌리고 어린아이들이 어머니의 품으로 돌아가는 것과 같다. 그러므로 자연히 칼과 도끼로도 그 틈새에 끼일 수 없고, 도끼로 쪼갤 수 없으니 3천 명의 사람이 일심(一心)이 되게 하는 왕 중의 왕이 어찌 아니겠는가? 그러므로 비록 사람들에게 쉽게 다가가지만, 사람들로 하여금 스스로 부처와 중생이 근본적으로 같다는 것을 깨닫게 하며, 스스로를 긍정하고 스스로를 믿게 한다. 과연 이보다 더 기묘하고 현묘한 것이 세상에 무엇이 더 있겠는가? 그러니 종문의 도술은 천상과도 비교할 수 없다.

(2) 반현학적 실용정신

인도의 바라문교는 세간의 일체 종교와 학술의 요소를 포함하고 있고, 추리와 연역에서부터 발전하여 인명론(因明論), 수론(數論), 승론(勝論)[66] 등과 같은 제 학파로 나아가 생각이 더욱 깊어지고 사유를 심오하게 세워서 세상의 모든 현학자들의 으뜸이 되었다. 석가모니가 세상에 나오면서 대승과 소승의 모든 부파의 아비달마에 관한 경을 말하게 되었다. 그 후 대승과 소승의 모든 논사들이 더욱 가다듬고 간추려서 『비바사론(毘婆沙論)』, 『구사론(俱舍論)』, 『성실론(成實論)』,『유가사지론(瑜伽師地論)』,『중론송(中論頌)』,『성유식론(成唯識論)』의 여러 논서들을 저술하였다.

중국에는 위(魏), 진(晉), 육조(六朝) 시대를 거치며 노자(老子), 장자(莊子), 열자(列子), 주역(周易) 등의 언설과 조화를 꾀하며, 크게는 태공(太空)에서부터 정밀하게는 먼지까지 참구하고, 눈에 보이지 않는 어두운 곳에서부터 넓고 멀어 아득한 것까지, 출세간의 저 하늘 세계로부터 소소한 인간사까지, 텅 빈 공(空)의 세계로부터 있음[有]의 세계까지, 그리하여 마침내 신(神)의 경계에 노닐며 화(化)하는 경지까지 이르렀다! 뜻을 얻는 자는 장차 그 묘용을 얻고, 뜻을 잃는 자라고 해도 서서히 감탄이 일어날 것이니 그 돌아가는 곳을 알지 못한다.

달마(達磨)에 이르러 불립문자(不立文字), 교외별전(教外別傳)을 제창하였다. 그리고 당나라의 6조 혜능(慧能)에 이르러서는 비록 혜능 자신이 까막눈이라 해도, 간단하고 순박하면서 솔직한 몇 마디 말로써 현학자들을 날려버려 현학자들이 모두 혀를 말고 입을 열지 못하게 만들어 버렸다. 이후 마조(馬祖), 석두(石頭) 이래로 법을 설하고 이치를 논하면서 눈앞에 주어진 상황과 각자의 근기에 따라 속어, 구어체인 백화(白話)어를 사용하여 짧은 말로 직지인심(直指人心)하였다. 이들은 실제 응용하기 적당한 것을 힘써 이용했기에 일체의 언어 논리 형식을 배제하였다. 또한 실용정신에 근거하여 보고 행위했기 때문에 중국에 전래된 인도 수행자들의 율의(律儀) 중 적합하지 않은 것을 바꾸어 버렸다. 그래서 그들은 스스로 농사지으면서 선을 행하는 사찰을 건립하였다.

예전에 어떤 승려가 조주 종념(趙州從諗, 778 ~ 897) 선사를 보고 말했다.

"스승께서는 현학(玄學)을 하는가?"

"현학은 오래된 것이다."

"스승께서 만약 노승을 만나지 못했다면 어찌 현학을 없앴을 수 있는가!"

덕산(德山)은 촛불이 멸하는 것에서 용담(龍潭) 선사의 대용(大用)을 얻어서 「금강경청룡소초(金剛經靑龍疏鈔)」를 들고 나와 불에 던지면서 말했다.

"모든 깊은 진리의 말을 다할지라도 털끝 하나를 허공에 놓은 것과 같고 세상의 중요함을 다한다 할지라도 물 한 방울을 깊은 골짜기에 떨어뜨린 것과 같다."[67]

이는 평이하고 실용적인 것으로 사람들을 위한 것이니 배고프면 와서 먹고 피곤하면 자라고 한 것이다. 오호라! 이는 참된 실제주의의 궁극이니 어찌 근세 윌리엄 제임스(William James, 1842 ~ 1910)[68]의 이론을 취해서 시끄럽게 세상 사람의 눈을 호도하고, 세상 사람들의 귀와 입을 혼란케 하는 것이 실용주의이겠는가!

(3) 반이론적(反理論的) 직각정신(直覺精神)

종문의 깨달음에 들어가는 방법은 절대적으로 이론을 배제하고, 오로지 직각(直覺)으로 근기와 만나 교화하는 것이다. 조금이라도 선어록을 열람한 자라면 그 이치를 알 수 있을 것이다. 최근 프랑스의 베르그송(Henri Louis Bergson, 1859~1941)도 철학의 한 방법으로 직각을 주창하였다. 베르그송에 의하면 인간의 의상(意想) 안에는 직각(直覺)에 의해 형성된 심상(心像)이 이미 자리 잡고 있는데, 상대방이 처음에는 직각을 체험한 바가 없기 때문에 상대방에게 직각을 직각이라 말해 줄 수는 있으나 상대에게 직접 직각을 증험해 보일 수는 없다고 보았다. 또한 스스로 직각을 경험해 보지 못한 사람은 그것을 다른 사람에게 이용할 수 없다고 보았다.

당나라 종문의 모든 조사들은 직각의 법문으로 다른 사람들을 깨달음에 이르게 할 수 있었다. 무위(無位)의 진인(眞人)이 육근(六根)의 문 앞에서 빛을 번쩍이고 대지를 흔들며, 무상(無相)의 법신(法身)이 몸을 빠져나와 만상(萬象)에 빛을 흩뿌린다. 눈썹을 휘날리고 눈을 깜박이고 주먹을 쥐고 치켜세운다. 한 번 할에 3일 동안 귀가 멀고, 봉을 한 번 휘두르니 몸을 통과하여 뼈가 드러난다. 법문을 내리는 자는 오로지 몸소 체득하기를 바랄 뿐이고, 법을 구하는 자는 몸이 상하고 목숨을 잃는 것을 돌보지 않는다. 허공은 한 구절 앞에 분쇄되고, 대지는 손바닥 아래에서 평탄해지고, 그것을 꿰뚫으면 그 손이 춤추고, 발이 뛰는 것을 어떤 물건을 위한 것인지를 스스로 알지 못한다. 그 이치는 미세하게 드러났을 뿐이니 달마는 이를 전체적으로 말한다. "나는 아촉불국(阿閦佛國)[69]을 보는 것을 기뻐하지만 한 번 보면 다시는 보지 않는다."

당나라의 선사들은 색을 보고 소리를 듣는 것이 있어도 단지 한마디의 말만 했을 뿐이다. 옆 사람을 끌어서 흥미를 유발시키려 하고, 물건을 들어 보이고, 그림을 그려 보여주면서 이를 직관주의 교육이라고 부르니, 털끝만큼의 차이가 만 리 길의 차이로 벌어지게 됨을 미처 모르고 하는 행위들이다. 이런 식의 교육은 비록 형식적으로 흉내만 내고 있을 뿐, 실제 정신은 이미 없어진 지 오래다. 검을 강물에 떨어뜨린 지 오래되었으나 배에 떨어뜨린 위치를 새겨 잃어버린 칼을 찾는 격이고, 토끼가 달아난 지 오래이나 그루터기를 지키며 토끼를 기다리는 격이라 할 수 있을 것이다. 종문의 직각 교육법과 현대의 직각 교육의 차이를 비유하자면 길에 누운 토끼를 낚아채는 독수리와 토끼가 머물렀던 곳만 두리번거리는 멍청한 사냥개의 차이와 같다.

(4) 반인습적 창조교육 정신

동서고금의 일체 종교와 학파를 살펴보면 발달하는 시기에는 일종의 활기 넘치는 전진의 정신이 있어 승승장구하여 인습에 매이지 않는다. 이른바 창조적, 진화적 정신이 그것이다. 그러나 동서고금의 어떠한 창조적 진화적 정신도 당나라 때의 종문에 미칠 수가 없다. 여기에서 간략하게 말해보겠다.

① 근기에 맞게 교육하는 창화정신

근기에 맞게 교육을 베푼다는 것은 각 개인의 특성에 맞추고, 시대와 지역의 차이에 맞춘다는 것이다. 각 개인별 특성을 맞추는 것을 논할 수 없다면, 시대나 지역의 차이에 따라 교화방법이 달라야 하고 법을 전수하는 방법도 따라 변한다. 황매(黃梅)나 조계(曹溪)는 달마나 혜가 등의 일체 스승을 따르지 않았고, 희천(希遷, 700~790), 도일(道一)도 앞 사람의 인습을 따르지 않았고, 백장(百丈), 위산(潙山, 771~853) 등과 같은 여러 조사(祖師)들도 마찬가지였다.

그러나 오종(五宗), 칠파(七派)의 분파들이 각각 생기고 난 후 후대에 무슨 종, 무슨 파의 적손이라 다투어 칭하고, 언쟁을 벌이면서 당시의 분파가 생겨나게 된 연유와 그 종지(宗旨)가 생겨나게 된 이유를 변론하며 집착하니, 본래 종문의 근기에 맞게 교육하던 창조양성의 교육정신은 사라져 버렸다.

명나라 때에 이르러서는 세속의 형편없는 사람들에게서조차 비웃음을 당했다. 지금은 임제종의 원류가 어떻고, 조동종의 원류가 어떻고 하면서, 자신이 그 종파의 몇 대라고 떠들어대는 사람들이 있다. 그야말로 '여우의 침[野狐涎]을 훔쳐다 자기 입에 넣는 격'[70]인데, 그러고서도 부끄러운 줄 아는 이가 참으로 드물다.

② 창화정신의 계승

　종문에서는 항상 말한다. "도를 전수하는 것은 반드시 그 지혜가 스승보다 나아야 비로소 가능한 일이니, 요량이 없는 자들이 어찌 감당할 수 있으리오?" 복잡한 얽힘은 대를 거듭할수록 더 복잡해져만 가고, 기지(機智) 또한 대를 거듭할수록 더욱 복잡해지니, 앞 사람을 뛰어넘는 기지를 갖지 않고서는 앞 사람이 쳐 놓은 복잡한 넝쿨 더미에 걸려 넘어지지 않을 자 드물 것이다. 매 단계를 통과하여 스스로 자신을 단련하여, 죽이고 살림에 있어 자유로울 수 있어야 했다. 이 때문에 송나라 후기부터는 상투적인 죽은 화두를 붙잡고 끙끙대느라 뛰어난 기량을 보인 사람이 극히 감소했다. 비록 배우려는 자들의 기지(機智)가 용렬한 탓이기도 했지만, 근본적으로 이전 스승들을 뛰어넘을 수 있는 기량을 가질 수 없었던 까닭이기도 했다. 이 때문에 묵묵히 판에 박힌 규칙만 지켜 세월이 흐를수록 하향하여 뒤의 세대가 앞의 세대와 같지 않아 지금에 이르러서는 종풍이 사라져 버렸다.

③ 도량의 창화정신

달마에서 조계(曹溪)에 이르기까지 모두 자기가 하나의 도량을 창조하여 각각 한 지방을 교화하여 스승의 사찰을 이어서 지킨 것이 없고, 스승도 사찰을 전해주어서 지키게 한 사람이 없다. 청원(靑原), 남악(南岳), 석두(石頭), 마조(馬祖), 백장(百丈), 위앙(潙仰), 남전(南泉), 조주(趙州), 황벽(黃檗), 임제(臨濟) 등등에 이르기까지 항상 귀를 닫고 일언일구(一言一句)도 전수 받으려고 하지 않고, 오직 자기 가슴에서 나오는 것을 귀하게 여겼으니, 하물며 사찰의 재산을 받아 지키려고 하였겠는가! 깊은 산과 광야에서 배움의 길을 찾아오는 사람들과 곧 들에다 단을 쌓아 법석(法席)을 만들었으니 창화의 도량이 아닌 곳이 없었다. 후세에는 구구하게 한 사원의 방장의 지위를 전하는 것으로써 법을 전하는 방법으로 삼고, 심지어 절의 재산을 소송으로 다투고 방장자리를 다투어 스승과 제자의 도리를 잊으니 어찌 얼굴 두꺼운 일이 아닌가!

(5) 전체가 융화된 아름다운 정신

인생길에 마음과 행동의 중도(中道)를 얻기가 매우 어렵다. 공(空)의 이치에 집착하는 자는 고적함을 지키고 실제 일에 집착하는 자는 조잡한 것에 매달린다. 이는 전체가 가려져 있어 편견에 집착하기 때문이다. 이에 그 본체를 파악하지 못하기 때문에 용(用)에도 장애가 있다.

근자에 선비나 군자라고 하는 자들이 생각하는 아름다움은 불보살의 원융무애와는 거리가 멀어 말로만 영원히 쇠하지 않는 경계를 칭송하니, 예를 들어 루돌프 로이켄(Rudolf Eucken, 1846 ~ 1926)[71]과 같은 이상주의자가 행위를 중시하고, 활동을 숭상하며, 초자연적이고 초사고적인 정신생활을 강조하는 것이 이것이다. 그의 말을 좀 더 자세히 살펴보면 종문에서 선사들은 대사(大死)로써 대활(大活)을 이루어 전체로서 원융무애한 아름다움을 이루는 것과 달리 그가 지향하는 것은 결국 의언(意言) 안에서 하나의 이상적 경계를 말하고 있을 뿐이다. 그 옛날 고승대덕은 다음과 같이 말했다.

삼십 년 전에 산은 산이 아니고, 물은 물이 아니었다. 삼십 년이 지난 지금, 산은 산이고 물은 물이다.

이에 이르면 자연생활은 정신생활과 서로 합쳐져 사람과 자연을 다 떨쳐버리기도 하고[人境俱奪], 사람과 자연을 다 버리지 않기도 하니[人境不俱奪], 서로 가리지도 않고 서로 치우치지도 않는다.[72] 산과 물과 나무와 돌이 모두 달마의 몸을 드러내고, 비늘과 껍질, 새의 깃털이 함께 모두 드러나니, 이것이 바로 선(禪)의 체(體)

이다. 경천동지(驚天動地)라 해도 별것이 아니고 날마다 쓰는 그것이다. 땔감을 져 나르고 물통을 나르는 것이 다 신통(神通)이다. 호랑이가 울부짖고, 용이 울고, 사자가 움직이고, 코끼리가 걷고, 가래침을 뱉고, 어깨를 흔드는 것이 모두 대인(大人)이 좋아하는 것이다. 즐겨 웃고 성내는 것도 마음을 조절하는 길이다.

텅 빈 계곡의 차가운 바위, 물은 콸콸 흐르고 꽃이 핀다. 명리(名利)는 시장바닥에 내려놓았고 차가운 계곡 물에 달이 밝다. 만물에 무심하고, 만물이 항상 둘러싸고 있다. 쇠로 만든 소는 사자후를 두려워하지 않고, 나무로 만든 사람이 일어나 춤추고 꽃을 찾는 새가 놀라 날뛰도다.

덤비고 떨어지는 것이 다른 물건이 아니고 종횡무진하는 것이 속세가 아니고 산하와 대지가 법왕의 몸을 모두 드러낸다. 매력적이도다! 이는 전체 원융한 아름다움의 정신이 화현한 것이지 않는가! 미묘하도다! 이는 전체 원융한 아름다움의 정신의 화현이도다! 융합하면서 드러내니 아름다움으로 가득하도다!

(6) 자성 존중의 정신

최근에 영국의 철학자 러셀(Bertrand Russell, 1872 ~ 1970)의 철학을 세상에서는 절대적 개성주의라고 부른다. 한 방면에서는 절대 개체의 실체이고, 한 방면에서는 절대 보편의 이성이다. 비유하면 한

방에 천 개의 등불을 켜놓았을 때 빛들은 전체 방을 두루 밝히지만 등들 각자는 자신의 위치를 지키는 것과 같다. 그러나 이는 그저 이미지를 통한 가설일 뿐 직접 지각으로 증득한 현량(現量)에는 도달하지 못하였다. 나는 지난번에 유학(儒學)에서 말하는 중화(中和)의 뜻을 다음과 같이 설명한 적이 있다.

중(中)이란 만유(萬有)가 각각 저마다의 성(性)과 체(體)의 극에까지 도달하여 저절로 객관적 대상을 넘어선 것을 말한다. 이에 '중'을 우주의 대본(大本)이라 하는 것이다. 화(和)란 만유(萬有)가 업정(業情)을 번갈아 일으켜 서로 변화를 이루도록 응해주는 것이다. 이에 '화'를 우주의 통달한 도리, 즉 달도(達道)라고 하는 것이다.

이처럼 『중용』의 중화에 대한 설명은 러셀의 절대적 개성주의와 비슷하지만 러셀의 설명에 비해 훨씬 친절하다. 그럼에도 불구하고 『중용』의 설명은 자각하고 지혜를 증득하는 종문의 법문에는 아직 들어가지 못하였다.

오직 당나라 시대 종문의 모든 대덕들만 빠르게 본체를 통하여 깨달음에 들어가는 것을 얻어 공겁(空劫) 전의 심오한 부동의 자기 영성을 얻고, 제일 존귀한 지위에 머물고, 우뚝한 봉우리로 홀로 서고, 하늘 높이 쳐다보고, 곧바로 삼세의 제불과 역대의 조사들로 하여금 숨을 죽이고 은거하게 하고, 동시에 다시 불조를 존경하지도 않게 하고, 자기의 영성을 존중하지도 않게 한다. 부처도 아니고, 마음도 아니고, 물건도 아니고 진흙, 벽돌, 기와, 자갈을 섞어 하나로 만들었다. 원만하게 두루 통하고, 순수하게 꿰뚫어 안도 없고 밖도 없고 반야가 청정하기 때문에 둘도 없고 둘로 나눔도 없다. 일심을 세움으로 종을 삼고, 만법이 밝게 빛나는 것이 거울 같고 자유자재하고 평등하다. 오호라! 아아! 나는 그것을 칭할 길이 없어 억지로 칭하여 자성존원(自性尊圓)의 정신이라고 말하겠다. 그러니 지혜와 요량을 갖추진 못한 자들이 어찌 감히 이를 실현하고 이에 몸담을 수 있으리오?

3) 선림(禪林)과 사회사상

여기서 말하는 선림이란 선종의 총림(叢林)을 말한다. 총림은 본래 비유적으로 하는 말로, 의지처를 뜻한다. 여러 풀과 나무들이 생장하여 번영하는 곳을 총림이라 말하고, 여러 풀과 나무들이 본원의 심지에서 불법의 교화를 받아 비가 내려 윤택해지고 그 성장하고 번영하는 묘용을 이루는 것을 비유하여 총림이라고 한다. 혹은 청정 화합하여 여실하게 수행하는 승려들도 역시 대개 산림과 샘이 있는 고요한 공간에 의지하여 머무른다. 바꾸어 말하면 총림이란 사회의 다른 표현이다.

선림(禪林)은 선종의 정신을 통해 인재를 창조적 교육으로 이끄는, 가장 고상하고 가장 정결하며, 가장 아름답고 가장 화기애애한 사회이다. 이전에는 일정 지역을 제왕이 유교의 법도에 의해 예법과 제도로 정해 두고 있었기 때문에 불가의 총림을 지목하여 방외(方外)라 하였는데, 그 이유는 선림이야말로 가장 참되고 가장 선하고 가장 적합한 것임을 몰랐기 때문이다. 지금 세계는 봉건주의의 붕괴에 따라 급변하고 있으나, 제국주의, 군국주의, 입헌군주제, 악랄한 재벌 등이 더 이상 그들의 본색과 허위를 감추지 못하여 바야흐로 존립의 입지를 잃어가고 있다. 이제 사회를 변화·개조시키고자 하는 각종 신사조(新思潮)가 천지를 뒤흔들고 있으나 이렇다 할 길을 찾지 못하고 있다. 이에 나는 당나라 '선종의 총림'의 교화법을 현대사회 사조의 바다에 바쳐 다른 어떤 것도 감히 넘볼 수 없는 최고의 길이자 최고의 표준으로 제시하고자 한다. 이를 제대로 활용할 줄 아는 자라면 청정하고 평안한 방법을 얻을 것이요, 부족한 자라면 두려운 마음이 일 것이다. 세계는 바야흐로 새로운 사회사조의 횃불을 들고 미친 듯이 질주하고 있다. 또 세상에는 새로운 사회사조를 두려운 마음으로 바라보며 근심하고 있는 자도 있다. 그렇다면 마음을 돌려 나의 말을 들어보면 어떻겠는가!

(1) 허무주의적 정신

허무주의의 내용은 매우 복잡하다. 그 원뜻을 살펴보면 근대 유럽과 러시아의 허무주의가 있고, 고대 중국의 노장(老莊)의 허무주의가 있고, 인도 외도(外道)의 인과가 없고 죄와 복이 없다는 허무주의가 있고, 불교에서는 소승과 대승의 일체법은 다만 가명(假名)이고, 일체법은 필경에는 공(空)이라는 허무주의의 법문이 있다. 그 원리를 보면 유물론에 의거한 것도 있고, 유심론에 의거한 것도 있고, 진실론에 의거한 것도 있다.

허무주의를 제창한 각각의 목적을 살펴보면, 인류에게 자연으로 돌아가게 하고자 인간이 모여 만들어낸 일체의 교육과 법과 정치와 제도를 털어버리고자 하는 것도 있고, 형상이나 모습이 없는 정신으로 되돌아가서 인간이 조직해낸 모든 실상을 제거하려고 하는 것도 있고, 공적(空寂)하고 평등(平等)한 법문(法門)으로써 현실의 실상을 참구해 드러내려고 하는 것도 있다. 마음과 대상이 공적함이 다하여 마침내 진실을 드러내고자 함이 있는 것이다.

방법론적 측면에서 보자면 노장철학과 인도의 외도들은 다만 뜻과 말을 통해서만 허무를 논하고 있다. 또 몸과 힘을 동원하는 무리가 있으니 예를 들면 입헌주의자들, 공화주의자들, 무정부주의자들, 유럽과 러시아의 허무당 등이 이들이다. 그런데 교리와 관(觀)과 행(行)으로써 일체 허망한 마음의 경계를 제거하려고 하는 것이 있으니, 이것이 바로 삼론종(三論宗)이다. 삼론종은 허무가 보여주는 구경(究竟)의 진실을 직접 증험하여 일체의 허망한 마음의 경계를 본래 허무로 삼는 것을 부정한다.

    현대의 허무주의사조는 그 동안 동서고금의 모든 허무주의 사조를 다 포함하고 있지만 오직 불법의 삼론종과 선종의 허무주의를 포함하고 있지 못하다. 이제 여기서 나는 당나라 선림(禪林)을 고찰하되, 종문 내적인 영역은 잠시 놓아두고, 현대의 허무주의 정신과 서로 호응할 수 있는 부분만 논하기고 하겠다. 원래 불법은 소승의 칠중(七衆)의 계율에서 대승의 계율로 되었고, 비록 계율이 단계를 두고 점차 더 높은 층차로 나아가는 체계를 지니고 있지만, 처음 중국에 들어왔을 때에는 사실상 성왕(聖王)의 인의예지신(仁義禮智信)에 의거하여 상벌을 주는 법도를 기본으로 삼았다. 그래서 옛사람들이 이르기를 오계(五戒)의 실천은 왕의 정치를 도와 태평에 이르게 한다고 했으니, 이는 헛된 말이 아니다.

    당나라로 들어와 선을 하는 사람들은 스스로 넓은 물가나 숲에서 살면서 계율에 의지하여 살지 않았다. 혹은 기이한 형상과 의례를 행하고, 속세와 섞여 있으면서 세상이 있음을 알지 못하고, 사람들이 있음을 알지 못하고, 가정이 있음을 알지 못하고, 물건이 있음을 알지 못하고, 정치가 있음을 알지 못하고, 교육이 있음을 알지 못하고, 왕이 있음을 알지 못하고, 부처가 있음을 알지 못하였다. 그야말로 이른바 노자가 말한 "도를 잃은 후에 덕(德)을 높이고, 덕을 잃은 후에 인(仁)을 높이고, 인을 잃은 후에 의(義)를 높이고 … 성왕은 죽고 도적이 나온다." 하던 경계를 완전히 씻어내어 백성의 논쟁거리를 아예 한꺼번에 제거해 버린 것이다.

또한 깊은 산에 홀로 은거하여 세월을 잊는다. 어떤 선사를 찾아가 지나온 삶을 물으니 이렇게 말하였다.

옳고 그른 것을 나한테 가지고 와서 가리려고 하지를 말아라.
뜬 구름 같은 인생에 상관하지 않음을 천착(穿鑿)하였노라.

그러더니 모옥을 불태우고 가버려서 종적이 없다. 또한 좌탈입망(坐脫立亡)하기도 하고, 몸뚱이 버리기를 하찮게 하니, 이는 참으로 우주 오온의 자연조직을 타파하고 얽매이지 않는 자이다. 무릇 자연의 도(道)에 돌아가 사슴과 노닐고, 나무와 돌과 함께 기거하고, 영장하고 귀한 인류존재로 돌아가지 않는다. 오온법의 자연조직을 이미 해제하였으니 우주의 공간과 시간의 우주 존재로 돌아가지 않는다.

오호라! 이는 비록 불법의 참된 경지에 도달하지는 못했지만 그에 부가되어 나타난 작은 효능에 불과하지만 인류와 우주가 이미 근본에 다 녹아 있다. 이는 진정 인류 우주의 대혁명이자 대해방이다.

현대의 허무주의는 선종의 방법을 알지 못하기 때문에 다만 무명으로 소요와 난동만 피우면서 끝내 진정한 해방을 얻지 못하였다.

(2) 무정부주의적 정신

무정부란 강권함이 없는 것을 말한다. 강권은 실로 국가와 가정의 사유재산이 있음에 의지한다. 국가와 가정을 보호하기 위해 사유재산(사유재산의 뜻은 매우 넓어 이른바 국가가 소유한 것이나 집안 대대로 내려오는 것 등이 모두 사유재산에 속한다)이 있다. 그러므로 무정부주의 입장으로 보자면 근본적으로 국가와 가정의 사유재산은 허락되지 않는다. 그러나 개인적인 것과 사회적인 것에 대한 구분에 대해 서로 상이한 주장이 있다. 또 재산에 있어서도 개인주의적 입장에서 분산(分産)과 독산(獨産)의 구분이 있고, 사회주의적 입장에서 공산(共産)이냐 집산(集産)이냐의 구분이 있다. 사람들은 사회주의를 올바른 것이라 여기고, 더욱이 사회주의적 공산주의를 무정부주의의 정통이라 보기도 한다. 사회주의적 공산주의는 모든 사람이 각각 자유롭게 자신의 능력을 다할 수 있으면서 자유롭게 필요한 것을 취할 수 있는 것이다. 무정부당(無政府黨)의 사람들도 비록 이러한 마음을 품고는 있으나, 실상은 그것을 이루어 낼 수 있는 정당한 방법이 없다. 따라서 진정한 초아적(超我的) 도덕정신 없이, 사람들의 탐욕, 질투, 미움, 저항, 살상, 파괴의 심리와 행동을 이용하여 도달한 것이기에 종국에 가서는 문제만 더할 뿐이다.

당나라에 선종의 가르침을 입었던 자들은 두타(頭陀)의 고행에 단련이 되어, 이미 가정이나 국가의 사유재산과의 관계는 물론 일체의 강권적 관계로부터 완전히 벗어나 있으니, 한 번 살펴보기 바란다! 그런즉 이들은 개인주의적인 듯하면서도, 재산을 나누느니 개인소유이니 하는 데에서 이미 초탈해 있어 조금 더 나간다면 무산주의자(無産主義者)들에 가깝다. 그러니 백장이 청규를 제정하기 이전에 이루어진 선종 총림에서는 선종에서 성취한 그 자체의 도덕에 따라서 공동으로 먹고 쉬고, 밭을 갈며 생활하였으니 이는 진정 무정부 공산주의 정신의 근원이지 않겠는가!

(3) 볼셰비키적 정신

볼셰비키(Bolsheviki)[73]를 뭐라고 번역해야 할지 잘 모르겠지만 대충 의미를 짐작컨대 마르크스가 주장한 집체생산주의(集體生産主義)를 말하는 것 같다. 이렇게 볼 때 볼셰비키는 노동자와 농민을 특별히 신성시하는 주의인 것 같다. 이들이 말하는 국가는 나라에서 사유 재산은 없애되 국가라는 존재는 그대로 두면서 노동자와 농민이 권력을 장악한 정부를 건설하고 유지하자는 것이다. 집체생산이라는 것은 가정의 사유재산(처자식이나 개인 재산 등)만 폐지하되, 각 개인의 노동에 의하여 맞바꾼 대가는 용납해주자는 것이다. 이는 개인이라는 범주의 제한된 차원에서만은 사적인 소유를 보장하자는 것이다. 하지만 이런 주장 또한 여전히 거친 이론일 뿐이지 실제로 이러한 이상사회의 실현이 가능할지는 미지수다. 왜냐하면 사회주의 국가가 형성되면 다음과 같은 문제를 해결하기 어렵기 때문이다.

첫째, 국가라는 것도 어차피 큰 의미에서 보자면 인간의 무리가 공동으로 마련한 사적 재산이기 때문에 국가라는 말 자체에는 결국 '큰 사유재산'으로서의 존재적 의미가 담겨져 있는 것이다. 따라서 비록 그러한 사회를 이루는 데 성공했다 하더라도 사람들 중에 누군가가 다시 자기 가정에서 사적인 재산을 소유하기를 바라는 마음이 일어나게 되는 것을 막을 방도가 없는 것이다.

둘째, 기왕에 각 개인의 노동에 따라 획득한 사유물을 허락하게 되면 모든 인간의 능력은 서로 같지 않은 까닭에 어느새 각각의 개인적 재물이 쌓이게 되어 점차 빈부의 차가 커지게 되는 것을 모면할 길이 없으니 이것이 두 번째 문제이다.

셋째, 서로 사랑하여 자녀를 낳게 되면 자연스럽게 사람들마다 서로 친밀감을 느끼고 정감을 쌓아가는 대상이 달라지고 이에 따라 개인의 사유재산 축적의 정도도 각자 차이가 벌어지게 되어 자연스럽게 서로 친밀한 관계를 유지하는 사람들끼리 모여 은연중에 가족이나 가산(家産)을 형성하게 되기 마련이니 이것이 세 번째 문제점이다.

따라서 이런 이념이 실제로 성공하려면 이를 주장하는 사람은 자신의 이념을 밀고 나가기 위해 절대 권력을 사용할 수밖에 없게 되니, 밖으로는 국가의 재산을 보호하고 안으로는 가족이나 가산의 발생을 억제하기 위해서 동분서주하지 않으면 안 되게 된다. 따라서 러시아에 노동자와 농민이 세운 정부는 사실상 강력한 전제주의일 수밖에 없었던 것이다. 이 때문에 혼란 속에서 장기간의 정치적 시험 과정을 거쳤으나 러시아는 희망하는 안락을 여전히 실현시키지 못하고 있는 것이다.

하지만 나는 묻는다. "그렇다면 노동자와 농민의 혁명은 진정 절대로 실현 불가능한 것인가?" 여기에 나는 답한다. "꼭 그렇지는 않다. 만약 진실로 사람들이 인품을 고상하고 청정하며 서로 화합하고 사랑하며 검소하고 순박하고, 진실되고 성실한 도덕 정신을 우선적으로 배양한다면, 그리하여 이러한 도덕정신으로 말미암아 사람들이 서로 감응하는 사회를 만든다면 성공이 불가능하지는 않다."라고!

나는 「인공과 불학의 새로운 승려상[人工與佛學的新僧化]」이라는 한 편의 글에서 토지를 분할하기 때문에 국가의 사유재산을 절대적으로 폐지하는 것은 아니라고 말한 바 있다. 구역 내에 있는 자는 공동으로 노동을 하고 공동으로 향유하기 때문에 '공산(共産)'이고, 농기구 등과 같이 크게 쓰이는 것은 국가에서 관리하고 나머지는 각자가 보존하고 임종시에는 상주물(常住物)[74]로 귀속시키고, 상주물로써 뒷일을 잘 처리해 주기 때문에 집산주의적(集産主義的) 의미도 겸하고 있다.

당나라의 백장 선사는 선종 총림에서 실행되는 청규를 제정하였다.[75] 거기에는 함께 차지하고 있는 구역 내에서 공동으로 노동하고 생활한다는 정신이 풍부하게 들어 있다. 그렇다면 이것을 행하여 이루고자 하는 의의가 어디에 있는가? 무한한 진여의 도덕 정신에 전념하는 것을 목적으로 하는 것이니, 그 목적이 노동생활의 의식주에 있는 것이 아니고, 다만 이 노동생활을 통해 얻은 의식주를 이용하여 그 최고의 목적에 도달하기 위한 도구로 삼았을 뿐이다. 그들의 목적은 그 노동생활에 있는 것이 아니었기 때문에, 다만 일하여 얻는 것만을 구할 뿐이어서 언제나 멈출 수 있고, 사치하지도 다투지도 않았다. 이것이 그 첫째이다. 성 생활이 없으니, 기를 자식도 없어서 특별히 친애 관계에 있는 사람이 없으므로 내부 분열이 없고 가족이나 가족의 재산이 생겨날 우려도 없다. 이것이 그 두 번째이다.

그 내부에는 한 점의 사치물, 호화로운 생활, 음욕, 영광, 권위, 부유함 등의 욕망과 관련된 일이 절대 없고, 오직 간단하고 근검, 소박, 사리사욕이 없는 풍조였다. 오는 사람을 막지 않고 함께 편안하게 머물기 때문에 외래의 침탈에 대한 근심이 없으니 강력하게 방어할 일도 없었다. 송나라 초의 한림학사(翰林學士) 양억(楊億, 974~1020)이 서술한 「백장고청규(百丈古淸規)」를 통해서 이를 짐작할 수 있다. 백장청규에 대한 개요는 다음과 같다.

백장 선사가 말하였다.
내가 기본으로 주장하는 것은 대·소승에 국한하지 않고, 또한 대·소승과 다른 것도 아니다. 마땅히 두루 대·소승을 섭렵하고 잘 절충하여 새로운 규범을 제정하여 수행에 힘쓰도록 하기 위한 것이다. 그리하여 창조적인 뜻으로 선종의 처소를 따로 건립하게 되었다. 무릇 도안(道眼)을 갖추고 따라야 할 덕이 있는 이를 장로(長老)라고 한다. 이는 서역에서 도가 높고 법랍이 오래된 이를 장로 수보리 등이라고 말하는 것과 같다. 화주(化主)가 되면 방장(方丈)에 거처한다. 함께 정명(淨名)으로 생활하고 개인의 침실을 두지 않는다. 선원(禪院)에는 설법당(說法堂)만 세우고 불전(佛殿)을 세우지 않는데, 이는 부처님과 조사로부터 직접 부촉 받아 당대에 존경받아 마땅함을 나타내는 것이다. 배우는 무리들을 모아서 많고 적음을 논하지 말고, 고하(高下)를 논하지 않고 모두 다 승당에 함께 머물게 하며, 법납에 의거하여 안배한다. 긴 좌상을 설치하고 앉으며 옷걸이와 도구(道具)를 두는 선반을 둔다. 누울 때는 오른쪽 겨드랑이를 바닥에 대고 눕는 길상수(吉祥睡)를 행한다. 이는 좌선을 너무 오래하여 피곤할 때 잠깐 누울 뿐이며 항상 걷고, 서고, 앉고, 눕는 데 위의를 엄숙히 갖추어야 한다. 입실을 청하는 때를 제외하고 배우는 사람들에서 근면하고 게으른 사람을 가려 임명하여 상하를 불구하고 항상 지켜야 한다. 전 총림의 대중은 아침에 묻고 저녁에 모여야 하고, 장로가 법당에 올라 설법할 때에 주사(主事)나 대중이 모두 가지런히 앉아 귀를 기울여 듣고 손님과 주인이 문답을 계속하여 종요(宗要)를 드러내고 밝히는 것은 모두가 법에 의해 산다는 것을 표시한다. 죽이나 밥이나 일시에 골고루 나누는 것은 절약하고 검소한 생활로서 법과 음식을 고루 수용하는 것을 나타낸다. 보청(普請)[76]은 위와 아래가 힘을 모아 일하는 것이며, 열 가지 소임을 두는 곳을 요사라고 하는데 한 사람의 수령을 두어 여러 사람을 이끌고 일을 경영함으로써 제각기 맡은 일을 다하게 하기 위한 것이다. 혹은 소리를 지르면서 소란을 피우거나 물건을 훔쳐서 청정한 대중을 혼란하게 하고, 별도로 소란스러운 일을 만들면 유나(維那)가 붙잡아 본래 자리의 옷을 빼내어 선원에서 축출하게 하여 청정한 대중을 편안케 한다. 혹은 그것을 범하는 사람이 있으면 주장자로 때린다. 대중을 모아 놓고 의발과 생활도구를 태워 산문에서 출송 당하는 사람에게 치욕을 주어 청정한 대중들이 오염되지 않게 하고 승가의 형태가 훼손되지 않게 하고 공적인 산문이 소란스럽지 않게 하고, 외부에 조롱거리가 되지 않게 한다.

이를 보면 이른바 육화(六和)의 청정한 무리를 가히 생각해 볼 수 있고, 가장 아름답고 선한 사회정신의 실현이라고 하겠다.

(4) 민주주의적 정신

데모크라시(democracy)를 뭐라고 번역해야 할지 잘 모르겠지만 대충 의미를 짐작컨대 다음과 같이 말할 수 있겠다. 전제주의를 폐지하자고 하니 입헌주의라고 할 수 있고, 군주를 없애자고 하니 공화주의라고 할 수 있고, 귀족을 없애자고 하니 평민주의라고 할 수 있겠다. 백성이 근본이라고 하니 민본주의라 할 수 있고, 백성을 이치로 통치하므로 민치주의라고도 할 수 있겠다. 데모크라시는 전체 백성을 공동 화합하게 하는 것이고, 일부 백성만 무리 짓게 하는 행동이 아니기 때문에 전 민중의 민중주의라고 할 수 있다.

결국 정리하자면 데모크라시란 무릇 국가사회의 갖가지 사업을 모두 전체 인민을 위해 벌이므로, 관(官)에서 하는 것이건 민(民)이 하는 것이건 공히 전체 인민의 이익을 위해 할 것을 주장한다. 정치, 경제, 교육, 종교 등의 제 방면의 경영을 통해 적극적으로 전체 인민의 이익과 즐거움을 만들어 나가자는 것이다. 사실 데모크라시가 지향하는 것은 이미 당나라와 송나라 시대 선종의 총림에서 매우 잘 발현되고 있었다.

이에 송나라 자각대사(慈覺大師) 종색(宗賾, ?~?)이 지은 「구경문(龜鏡文)」을 통해서 그 대의를 살펴보고자 한다.

무릇 두 그루의 계수나무가 그늘을 드리우자 한 송이의 꽃이 상서로움을 드러내니, 바야흐로 이곳에 총림을 세웠다. 이는 오로지 여러 스님들을 위한 것이다(이 부분은 민본주의 내지 민중주의를 드러내고 있다). 대중 승려들에게 법문을 열어 보이는 까닭에 장로(長老)가 있고, 대중 승려들에게 위의(威儀)를 보여주는 까닭에 수좌(首座)가 있으며, 대중 승려들에게 업무를 부과하는 까닭에 감원(監院)이 있고, 대중 승려들을 화합시키는 까닭에 유나(維那)가 있으며, 대중 승려들을 공양하는 까닭에 전좌(典座)가 있고, 대중 승려들을 위하여 사무를 보는 까닭에 치세(値歲)가 있고, 대중 승려들을 위하여 출납을 처리하는 까닭에 고두(庫頭)가 있고, 대중 승려들을 위하여 글 쓰는 일을 주관하는 까닭에 서장(書狀)이 있으며, 대중 승려들을 위하여 성스러운 가르침을 수호하는 까닭에 장주(藏主)가 있고, 대중 승려들을 위하여 단월(檀越)[77]들을 영접하고 응대하는 까닭에 지객(知客)이 있으며, 대중 승려들을 위하여 심부름하는 까닭에 시자(侍者)가 있고, 대중 승려들을 위하여 옷과 발우를 수호하기 때문에 요주(寮主)가 있으며, 대중 승려들을 위해 탕약을 받들어 공양하는 까닭에 당주(堂主)가 있고, 대중 승려들을 위하여 세탁을 하는 까닭에 욕주(浴主)와 수두(水頭)가 있으며, 대중 승려들을 위해 추위를 막는 까닭에 탄두(炭頭)와 노두(爐頭)가 있고, 대중 승려들을 위하여 탁발하는 까닭에 가방화주(街坊化主)가 있으며, 대중 승려들을 위하여 노역을 맡는 까닭에 원두(園頭), 마두(磨頭), 장주(莊主)가 있고, 대중 승려들을 위하여 청소하는 까닭에 정두(淨頭)가 있으며, 대중 승려들을 위하여 시봉하는 까닭에 정인(淨人)이 있다. 이렇게 함으로써 수도하는 인연(청규를 제정하는 목적)은 충분히 갖추어지고 몸을 유지하는 기구들은 여러모로 곧장 이루어짐에 만사에 아무런 근심 없이 일심으로 도(道)를 위하게 되는 것(청규를 제정한 주된 뜻)이다. 세간에서는 높고도 귀하며 세상 밖에서는 넉넉하고도 한가롭다. 청정하고 무위(無爲)한 것으로는 대중 승려들이 으뜸이다. 많은 사람들의 노력을 돌이켜 생각해 보건대 어찌 은혜를 알고서 그 은혜를 보답하지 않겠는가(그러므로 일을 나누고 서로 돕는 이유이다)!

새벽에 찾아뵙고 물으며 저녁에 더욱 법문을 청하여 촌음의 시간도 버리지 않아야 장로에게 보답하는 도리가 되고, 높고 낮음에 순서가 있고 행동거지가 침착하여야 수좌에게 보답하는 도리이다. 밖으로는 법령을 준수하고 안으로는 규약을 지켜야 감원에게 보답하는 도리가 되고, 육화(六和)로 함께하는 무리가 모여 물과 우유처럼 서로 섞여야 유나에게 보답하는 도리이다. 도(道)를 이루기 위한 까닭(청규를 제정한 목적)에 마땅히 이 음식을 받는다 하여야 전좌에게 보답하는 도리이다.

승방에 거처하며 모든 생활 도구들을 보호하고 아낄 줄 알아야 치세에게 보답하는 도리이다. 상주물(常住物)은 털끝만큼도 손상함이 없어야 고두에게 보답하는 도리이다. 손으로 붓을 잡지 않더라도 마치 머리에 붙은 불을 끄듯 해야 서장에게 보답하는 도리이다. 밝은 창가 맑은 책상에서 옛 사람의 가르침을 마음에 비춰 볼(이 말은 경전을 보는 묘한 법이다) 줄 알고 또한 교(敎)와 관(觀)을 동시에 닦아야 장주에게 보답하는 도리이다. 마음의 빛을 감추고 행적을 숨길 뿐 따라다니면서 모시지 않아야 지객에게 보답하는 도리이다.

기거함에 반드시 일정한 장소가 있고 부르면 반드시 먼저 도착해야 시자에게 보답하는 도리가 되고, 하나의 병(瓶)과 하나의 발우(鉢盂)로써 대중 가운데 처신함이 마치 산과 같아야 요주에게 보답하는 도리이다. 질병의 고통에도 편안한 마음을 가지고 죽과 약은 그 적절한 시기를 따라야 당주에게 보답하는 도리가 되고, 가볍고도 천천히 조용하고도 묵묵히 함으로써 물의 원인에 어리석지 않아야 욕주와 수두에게 보답하는 도리이다.

입을 다물고 손을 맞잡은 채 자신은 물러 세우고 다른 사람에게 양보해야 탄두와 노두에게 보답하는 도리가 되고, 자신의 덕행이 공양을 받는 데 흠결이 없는가를 헤아릴 줄 알아야 가방화주에게 보답하는 도리이다. 공양의 공덕이 얼마인지 헤아리고 그것이 어디서부터 온 것인지를 헤아릴 줄 알아야 원두, 마두, 장주에게 보답하는 것이다. 물건은 조금씩 떠내어 쓰고 산가지를 사용하며 부끄러운 줄 알아야 정두에게 보답하는 것이며, 관대하여 따르기 쉽게 하고 간략하여 섬기기 쉽게 하여야 정인에게 보답하는 것이다.

이렇게 하여야 총림에서의 도업(道業)이 더욱 새로워질 것이니 최상의 근기라면 일생으로 그 결과가 판별되고, 중간 무리의 선비라도 오래도록 성인의 씨앗을 기른다. 마음의 근원을 깨닫지는 못할지라도 한나절을 헛되이 버려서는 안 될 것이다(청규를 제정한 주된 뜻).

이것이 진실된 승보(僧寶)이고 세상의 복밭이다! 가깝게는 말법시대의 나루터와 다리가 되고 복덕장엄과 지혜장엄의 궁극적인 결과를 증득하게 될 것이다.

만약 총림이 다스려지지 않고 법륜이 구르지 않는다면 장로로써 대중을 위하는 도리가 아니고, 몸과 입과 뜻의 삼업을 조절하지 않고 가고 머무르고 앉고 눕는 4위의가 엄숙하지 못하면 수좌로서 대중을 통솔하는 도리가 아니다. 대중을 받아들이는 데 너그럽지 못하고 대중을 사랑하는 마음이 두텁지 못하면 감원으로써 대중을 보호하는 도리가 아니다. 수행하는 자를 편안하게 하지 못하고 해를 끼치는 무리를 제거하지 못하면 유나로써 대중을 기쁘게 하는 도리가 아니다. 음식의 여섯 가지 맛이 정결하지 못하고 음식의 세 가지 덕이 넉넉하지 못하면 전좌로써 대중을 받드는 도리가 아니고, 사는 집을 정돈하지 않고 일상용품을 갖추지 못하면 치세로써 대중을 편안하게 하는 도리가 아니다.

상주물은 쌓아 축적하되 대중 승려는 줄인다면 고두로써 대중을 넉넉하게 해주는 도리가 아니며, 서장으로 공부가 되어 있지 못하고 문자가 짧으면 서기로써 대중을 장식하는 도리가 아니다. 책걸상을 정돈하지 못하여 시끄럽고 번잡스러움이 그치지 않으면 장주로써 대중을 맞이하는 도리가 아니며, 가난을 미워하고 부귀를 좋아하며 세속을 중히 여기고 승려를 경시한다면 지객으로써 대중을 돕는 도리가 아니고, 예절을 지키는 모습이 공손하지 못하고 높고 낮음에 그 순서를 잃으면 시자로써 대중이 편안하도록 하는 도리가 아니다. 청소하고 정돈함에 근면하지 않고 지키고 보호함에 삼가지 않으면 요주로써 대중이 편안하게 거주하도록 하는 도리가 아니고, 공급하고 시봉하기를 간소하게 하지 않아 병든 사람을 혼란스럽게 한다면 당주로써 대중을 위로하는 도리가 아니다.

끓인 물이 부족하거나 뜨겁거나 차가운 것이 정도를 잃으면 욕주, 수두로써 대중이 씻을 수 있도록 하는 도리가 아니고, 미리 앞서 준비하지 않아 많은 사람들로 하여금 추위에 떤 생각을 일으키게 하면 노두, 탄두로써 대중들을 따뜻하게 하는 도리가 아니다. 재물에 관련해서 공정하지 못하고 힘껏 주선함을 다하지 않으면 가방화주로써 대중을 공양하는 도리가 아니고, 땅을 놀리고 사람이 온전히 공들이는 일을 하지 않는다면 원두, 마두, 장주로써 대중을 대신하는 도리가 아니다(이로써 당나라 백장 시대와는 점점 달라진다). 나태하여 미루어 둔 채 모든 관련 물품을 갖추어 놓지 않으면 정두로써 대중을 섬기는 도리가 아니고, 금지한 것을 그치지 않고 명령한 것을 시행하지 않으면 정인으로써 대중에 순종하는 도리가 아니다.

만약 대중 승려들이 스승을 가벼이 여기거나 법에 대해 교만하여 성질이 나는 대로 하고 되는대로 한다면 장로에게 보답하는 도리가 아니고, 앉고 누움에 좌차를 어기고 물러나고 나아감에 행동이 어그러지면 수좌에게 보답하는 도리가 아니다. 국왕의 법을 가벼이 여기고 총림(국가)을 돌보지 않으면 감원에게 보답하는 도리가 아니고, 위아래가 화목하지 못하여 심하게 다투면(이는 오늘날 중국의 현상이다) 유나에게 보답하는 도리가 아니다. 맛있는 음식만을 탐내고 거친 음식을 싫어하면 전좌에게 보답하는 도리가 아니고, 거처하는 자리와 함께 사용하는 물건에 대해 뒷사람을 생각하지 않으면 치세에게 보답하는 도리가 아니다. 이익과 몸에 좋은 것만 지나치게 탐하고 상주물을 아끼지 않으면 고두에게 보답하는 도리가 아니고, 붓과 벼루를 지니고서 문장을 짓거나 다듬는 일에만 전념한다면 서장에게 보답하는 도리가 아니다. 불경을 업신여기고 외전(外典)만을 찾는다면 장주에게 보답하는 도리가 아니고, 세속의 선비를 따라다니고 귀인들과 교류를 맺는다면 지객에게 보답하는 도리가 아니다. 불러 청한 사실을 잊어버리고 대중 승려들과 오래도록 앉아 있으면 시자에게 보답하는 도리가 아니고, 자기가 남을 방해하고 갈무리를 게을리 함으로써 도둑질을 가르치면 요주에게 보답하는 도리가 아니다.

성을 많이 내고 기쁜 마음은 적게 가져 질병의 올바른 인연에 따르지 않으면 당주에게 보답하는 도리가 아니고, 물통과 표주박으로 소리를 내고 물건을 씀에 절제가 없으면 욕주와 수두에게 보답하는 도리가 아니다. 자기 한 몸 따뜻하게 하는 것만 꾀하고 많은 사람들을 따뜻하게 하는 데 방해되는 바가 있으면 노두와 탄두에게 보답하는 도리가 아니고, 수행할 생각은 하지 않고 편안히 공양만 받는다면 가방화주에게 보답하는 도리가 아니다. 종일토록 배불리 먹고 수행하는 데 마음 쓰는 바가 없으면 원두와 마두와 장주에게 보답하는 도리가 아니고, 담과 벽에 코 풀고 침 뱉으며 변소를 어수선하게 쓰면 정두에게 보답하는 도리가 아니며, 오로지 위엄만 내고 올바른 가르침이 없으면 정인에게 보답하는 도리가 아니다.

대개 바람이 천 번을 돌아 불어도 오히려 두루 미치지 못한 곳이 있는 법이니, 다만 단점을 버리고 장점을 좇아서(서로 돕고 서로 양보하여) 출가의 일을 다 함께 끝낼 것만을 생각할지어다. 사자굴 안에서는 사자가 되고, 전단나무 숲에서는 순전히 전단나무가 되기를 바라는 것처럼 이로부터 5백 년 후에 다시 영산(靈山)의 법회에서 만날 수 있기를 바라노라!

그러나 이러한 실천을 능히 편안한 마음으로 하려고 해도 오늘날 데모크라시주의로는 결국 분란과 소요만 일으킬 뿐 일을 잘 해내지 못할 것이다. 왜냐하면 그것으로써 즐거움을 누리려 하고 이것만을 유일한 목적으로 삼기 때문이다. 이것은 개인뿐만 아니라 사회도 마찬가지다. 그러나 선종에서는 도덕을 근본정신으로 삼고 있었다. 쾌락을 추구하는 곳에는 경쟁이 있기 마련이다. 이는 마치 개 한 마리가 마른 뼈다귀를 물고 있으면, 여러 개들이 쫓아와 으르렁거리기를 그치지 않음과 같다. 이것이 바로 오늘날 세상이 큰 난리가 그치지 않는 이유이다. 그러니 데모크라시를 백장의 청규와 비교해 본다면 이미 도를 잃고 덕을 찾는 만시지탄을 금할 길이 없다.

4) 결론

불교 선종은 중국의 송, 원, 명, 청을 지나오면서 중국 사회의 변화를 따라 점점 추락해 왔다. 이는 선종에 귀의하는 사람이 많아지면서, 사람이 많아지니 각종 잡다한 사람들이 섞이게 되어 법은 조밀해졌으나 가짜는 더욱 늘어났기 때문이기도 하다. 이렇게 중국 선종은 점점 후퇴하여 오늘날에 이르렀다. 중국 선종은 이미 전신이 빨갛게 짓물러진 채 가시나무 숲에 누워 있는 형국이니, 거의 희망을 찾기 어려운 상황이다. 그럼에도 불구하고 이렇게 뜻을 내는 것은 세상을 맑고 편안하게 하기 위해서는 세간 중생의 요구에 맞추어 베풀 수 있는 불교가 필요하기 때문인데, 그러한 것은 혼자서만 맑고 편안한 법도를 진작시켜서 될 일이 아니기 때문이다. 즉 내가 지금 이 일을 하는 이유는 단순히 불교만을 위한 것이 아니라 이를 통해 이 세상이 맑아지고 불교계도 정화되기를 바라기 때문이다. 나는 이미 「인공과 불학의 새로운 승려상」을 통해서 백장의 고아(高雅)한 습풍(習風)을 좇았으며, 이로써 향후 사회의 변화 추세에 맞추어 불교를 적절하게 변화시키고자 하였다. 또한 데모크라시의 의미를 상세히 참고하여 승가제도론을 정리해 활용하였다. 나의 뜻이 저들의 이론을 드러내는 데에 있는 것이 아니라 일 속에서 실천하는 데에 있음을 밝히는 바이다. 이상 나의 의견을 읽어본 자라면 헛소리로 받아들이지 말고 의미를 따져보기를 바란다.

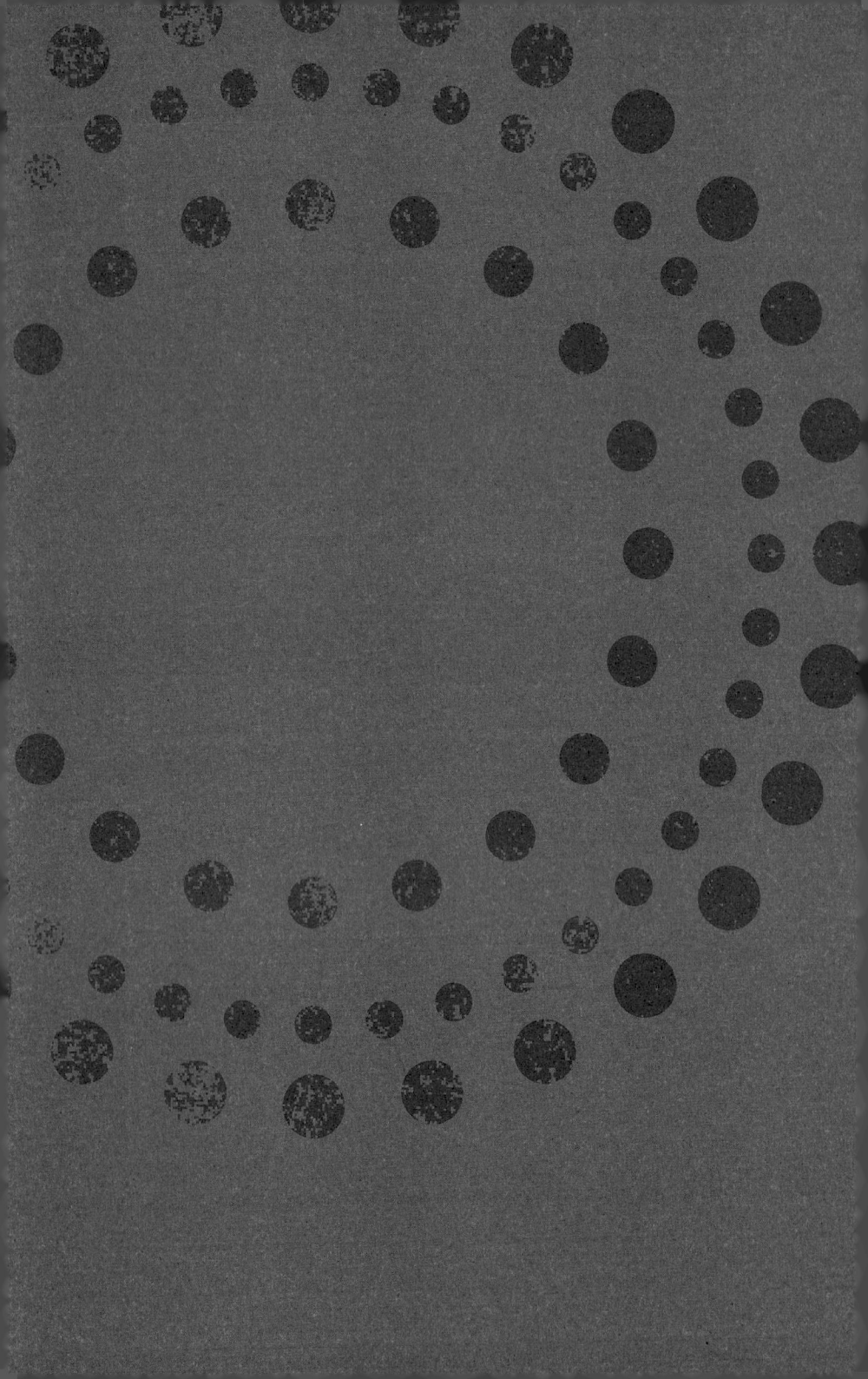

4
염불왕생을 말하다

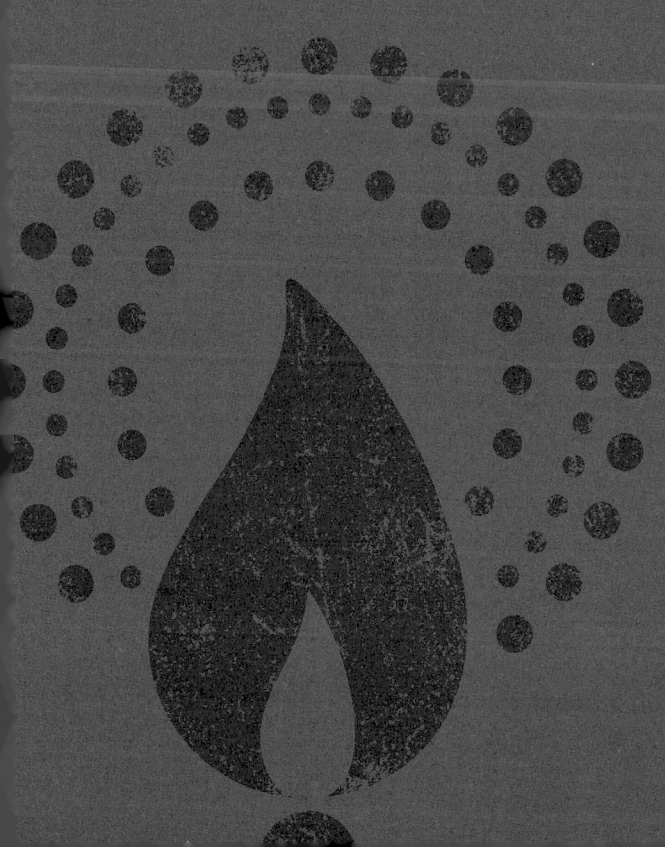

염불왕생의 원리[78]

불법은 인연으로 생겨나는 법을 밝혀주는 것이며, 또한 두 가지 종류의 힘이 있다. 첫째는 가히 생각할 수 있는 힘이고, 둘째는 가히 생각할 수 없는[不可思議] 힘이다. 어떤 인(因)에 의지하여 어떤 과(果)를 얻고, 어떤 업을 지어 어떤 과보를 받고, 어떤 경계와 만나 어떤 마음을 일으키고, 어떤 마음이 있어 어떤 경계를 밝히고, 어떤 종자들이 현현(顯現)하여 어떤 종류들의 훈습(薰習)이 있고, 어떤 종자가 있어 어떤 현현이 일어나는 이것이 인과의 통상법칙이며, 심식이 분별하고, 심식으로 생각할 수 있는 것이다. 이런 인과의 통상적인 도리로 말미암아 상품(上品)의 오역죄를 짓고, 십악업으로 지옥에 떨어지게 된다. 중품(中品)의 오역죄를 짓고, 십악업으로 아귀에 떨어지게 된다. 하품(下品)의 오역죄를 짓고, 십악업으로 축생에 떨어지게 된다. 하품의 오계와 십선을 행하면 아수라의 과보를 받는다. 중품의 오계와 십선을 행하면 사람으로 태어난다. 상품의 오계와 십선을 행하면 육욕천(六欲天)에 태어난다.

상품의 오계와 십선에 사선(四禪)과 팔정(八定)을 겸하여 행하면 색계와 무색계천에 태어날 수 있다. 사제(四諦)의 이치를 관하고, 사념처(四念處), 사정근(四正勤), 사여의족(四如意足), 오근(五根), 오력(五力), 칠각지(七覺支), 팔정도(八正道)를 수행하면 생사를 알아차리고 성문의 과를 증득한다. 십이연기(十二緣起)를 관하여 연기의 유전문(流轉門)으로부터 환멸문(還滅門)으로 들어가 무명(無明)이 멸하면 행(行)이 멸하고, 마침내 노사(老死)가 멸함에 이르러 해탈을 얻고 연각(緣覺)의 과를 증득한다. 육바라밀 혹은 십바라밀을 행하면 불과(佛果)를 이룬다.

지금까지 말한 3품의 십악업을 짓는 인은 삼악취로 태어나는 과보를 감응한다. 3품의 오계, 십선을 짓는 인은 삼선취로 태어나는 과보를 감응한다. 출세간의 삼승의 학문을 수행한 인으로 말미암아 삼승의 성자의 과보를 얻는다. 이런 종류의 어떤 업의 인으로 어떤 과보를 얻는지는 모두 가사의력(可思議力)에 근거하여 말하는 것이다.

곧 바로 어떤 과보를 성취하려면 어떤 인(因)을 지어야 하고, 아울러서 연(緣)을 반드시 갖추어야 한다. 인은 곧 인연(因緣)이고, 연은 곧 증상연(增上緣), 소연연(所緣緣), 등무간연(等無間緣)이다. 이 모든 연을 다시 분석하면 수승한 연, 열등한 연, 순연(順緣), 역연(逆

緣) 등등으로 분석할 수 있다.

결론적으로 이 모두는 생각할 수 있는 인연의 힘으로 이루어진 과보이다. 지금 예를 하나 들어 설명하자면 사람이 향유하는 의식주는 근면과 노력으로서만 비로소 얻어 누릴 수 있다. 모든 사람이 물질의 풍요로운 향유를 원해서 근면하고 노력한다. 이는 본래 명확한 실재의 이치이다. 다만 이러한 종류는 항상 생각할 수 있는 인과 도리의 길에 있지만, 착실하게 한 걸음 한 걸음 나아가야 순서대로 이루어지게 되고 급하게 구한다고 구해지지는 않는다. 세간에 있어서 오히려 매 순간마다 급하게 구하는 때가 있다. 마치 어떤 곳에서 큰 수재(水災)를 만나거나 혹은 다른 의외의 재난을 만났을 때 생활에 필요한 물건을 얻을 수 없게 된다. 바로 평상시의 매우 근면했고 열심히 노력하였지만 수재를 만나 다 쓸려나가서 그 생활 근거를 잃어버리게 된다. 그러므로 이는 곧 평상시의 근면과 노력을 넘어서는 것이니, 도리의 예외이고, 그러니 다른 사람을 벌할 수 없는 것이다. 반대로 초월적인 재난을 만나면 타력의 강력한 힘이 와서 그들을 구제해야 한다.

이런 종류의 구제력은 재난을 당하는 사람에게 있는 것이 아니고, 구제하는 존재에게 있는 것이다. 볼 수 있고, 생각할 수 있는 인연의 힘으로 생겨난 과보는 비록 매우 실재적이고 명확하지만, 일체의 인연생법을 포괄할 수는 없다. 그러므로 진일보해서 불가사의한 인연에서 생기는 과보의 이치를 설명해야 한다. 불법에 의하면 다섯 가지의 불가사의한 힘을 설명하고 있다.

1) 정력(삼매력) 불가사의

만약 어떤 사람이 정업(定業)을 지었다면 가히 생각할 수 있는 힘에 의해서는 당연히 전변(轉變)하지 못하고, 다만 삼매의 가지력(加持力)에 의하여 곧 해탈을 얻는다. 하지만 정업에는 깊고 얕은 차이가 있어 같지 않고, 칠지(七地) 이전의 보살 및 성문, 벽지불, 인, 천의 정력은 모두 한정이 있다. 비록 이미 불가사의의 정력(定力)을 가지고 있더라도 대상의 모습을 전변시킬 수는 있지만 이를 실제로 활용할 수는 없다. 팔지(八地) 이상의 보살은 선정의 자재력을 얻었기에 삼매력으로 일체를 전변시킬 수 있다. 물을 전변시켜 불로, 땅을 전변시켜 허공으로, 일체의 사람에게 해를 끼치는 도구를 사람에게 유익한 도구로, 지옥의 고통스러운 경계를 정력가지(定力加持)에 의하여 청량하게, 업보의 핍박을 안락하게 만들 수 있다. 이런 대상을 전변하게 하는 것은 모습에서만 그치는 것이 아니라 실제로 사용할 수도 있다.

2) 신통력 불가사의

신통력은 선정의 지혜에서 일어나는 작용이다. 팔지(八地) 이전에는 정력과 신통력에 구별이 있어 정력으로 변화한 모습은 실용성이 없고, 신통력으로 변화한 것만이 실용성이 있다. 팔지 이상에 도달하여야 정력과 신통력이 일치되어 모두 실용성을 가지게 된다. 선법(善法)의 힘이 불가사의함은 세간의 극히 명확한 예를 들어 설명할 수 있다. 최면술의 정신병 치료와 같이 그 병자들에게 약을 사용하지 않고 다만 두 사람의 마음을 고요하게 하고 영통력으로 감응하여 병자의 심신을 다른 사람이 지배하여 병자를 치유하는 것이다. 이런 종류는 약을 쓰지 않고 병을 치료하는 것으로 곧 불가사의한 신통력으로 발단되는 것이다. 평상시 약으로 치료하는 병자는 바로 불가사의한 인연의 힘이다.

3) 차식력(借識力)의 불가사의

아뢰야식은 그 안에 본래 무루종자와 삼계를 함장하고 있어, 구지(九地)의 유루종자를 포함하고 저장하고 있다. 만약 욕계의 유루종자가 인연을 만나 현행(現行)을 일으키면 욕계의 이숙식(異熟識)을 얻는다. 또한 근신(根身)과 기세간(器世間)이 모두 욕계에 속하고, 모두 욕계 이숙식이 변화해서 현행하는 것으로 보고 듣는 모든 것이 욕계의 것이라 욕계의 이상으로 초월할 수 없다. 다만 정력 혹은 신통력의 불가사의한 수승한 증상연(增上緣)으로 말미암아 아뢰야식 가운데의 색계, 무색계의 종자 혹은 무루종자에서 현행이 생긴다면 몸은 비록 욕계에 있으나 색계와 무색계의 식을 차용할 수 있어 색계와 무색계의 경계를 변화하여 현행한다. 혹은 욕계를 넘어 색계와 무색계의 식을 차용하여 출세간의 경계를 변현한다. 다만 상계에 있어야 하계의 식을 차용하여서 하계의 경계를 요달할 수 있다. 색계 제2선(第二禪) 이상의 선정 가운데 항상 있어 전오식(前五識)이 현행하지 않는 것과 같이 다만 색계의 시간을 잘 알아 몸은 비록 제2선(第二禪) 중에 있으나 욕계의 식을 차용할 수 있어 욕계의 경계를 완료한다. 이런 종류의 식을 차용하는 이치는 곧바로 부처님에 도달할 수 있고, 부처님은 이생(異生)들의 식을 차용하여 이생들로 하여금 부처님 심중의 일을 알 수 있게 한다. 마치 부처님이 어느 날 어떤 산속에 있을 때 원숭이들로 하여금 부처님 심중의 일을 알게 했던 것과 같다. 차식력(借識力)은 불가사의한 식에 속박되지 않는다.

4) 선법력(善法力) 불가사의

모든 부처님, 보살, 일체 삼승의 성인들이 이룬 무루공덕법과 등류의 경전 혹은 부처님이 남긴 위의, 계율, 가사, 사리 등이 모두 선법(善法)이다. 이 일체법이 바로 불과(佛果)로 이룬 무루공덕 법신과 같은 종류의 것이고 불신(佛身)과 같은 것이다. 그러므로 가사를 걸친 것으로 재난을 없애고 복을 증대하게 한다. 만약 경전을 독송하거나 혹은 공양을 올리거나 혹은 몸에 지니거나 하면 갖가지 재난을 면하게 하고 갖가지 공덕을 이루게 한다. 『법화경』에서 "만약 『법화경』을 독송하면 육근(六根)의 청정함을 얻을 수 있어, 눈은 삼천대천세계의 색을 볼 수 있고, 귀는 삼천대천세계의 소리를 들을 수 있고, 그리하여 마침내 삼천대천세계가 다른 사람의 몸에 있게 된다."고 하는 것과 같다. 불가사의한 선법의 가지력으로 인해 이런 불가사의한 공용을 발생할 수 있다. 이를 어찌 불가사의한 인연력이 낳은 과보와 비교할 수 있겠는가? 선법력이 이와 같이 수승한 것은 진실로 간절한 신심(信心)이 있어 완전히 타력(他力)에 의지하고, 전반적으로 다른 존재를 믿는 의타력(依他力)으로 구하기 때문이다. 마치 천 근의 돌을 물에 던지면 가라앉아 버리지만 배에 실으면 강도 건널 수 있고, 심지어 바다도 건널 수 있는 것과 같다.

5) 원력(願力)의 불가사의

이것은 심력(心力)을 집중하여 발생한 지극히 정성스러운 의지력이다. 염불하는 사람이 왕생을 발원하고, 왕생을 발원할 때 마음을 왕생의 서원에 집중하여 오랫동안 순수하게 익힌 수행으로 이룬 서원력을 성취하는 것과 같이 이 서원력이 이룬 공용으로 말미암아 기이함을 발현하여 불가사의한 인연력이 이룬 과보를 항상 이룬다. 옛날에 두 명의 국왕이 전쟁을 하여 한 왕이 패했다. 그래서 그 왕은 심력을 집중하여 야마왕이 되어 다른 왕을 처벌하기를 서원하였다. 그는 이런 강한 서원력으로 인해 과연 자신의 서원처럼 야마왕이 되었으니 원력의 불가사의함을 알 수 있다.

위에서 말한 것을 총합하면 5종의 불가사의한 힘 가운데 앞의 세 가지 힘은 삼승의 성자 혹은 선정을 성취한 사람의 것으로, 우리들이 성취하고자 한다면 상당한 가행(加行)을 해야만 상당한 정도에 도달하고, 겨우 작용을 일으킬 수 있으니, 이는 일반인들은 도달할 수 없다고 말하는 것과 다름이 없다. 다만 선법력과 원력은 사람들이 도달할 수 있는 것으로 공용의 정도를 물을 필요가 없다. 석가모니 부처님이 남긴 경전에서 설한 것과 같다.

"서방에 극락세계가 있는데 이는 아미타불의 서원력으로 이루어진 것이다. 그는 이 세계에 왕생하기를 발원한 시방의 중생들을 섭수하기 위하여 만든 것이다. 진실하게 부처님이 말한 바를 믿은 과보이고, 아미타의 원력으로 이루어진 서방극락세계가 있음을 믿는 것으로 이는 곧 선법력이다."

어떤 사람이 이 세계에 왕생하기를 발원한 시방의 중생들을 섭수하기 위하여 만든 것임을 알고, 단지 부처님의 선법만을 믿고, 아미타불의 원력에 의지하여 왕생하기를 서원하면 곧 바로 왕생할 수 있다. 이처럼 쉬운데 왜 다른 경전에서는 다음과 같이 말하는가?

"지전(地前)에 사가행(四加行)의 보살에 도달하기 위해서는 정혜를 성취한다. 초지(初地)에 들어갈 때 정토에 왕생할 수 있는가?"
"그것은 불가사의한 인연력으로 생긴 결과를 설한 것이다."

만약 불가사의한 힘으로 말하자면 그렇지 않다. 비록 선근을 성취하지 않았더라도 단지 선법력만을 믿는 것만이 필요하고, 자기 마음속의 간절한 원력과 일치하면 곧 선근을 이루어 아미타불의 원력과 서로 감응하여 바로 통한다. 그리하여 아미타불의 원력으로 이룬 것이 자기의 원력으로 이룬 것이 되어 바로 극락세계에

갈 자기 몫이 있게 된다.

예를 들어 설명하자면 바로 아래와 같다. 즉 어떤 부자가 유언을 남기기를, "내가 소유한 재산으로 전 세계의 육근(六根)이 없는 장애인들을 도와라."라고 했다고 치자. 이때 어떤 사람이 이미 육근이 없는 장애인이라면 이 사람은 곧 그 부자가 남긴 재산을 향유할 자격이 있는 것이다. 극락에 왕생하기를 발원한 사람에게 극락에 갈 몫이 주어지는 것도 이와 같다.

지금까지 말한 선법력과 원력은 일반적으로 말하는 염불법문의 세 요소인 믿음[信], 서원[願], 수행[行]과 다르지 않다. 선법력에 의지하는 것이 곧 신심이고, 왕생을 발원하는 것이 곧 원력이다. 신심과 원력이 진정으로 확고하면 수행의 깊고 얕음에 상관없이 모두 왕생할 수 있다. 수행이 깊으면 품위(品位)가 높아지는 것이다. 이 염불왕생은 불가사의한 인연으로 과보를 낳아 건립한 법문이기 때문에 가장 수승한 것이다. 일반적으로 염불하는 사람은 염불의 이러한 근본도리를 명백히 안 후에 다시 염불을 발심하여 어떤 다른 이설(異說)에 동요되지 않기를 바란다.

정토사상의 핵심[79]

일본불교는 정토진종이 가장 발달하였고, 귀교(貴校 : 용곡대학)가 정토진종의 중심이다. 현대 중국불교에서 가장 발달한 것도 역시 정토종이고, 이 정토종이 동아시아 불교의 중심임에 의심의 여지가 없다. 그러나 정토종의 핵심은 믿음[信]의 돈독함과 서원[願]의 간절함 및 수행의 항상함에 있다. 그러므로 정토종을 이야기할 때 반드시 정토종의 믿음을 먼저 이야기할 수밖에 없다.

1) 두 가지 믿음

(1) 근본을 믿음

근본에 대한 믿음이다. 즉 보리와 깨달음의 도가 있다는 확실한 믿음이다. 보리에 대한 절실한 믿음이 있은 후에 희구하는 마음, 즉 나아가 취하는 마음을 일으켜 보리의 도를 향한 길로 나아가는 것이다. 절실한 믿음으로 바야흐로 수행이 빨라질 수 있다고 말하는 것과 같다. 보리를 믿는 마음을 이미 일으킴과 동시에 이미 무상보리를 얻은 자는 부처님과 부처님의 가르침인 법에 대한 믿음을 낼 수 있다. 부처님은 이미 무상보리를 얻은 분이기 때문이다.

(2) 성스러운 가르침을 믿음

근본에 대한 가르침을 믿는 것이 성립되었음에도 믿음을 요구하는 것은 부처님의 대원각(大圓覺)의 바다에서 나온 일대(一代) 성스러운 가르침이기 때문이다. 이 성스러운 가르침은 이미 무상보리를 얻은 후에 나온 것이다. 동시에 일대 성스러운 가르침의 가운데 이 정토법문에 대한 믿음을 요구하는 것은 무상보리를 얻는 유일한 지름길이기 때문이다. 이 정토라는 말은 이 사바의 예토와 구분하기 위한 말이다. 그러나 믿음의 첫 걸음에는 정토의 있고 없음에 있다. 『관무량수불경』에서 이르기를, "부처님께서 위제희를 위하여 정토를 널리 보여주셨다."라고 하였다. 우리들은 허공이 다함이 없고, 세계가 가없고, 서방정토가 실재하여 거짓이 아님을 확연히 깨닫는 게 필요하다. 서방정토를 믿고, 거기에 왕생하여 보리의 깨달음의 도로 나아가 물러섬이 없어야 한다. 무상보리를 구하고자 하면 먼저 마땅히 서방정토에 왕생하기를 구해야 한다.

2) 두 가지 서원

(1) 근본서원

이것은 근본 원력이니 곧 아미타불의 48서원이다. 바꾸어 말하자면 불과를 깨닫기 전에 사홍서원을 내어 널리 중생을 구제하고, 소원하는 무상보리를 증득하는 것이다.

(2) 방편서원

사바의 고통을 싫어하고 극락의 즐거움을 좋아하여 생각마다 싫어함과 좋아함을 치열하게 하여 서방에 왕생하기를 구하는 것이다.

3) 두 가지 수행

(1) 정행(正行)

아미타불의 이름을 오로지 지니고 아침저녁으로 이와 같이하여 순일하여 오염됨이 없게 한다.

(2) 조행(助行)

계율을 지키고, 선정을 닦고, 대승경전을 독송하고 모든 인륜 도덕과 자선사업과 같은 것이 여기에 속한다.

 이 두 가지 행은 정진하고, 물러서지 않게 하여 증득의 과를 이룬다.

4) 두 가지 증득

(1) 현증삼매(現證三昧)

염불은 일심(一心)으로 산란하지 않게 하며, 마음이 정정(正定)에 들어가게 하고, 정심(定心) 가운데 능히 서방극락의 경계를 증득하게 한다.

(2) 임종왕생

정토에 왕생하는 법문은 현생의 법락뿐만 아니라 임종시에 왕생하는 것을 주된 뜻으로 한다. 아미타불의 원력으로 이끄는 것에 의하여 연꽃이 피어나는 가운데 부처님을 뵙고 법을 듣고 도를 깨닫는 것을 직접 증득한다.

위에서 말한 정토법문은 목적이 증득에 있는데, 두 가지 증득 가운데 가장 중요한 것은 현증삼매를 구해 얻는 것에 있다. 현증삼매를 얻음으로 반드시 서방정토에 왕생하는 것을 얻는다. 여산(廬山)의 혜원(慧遠) 선사는 선정 가운데 3번이나 아미타불의 정토를 보았다. 그러므로 염불은 현증삼매를 얻는 것에 있다. 삼매를 얻을 수 있으면 반드시 왕생할 수 있다. 필자가 7년 전에 『왕생요의(往生要義)』라는 책을 지어 정토법문을 상세하게 논하였다. 귀국 후에 귀교에 기증을 할 테니 여러분들의 지도편달을 바란다. 이를 통해 발양광대하기를 바란다. 말세에 살아가는 중생도 극락정토에 이르기 어려운 것이 아니다.

참 나[眞我]의 깨달음과 왕생극락[80]

불법은 멀리서 구하는 것이 아니라 바로 눈앞에 펼쳐진 세간의 일마다 하나하나가 이치이고, 일마다 여법(如法)함을 얻는 것이 바로 불법이다. 옛날에 조사스님들이 말하기를 '불법은 세간에 있고 세간의 깨달음을 떠나지 않았다.'고 하였다. 세간법에 미혹되면 중생이고, 세간법을 깨달으면 곧 부처라고 말한다. 만약 중생이 미혹된다는 것은 무엇인가라고 묻는다면 부처가 깨달은 바이다고 답할 수 있다. 부처가 깨달은 바는 무엇인가라고 묻는다면 또한 중생이 미혹한 것이라고 답할 수 있다. 그러므로 부처와 중생은 본래 하나의 법이고, 다시 다른 법이 있지 않고 단지 미혹한지 깨달은지로 나누어질 뿐이다. 다만 지금의 세상 사람들은 종종 자신이 총명하여 어리석지 않다고 하는데, 이것이 바로 그 미혹한 것임을 알라.

저들이 짓는 일체의 일들은 모두 이 한 몸에 집착하는 것이고,

이 몸에 집착하여 '나'라고 한다. 만약 이 '나'가 어떤 모습이어서 생(生)은 어디서 왔고, 사(死)는 어디로 가는가라고 묻는다면 갈피를 잡지 못하고 제대로 알지 못한다. 그저 피와 살로 이루어진 수척의 이 몸으로 수십 년을 생존하고, 이 수십 년이 지나면 피와 살로 이루어진 몸은 죽어 소멸하여 '나'도 또한 없게 된다. 이와 같이 보면 인생사는 부질없다.

또한 사람들은 죽으면 끝이라고 하며 제멋대로 이 세상에서 난동을 부리고, 강하다고 약자를 능멸하고 무리지어 폭력을 휘둘러 무소불위의 지경에 이른다. 선악의 응보가 없으므로 죽으면 그뿐이라고 한다. 다만 눈앞에 있는 피와 살로 이루어진 몸을 '나'라고 인정하고, 무릇 내 몸이 필요로 하는 의식주와 재산 등을 오로지 탐내어 구하여 싫증을 내지 않고, 만약 탐내어 구했으나 얻지 못하면 분노하여 사람들과 다툰다. 이는 모두 각자의 진정한 자아를 명백하게 알지 못하고 이 가짜 '나'에 집착하는 것이므로 투쟁하는 일이 도리에 맞지 않는다.

만약 참 나[眞我]가 어디 있는가? 어떻게 그것을 명백하게 알 수 있는가?라고 묻는다면 멀리서 찾을 필요도 없고, 다른 특별한 말을 할 필요도 없다. 다만 세상 사람들이 말하는 죽음에 나아가서 죽지 않는 물건 하나를 끄집어내는 것이다. 이 물건을 어떻게 끄집어내는가? 좀 더 쉽게 말하자면 세상 사람들은 죽음에 이르렀을 때 그 몸은 비록 죽지만 그 마음은 항상 부모, 처자식, 재산 등 그와 함께 죽지 않는 것에 몰두한다.

또한 자살하려는 사람 대다수는 사람에 대해서 불안해하고, 혹은 불안정한 고통을 받기 때문에 자살하려고 생각한다. 타인과 헤어지고 설령 그대가 자살하려는 것을 알더라도 이것은 스스로를 죽이는 마음이 중요하고, 다른 사람과 같이 죽는 것은 아니다. 이 불사의 마음이 곧 참된 자아이다. 이 참된 자아는 무시이래로 미래제가 다할 때까지 심지어 그대가 천만억년을 지날지라도 전혀 단멸하지 않는다.

그러나 생전에 지은 선악업에 따라 육도에서 윤회한다. 생전에 지은 일이 잣대가 되어, 선업을 지으면 사후에 다시 사람의 몸을 받고, 선업이 적으면 보통 사람이 되고, 선업이 많으면 부귀한 사람이 되고, 선업이 더욱 많으면 천상의 천왕천의 무리로 태어나 천상의 복을 누린다. 만약 생전에 법도에 어긋나는 일을 행하는 등 악업을 짓는다면 사후에 사람의 몸을 받지 못하고, 혹은 축생이나 아귀로 태어나고, 혹은 지옥에 떨어지는 것이 모두 그 악업의 경중에 따른 것이다. 다만 사람이 세상에 살면서 선을 행하는 사람은 적고 악을 짓는 자는 많으니, 불경에서 사람의 몸을 얻기 어렵다고 말한 것은 이러한 인연 때문이다.

앞에서 말한 것처럼 이미 우리에게 불사(不死)의 마음, 불멸(不

滅)의 진아(眞我 : 참 나)가 있음을 알기에 우리들이 평상시 집착하는 가아(假我)는 이른바 수척의 몸과 수십 년의 생명에 불과한 것으로 모두 영원히 머물지 못하는 것임을 알아 힘써 우리들의 진아를 깨닫도록 노력해야 한다. 이 불사의 진아는 본래 의식주, 부귀, 공명 등을 탐구하는 데 있는 것이 아니고, 이러한 것들에 전혀 집착하지 않는다.

또한 진아는 본래 청정원만하고 높은 도덕과 품행을 갖추고 또한 지식과 아름다움 등 모든 것을 구족하여 밖에서 구할 것이 하나도 없다. 다만 세상 사람들이 진아에 대해 잘 몰라서 복을 향유할 줄을 모르고, 오히려 눈앞의 가아(假我)에 집착하고, 사사건건 탐욕을 부리고 한없는 악업을 짓는다. 그 때가 다하면 항상 축생, 아귀, 지옥 등의 삼악도에 떨어지는 것이 노예가 법을 어기면 주인이 연루되는 것과 같다. 이로써 말하자면, 우리들이 불교를 배운다는 것은 일종의 기괴한 법술을 배우는 것이 아니고 단지 우리들이 평상시에 미혹된 진아를 깨닫는 것에 불과하다.

진아가 이미 명백하니 다시 저 가아를 탐구하는 것은 불필요하다. 각각의 사람들은 정당한 도리로써 세상의 모든 일을 행해야 한다. 사농공상(士農工商)이 각각 자신의 일을 하여 자신의 정당한 소득을 얻으면 국가도 평안하고 세계도 평화롭게 될 것이다. 뿐만 아니라 평상시에 좋은 일을 하며 선업을 지으면 임종에 이르렀을 때 이런 좋은 습관이 마음에 떠오른다. 진아가 이 좋은 광경을 따라 좋은 곳으로 태어나게 된다. 만약 평상시에 악한 일에 습관을 들이면 임종에 이르러 좋은 광경을 만나지 못하고 반드시 악한 광경을 보게 된다. 진아는 이 악한 광경을 따라 삼악도에 떨어져 고통을 받게 된다. 삼세인과와 육도윤회를 살펴보면, (몸이) 죽어도 멸하지 않는 진아가 선업과 악업의 과보를 받는다. 사람이 평상시 습관적으로 지은 선업과 악업에 따라 훗날 고락의 과보를 받는 것은 털끝만큼도 바꿀 수 없는 것이다. 그러므로 우리들은 지금 좋은 일을 행하면 장래에 좋은 결과를 얻게 됨을 생각하여, 먼저 이 불사(不死)의 진아를 깨닫도록 힘쓰고, 세간의 정당한 도리를 살펴, 모든 악은 짓지 말고 여러 선을 행하는 좋은 습관을 이루도록 해야 할 것이다.

앞에서 말한 세간법을 살펴서 악을 그치고 선을 행하면 복의 과보를 얻음이 분명하여, 내생에 사람이나 천상의 신이 된다. 그렇더라도 해도 모두 삼계에서 윤회하는 것이라, 복이 다하면 다시 악도에 떨어지고, 죄가 소멸하면 다시 올라고, 때로는 상승하고 때로는 하강하기도 하고, 나아가기도 하고 없어지기도 하여 끝내는 위험하다. 만약 진실로 고통에서 벗어나 즐거움을 얻고자 하여 만 가지 방법을 구한다면 다만 염불법문 하나만 있으니, 다시없는 좋은 것이 아니겠는가!

이 염불법문은 석가모니 부처님의 대자비심에서 비롯된 것이다. 중생들은 자력(自力)이 부족하여 일평생 수행하여도 미혹에 빠져 윤회전생하기 쉬우니 만약 악업을 지으면 삼악도에 떨어져 앞서 쌓은 공덕은 모두 사라지게 된다. 이런 사람들에게 부처님의 가피를 구하여 오로지 아미타불을 염불하도록 가르쳐서 부처님의 가피를 구하는 것이다. 비록 자신의 힘은 미약하더라도 부처님의 이끄는 힘을 빌릴 수 있어 서방극락세계에 왕생하고 그 정토에서 영원히 물러서지 않기 때문에 가장 안전하다.

우리들이 현재 머무는 사바세계는 이 땅에 사는 중생들의 악업에 감응한 곳이기 때문에 갖가지 고뇌와 부정이 나타난다. 저 극락세계는 아미타불의 대비(大悲)의 원력 및 모든 보살들의 선근력으로 이루어진 곳이기에 칠보의 연못과 갖가지 쾌락의 경계가 나타난다. 다만 저 정토는 이 세계와 10만억 불토나 떨어져 있지만, 만약 왕생하고자 한다면 어려운 것도 아니다. 다만 앞에서 말한 것처럼 평상시에 도를 알아 악을 멈추고 선을 행하며 이에 더하여 아미타불의 명호를 염하면 왕생할 수 있다. 왜냐하면 아미타불이 원래 그 곳을 만들었고, 아미타불만 즐거움을 누리는 것만이 아니라 이 시방의 고통 받는 중생들도 이끌어서 같이 즐거움을 누리게 하였기 때문이다. 그는 이러한 서원을 세웠으므로 우리들이 만약 왕생을 구하는 발심을 하면 아미타불의 마음과 중생의 마음 둘이 서로 감응하는 것이 마치 전화를 걸 때 이쪽에서 신호를 보내면 저쪽에서 아는 것과 같아서 시간이 걸리지 않는다.

또한 모름지기 한 길로만 가서 염불만 하면 부처님이 와서 그대를 영접하여 왕생하게 할 것이다. 아미타불의 큰 서원은 마치 큰 배나 큰 기차와 같아서 믿고 염불하지 않는 사람은 아미타불의 기차나 배에 오를 수 없는 것과 같고, 믿고 염불하는 사람은 아미타불의 배나 기차에 오를 수 있는 것과 같다. 물론 능력이 없는 사람이더라도 배나 기차에 누워 아무런 일도 하지 않아도 정토에 도달하게 된다. 그러므로 이 염불법문은 상(上)·중(中)·하(下) 세 등급 중 어떤 사람이던지 모두 수행할 수 있는 것이다.

오늘 말한 내용을 총괄해서 말하자면 이 불법은 모두 세간법 가운데 있어 멀리서 구할 필요가 없고, 다만 우리들이 죽어도 멸하지 않는 이 불멸의 마음을 깨닫고, 세상의 정당한 도리에 따라 일을 하고, 선근을 배양하고, 여기에 다시 염불을 더하면 정토에 왕생하여 생사를 벗어나 불도를 이룬다. 이것이 불도를 배우는 것이라고 말한다. 그러므로 내가 불도를 배운다고 말하는 것은 세간법을 떠나서 배우는 것이 아니다. 오늘 여러분들의 직업과 관련해서 말하자면 경찰이 하는 일이 바르고, 하나하나가 합리적이고 여법하면 불법과 서로 어긋나지 않는다. 더욱이 염불을 더하면 눈앞의 수백 명의 경찰이 곧 장래에 수백 분의 부처님이 될 것이다. 부처님이 멀리 있는가? 이해되지 않는가? 어찌 멀리 있는가?

정토에 태어나려면[81]

내가 오늘 귀교(貴校)의 개학식에 참가하여 방금 공(孔) 선생, 섭(葉) 선생 및 여러분과 고담을 나누어서 매우 즐겁다. 내가 국가 사회의 사정에 관해서는 몹시 어둡다. 오늘 불교의 입장에서, 불교에서 자주 사용하는 말 하나를 들어 강의를 하고자 한다. 불교를 따르는 사람들은 모두 '정토에 왕생한다'는 말을 잘 알고 있다. 그 뜻은 곧 극락세계에 태어난다는 것이다. 왜냐하면 우리들의 이 세계는 극심한 고통의 세계이기 때문이다. 방금 왕 거사가 생로병사에 대해서 말하였다. 그 중 첫째는 태어나는 고통인데, 극락세계는 처음 태어날 때부터 갖가지 고통이 없고 다만 모든 즐거움만 받을 뿐이다. 또한 저 세계에 태어나면 생명이 한없이 영원할 뿐만 아니라 아름다운 환경이 있기 때문에 극락이라 부른다. 만약 환경이 좋지 않다면 생존할지라도 즐겁지 않을 것이다.

이러한 이유로 인하여 석가모니 부처님께서는 우리들에게 이미 좋은 극락세계를 만들어 놓고 저곳에 왕생하기를 권하였다. 이 정토는 어떻게 만들어졌는가? 외부에서 오는 것이 아님을 알아야 한다. 우리 중생의 업력이 창조한 것이다. 우리들은 선량한 일을 하여 아름다운 세계를 조성할 수 있으므로, 능히 현재의 인간 세계를 극락세계로 개조할 수 있다. 방금 공 선생이 강의한 천상과 지하에서 우리들이 이 세계에 와서 다시 정토에 왕생할 수 있다. 정토에 왕생하는 것은 '정토에 태어남'으로 바꾸어 말할 수 있다. 시방세계의 중생들이 모두 이 정토에 태어나도록 구하는 것이 어찌 좋지 않겠는가? 조산학교(助産學校)는 처음에 시작할 때부터 중생들의 고통을 감소시켜 안락함을 얻게 하려고 한다. 그러므로 오늘 조산학교의 성립은 극락세계를 창조하는 첫걸음이라 할 것이다!

정토에 왕생하는 법문

1) 믿음[信]

아미타불을 염불하여 안락한 세계에 왕생하는 법문은 믿음[信], 서원[願], 수행[行]의 세 가지로 요약할 수 있다.

믿음은 의심을 끊고 이해를 이루는 것으로, 뜻을 오롯이 하고 마음을 결심하는 것을 말한다. 이를 다시 나누면 자기의 마음을 믿음, 불국토를 믿음, 법문을 믿음의 셋으로 나눌 수 있다.

(1) 자기의 마음을 믿음

① 우리의 본래 마음은 시작도 일어남도 없고 끝도 멸함도 없으며, 항상 지속하며 인연에 따라 전변한다. 생으로부터 죽음으로 향해 가고, 비록 죽음에 이르더라도 단멸하지 않는다. 죽음으로부

터 생으로 향해 가고, 비록 태어나더라도 영원한 것이 아니다. 결과를 초래하는 것은 원인이 있고, 원인이 성숙하여 결과를 이룬다. 일생에 우연은 없다. 그러므로 영원하고 진정한 즐거움을 구해야 한다. 그러므로 말한다.

"이번 생에 불법을 닦지 않는다면 다시 어느 생에 이 마음을 닦겠는가?"

② 내 마음의 본래 근원이 참된 성품인 불성(佛性)임을 믿는 것이다. 그런 까닭에 우리는 본래 불성을 갖추고 있고, 여래의 지혜와 부처님의 덕성을 본래부터 지니고 있어 항상 안락함을 원만하게 구족하고, 자재하여 청정함을 구족하고 있다. 만약 선한 벗을 만나 개도되어 삼보에 귀의하고, 부처님의 바른 법문을 따라 믿고, 간절하게 수행하면 반드시 증득하게 될 것이다. 그러므로 말한다.

"그대 노를 사 강변으로 가세, 흰 달빛 배 위에 가득 실어 오도록"

③ 무시이래로 우리들은 일찍이 천상에도 태어났었고, 사람이 되기도 했었음을 믿는다. 시방 삼세의 모든 부처님, 모든 대보살, 모든 성현들이 분신을 이 땅에 나투어 중생들을 깨닫게 하니, 우리들은 이전의 생에서 반드시 만나 공양을 드리고 각종 선근을

심었기 때문에 금생에 부처님의 가르침을 듣고, 믿음과 원력의 마음을 낼 수 있는 것이다. 비록 미혹과 어두움으로 말미암아 스스로 깨닫지를 못하므로 모름지기 항상 제불보살께서 옹호하는 마음을 믿고 용맹정진하는 마음을 내어 깊고 견고한 뜻을 세워야 한다. 시방의 모든 부처님과 모든 대보살은 대자대비(大慈大悲)하고, 부처님의 크나큰 힘에 두루 포섭하지 못하는 것이 없으니, 우리가 능히 공경하며 믿고 수행하여 익히면 불보살이 반드시 구제하고 제도하여 이끌어주실 것이다.

역대에 정토에 왕생한 승속과 남녀 등을 살펴보면 모두 이전의 생의 선근력이 있어서, 현생에서 공경하여 믿고 수행하여 익힌 힘과 모든 불보살들이 구제하고 제도하고 이끌어주시는 힘 때문에 모두 안락한 정토에 왕생하여 대보살이 되었다. 나도 또한 이와 같이 서원이 있으니 반드시 이루어질 것이다. 그러므로 말한다.

"그대는 이미 대장부이고 나도 또한 그러하다. 스스로를 비굴하게 하여 물러서지 말아야 할지어다."

(2) 불국토를 믿음

① 아미타불께서 과거 오랜 세월 동안 우리들과 같이 범부로 살았고, 국왕의 존귀한 지위를 버리고, 부처님을 따라 출가하여, 가

장 깊고 견고한 대보리심을 내고, 48가지 깊은 서원을 세우고, 공덕을 쌓고 수행을 하며 세세생생에 물러서지 않았다. 그 근본 인지(因地) 가운데서 원력을 행한 힘과 교화된 모든 중생들의 선근의 힘에 의하여 드디어 극락의 장엄한 정토를 이루고, 그 정토에 함께 서원을 세운 자들과 다 같이 태어나 위없는 깨달음을 이루고, 수명이 한량없고, 광명이 무량하기 때문에 극락세계 아미타불이라고 한다.

② 석가모니 세존이 오신 이 사바세계의 서쪽으로 10만억 불국토를 지나 안락한 한 세계가 분명히 있는데, 아미타불이 교화하는 정토이다. 관세음보살과 대세지보살 등 두 보살이 협시하고, 청정한 대해(大海)에 무량하고 무수한 보살과 성스러운 승중(僧衆)들이 항상 둘러싸고 아미타불의 설법을 듣고, 불법에 따라 수행하고, 불법의 인으로부터 불법의 과를 증득하고, 고난을 영원히 벗어나고, 대해탈을 얻고, 신통력이 불가사의하고, 화신(化身)을 시방에 나투고, 부처님의 공덕을 닦고, 모든 인연 있는 중생들을 포섭하여 함께 극락정토에 귀의한다.

청정한 연꽃에 몸을 화현하는 것은 수태에 의한 것이 아니다. 왕생하는 사람들의 신심이 깊은가 얕은가, 원력이 큰가 작은가, 행동의 공덕이 원만한가 편벽된가에 따라 상(上)·중(中)·하(下)의 구분이 있고, 여기에 각각 삼품(三品)이 있어 모두 구품(九品)의 분별이 있다. 하(下) 삼품은 업에 속박되어 왕생하는 범부이다. 중(中) 삼품은 미혹을 끊고 진리를 증득한 성현들이다. 상(上) 삼품은 대지혜와 대자비의 보살이다. 가장 아래 등급인 하하품(下下品)은 철로 된 연꽃에 화생하는데, 의심이 견고하거나 죄악이 무겁고 믿음과 원력이 박약한 중생들을 두루 포섭하여 정토에 왕생하게 한 후에 악업을 참회하고 선업을 닦게 하며, 의심을 끊고 믿음을 내게 하여 연꽃이 열려 부처님을 뵙게 된다.

그러나 이와 같이 9품의 차이가 있으나 한 번 왕생하기를 서원하면 모두 생사윤회의 고통에서 해탈하고, 마침내 대각(大覺)의 부처를 이룬다. 한 번 꽃이 열리면 부처님을 뵙고 모두 의복과 음식을 뜻대로 얻을 수 있고, 몸과 마음이 자유롭고, 무량한 국토에 노닐게 된다. 숲의 바람과 물가의 새들이 항상 법음을 강연하고, 보살과 성현들이 선우(善友)가 된다. 지극히 안락하고, 지극히 아름답고 선하고, 지극히 밝고 청정하고, 지극히 참되고 영원하기 때문에 무량광불(無量光佛), 무량수불(無量壽佛)의 극락정토라고 한다.

(3) 법문을 믿음

① 이 아미타불을 염불하여 극락세계에 왕생하는 법문을 믿는 것이다. 아미타불은 2천 9백 년 전 중천축국에 태어나 삼천대천 사

바세계의 교주인 석가모니불이 직접 설법하는 것을 들었다. 미륵보살, 사리불 아라한, 위제희(爲提希) 황후 등이 직접 들었다. 아난다 아라한이 부처님의 말을 결집하여 유포하고 전한 것이 지금의 『불설무량수경』, 『불설아미타경』, 『불설관무량수불경』이다. 아미타불을 염불하고 극락왕생을 권하는 나머지 경전과 논서들은 대장경에 포함되어 있으나 이 세 가지 경전들을 넘어설 수 없다.

『불설무량수경』의 때에 사리불 등의 대아라한, 미륵 등의 대보살 및 모든 천신, 인비인(人非人) 등의 무량한 수의 무리들은 모두 왕생하기를 발원하였다. 『불설관무량수불경』의 때에 위제희 황후는 염불 수행에 의하여 바로 극락정토에 왕생하였다. 『불설아미타경』의 때에 동서남북과 상하 육방(六方)의 무수한 불국토에 계신 아촉불(阿閦佛) 등의 무수한 부처님들이 동시에 우리의 본사 석가모니불께서 이 오탁악세의 세계 가운데서 가장 방편이 뛰어난 이 법문을 설하셨다고 찬탄하였다. 역대의 조사들과 성현들이 수행하고 익히는 것을 찬양하고 왕생을 이룬 사람들이 셀 수가 없기 때문에 이 법문이 가장 진실하고 가장 존귀한 것임을 믿어야 할 것이다.

② 이 아미타불을 염불하면 안락한 세계로 왕생한다는 법문을 믿는 것은 아래로는 극악한 중생들도 모두 수행하여 증득할 수 있고, 위로는 등각의 대보살들도 역시 수행하여 증득한다. 하하품

(下下品) 및 철 연꽃에서 태어나는 사람들은 대개 오역죄, 십악업을 지어 마땅히 지옥, 아귀, 축생으로 떨어질 자들이었다. 하중품(下中品)에 속하는 자들은 이 법문을 듣고 믿음을 일으키고, 발원을 하고, 수행하여 극락에 왕생을 얻는다. 그 하중품에 태어나는 자들은 오계를 지키고, 십선을 행하고 혹은 다시 점점 선정을 닦아 다음 생에는 사람이나 신으로 태어난다. 욕계천 중의 자들은 이 법문을 듣고 믿음을 일으키고, 발원을 하고, 수행하여 극락에 왕생을 얻는다.

『왕생정토성현록(往生淨土聖賢錄)』을 보면 대성현부터 창녀, 백정, 새, 짐승, 물고기, 벌레도 모두 왕생하였음을 가히 알 수 있다.

그 상중품(上中品)에 태어나는 자들은 환희지(歡喜地)부터 원행지(遠行地)까지의 보살이다. 그 상상품(上上品)에 태어나는 자들은 부동지(不動地)부터 등각지까지의 보살이다. 『화엄경』에서 보현보살도 왕생하기를 발원하였음을 알 수 있다. 그러므로 이 법문이 가장 쉽고 가장 신묘한 법문임을 믿어야 한다.

③ 이 아미타불을 염불하면 안락한 세계로 왕생한다는 법문을 믿는 것은 그 이치와 성품이 비록 다함이 없고, 그 공덕이 비록 불가사의하나 아미타불의 본래 인지(因地) 가운데 모든 세계에서 그 이름을 부르는 자가 있으면 곧바로 그들을 섭수하여 왕생으로 이끌겠다는 큰 서원을 세웠다. 그러므로 『아미타경』에서 부처님이 말

하기를 "이 명호를 지녀 일심으로 산란하지 않으면 곧 스스로 정토에 왕생함을 얻음을 알 것이다."라고 하였다. 그러므로 한순간에 정토에 왕생하고, 곧바로 성불에 이르고, 영원히 구부러짐이 없고, 영원히 물러서지 않는다. 다만 반드시 마음마음마다 '나무아미타불'의 여섯 자를 염하면서 잊지 않으면 무궁무진한 이치와 성품 및 불가사의한 공덕이 구족함을 얻는다.

또한 이는 가장 쉬운 수행의 도이니 다만 매일 새벽 '나무아미타불'을 10번 염불하면 왕생이 결정되고 불퇴지(不退地)를 얻고, 영원히 윤회에서 벗어나 바로 성불에 이르게 된다. 그러므로 이 법문을 삼계를 뛰어넘는 법문이라 이름하고, 한번 초월하면 곧바로 여래, 불의 경지에 도달한다. 만약 다른 법문으로 수행하여 증득한다면 처음에는 오계와 십선업으로 삼악도를 초월하고, 다음에는 선정으로 욕계를 초월하고, 다음에는 반야로 색계와 무색계를 초월하더라도 아직 보살의 정정취(正定聚)의 경지에 들지 못하고 중간에 다분히 정체되어 다시 낮은 경지로 떨어질 염려가 있지 않겠는가! 만약 이 법문이 사바세계의 불법승 삼보에만 귀의하고 극락세계의 불법승 삼보에 귀의하지 않는다면 어찌 단번에 삼계를 초월할 수 있겠는가? 그러므로 이 법문이 가장 쉽고 가장 묘한 법문임을 믿어야 할 것이다.

2) 서원〔願〕

어떤 병든 사람이 영단과 묘약을 얻었는데 그것을 먹으면 병을 물리치고 수명이 늘어나고 몸이 건강해지는 것을 알면서도, 몸이 건강해지고 병을 물리치고 수명이 늘어나는 것을 원하지 않거나 "나는 지금 병도 없고, 수명도 길고, 신체도 건강하여 이 약이 필요 없어 먹지 않겠다."고 망령되이 말하면 곧 건강과 안락함과 장수의 효과를 얻을 수가 없다. 이것은 신심을 굳게 세우고 발원하지 않는 것과 같다. 이와 같이 사바세계를 벗어나기를 발원하지 않고 극락에 왕생하는 것을 발원한다면 이 법문과는 아무 관계가 없다. 그러므로 믿음을 세운 다음에는 마땅히 발원을 하여야 한다. 발원도 세 가지로 말할 수 있다.

(1) 사바의 예토를 싫어하고 안락한 정토에 왕생함을 항상 즐겨 염원함

석가모니불은 대자비로 고통 받는 중생들을 구제하겠다는 서원으로 이 사바 예토 중의 교주가 되었고, 성스러운 말로 간곡하게 우리들에게 이 사바 예토를 싫어하여 벗어나 저 안락한 정토에 왕생하기를 즐겨 흠모하라고 권했다. 우리들이 오직 부처님의 가르침에 따르고, 가르침에 의지하여 받들어 행하여 불법에 귀의하여 부처님의 은혜에 보답하는 게 허물은 아니다.

첫째, 이 염부제주(우리들이 사는 지구는 이 염부제주 안에 있다) 내(內), 외(外), 공(共)의 세 가지 의지하는 것이 다 고통이므로 벗어나기를 원하는 것이다. 저 극락정토는 내, 외, 공의 세 가지 의지하는 것이 다 즐거움이므로 왕생하기를 원한다. 무엇을 내, 외, 공의 세 가지에 의지하는 모든 고통이라고 하는가? 내(內)라고 말하는 것은 배고픔과 갈증, 차가움과 뜨거움, 피로, 음욕, 생로병사 등의 자신의 몸에 의한 고통이다. 외(外)라고 말하는 것은 비바람, 번개, 눈보라, 독 안개, 연기와 먼지, 모래와 자갈, 가시, 험한 산길, 파도, 자라, 용, 호랑이, 구렁이, 파리와 모기 등의 자연계에 의한 고통이다. 공(共)이란 것은 견제, 비방, 쟁탈, 상해, 음란, 광폭함, 간사하고 음험함, 사기, 강점, 절도, 협박, 칼, 화살, 창, 대포, 독약, 뇌옥 내지 사랑하는 존재와의 이별, 원수와의 만남, 내부 분쟁, 목숨을 구하거나 죽기를 바라도 이루지 못하는 등의 사람 사는 세계에 의한 고통이다.

그러므로 이 고통을 감내하면서 받는('사바'라는 말의 뜻이다) 세계는 실로 갖가지 고통의 바다이다. 이 사바세계의 인류는 고해에 빠져 있는 달팽이에 불과하다! 안락한 세계에 왕생하면 이 모든 고통에서 영원히 벗어난다. 몸을 변화시키는 게 마음대로 되기 때문에 내(內)에 의한 것에 오직 즐거움만 있고 고통이 없다. 외부대상을 마음대로 받아들이기 때문에 외(外)에 의한 것에 오직 즐거움만 있고 고통이 없다. 선우들과 만나기 때문에 공(共)에 의한 것에 오직 즐거움만 있고 고통이 없다.

둘째, 지옥, 아귀, 축생, 악신으로 가득 찬 이 사바세계를 혐오하여 천상에 태어난다고 할지라도 제1중천(第一重天)도 9백만 세(歲)의 수명에 지나지 않고, 쇠퇴하고 다투는 고통에서 벗어나지 못한다. 설령 비상비비상천에 태어날지라도 8만 대겁의 수명을 살 수밖에 없다. 마음을 잡더라도 한정되어 자유롭지 못하고, 과보의 기간이 다하면 다시 업에 따라 윤회에 떨어진다. 쳇물 가마솥, 뜨거운 난로, 짐승의 배, 짐승의 태아, 혹은 신, 귀신, 천상, 사람으로 윤회전전하여 정해진 것이 없고, 출몰이 무상하고 지극히 위험하여 극히 두렵다!

인간세상도 바랄 게 없을 뿐만 아니라, 천상도 바랄 것이 못된다. 염불하여 천상에 태어나고자 하는 사람들이 있는데 이는 마군의 생각이니 속히 버려야 한다. 염불을 권하는 사람들 가운데 윤회전생하여 부귀의 과보를 구하거나 천상에 태어나는 즐거운 과보를 구하는 사람들이 있는데 이는 마귀의 생각이니 스스로 바른 서원을 굳게 지니고 속지 말아야 할 것이다. 그러므로 이 세 가지 생각에서 벗어나기를 원하고, 저 안락한 세계를 흠모해야 한다. 저 안락한 세계는 처음부터 삼악도가 없어 한 번 왕생하면 선인(善人), 현인(賢人), 성인(聖人)이 되고, 나아갈 뿐 물러섬은 없고, 얻음만 있고 잃음은 없어 마침내 성불하고, 상락아정(常樂我淨)이라는 열반의 네 가지 덕을 얻어 지극히 안전하고 영원히 두려움이 없게 된다. 상품(上品)의 아름다움뿐만 아니라 하품(下品)의 흠모함도 있기 때문에 왕생을 원한다.

셋째, 이 사바의 예토는 아득하여 어둡고 장애가 있어 혐오스러운 곳이다. 구지(九地)의 모든 천상의 존재들도 각각 자기 마음의 경계에 구애되어 상호 통달하지 못한다. 오취(五趣)의 잡된 거주지의 욕계 가운데 떨어지고, 또한 다시 삼계로 나뉘어져 서로 보고 듣지 못하고, 서로 왕래하지 못한다. 이 삼계의 하나는 천계(天界)라고 말한다. 왕래하고 보고 듣는 것이 천상과 신선뿐이다. 둘은 인계(人界)로 왕래하고 보고 듣는 것이 인간과 짐승뿐이다. 셋은 귀신계(鬼神界)로 왕래하고 보고 듣는 것이 귀신과 지옥뿐이다.

또한 숙명은 잘 알지만 타인의 마음을 알지 못하고, 어둡고 혼미하기 때문에 벗어나기를 원한다. 저 극락정토를 흠모하는 것은 장애 없이 통하고, 성인의 눈으로 서로 보고, 성인의 귀로 서로 듣고, 타인의 마음을 비추어 보고, 숙명이 청정하고, 몸의 경계에 장애가 없고, 법성이 원융하고, 광명이 항상 빛나기 때문에 왕생을 원한다.

(2) 속히 정토에 왕생하여 다함이 없는 번뇌를 끊어 위없는 깨달음을 이루기를 원함

이 사바세계에서는 비록 성불의 마음을 내더라도 악연이 충만하고, 선연은 드물고, 수행이 매우 어려워 물러남과 잃음이 많고 성불은 이루기는 어렵다. 극락세계에 왕생하면 성불의 인(因)을 모두 갖추고, 선연을 구족하고, 악연을 완전히 끊고, 수행이 매우 쉬워 결정코 물러남이 없어 모두 성불을 이룬다. 성불을 위해서 정토에 태어나기를 원하니, 이것이 보살의 대지혜의 마음이다. 만약 이 서원이 없으면 비록 왕생하더라도 상품에 태어날 수 없다.

(3) 속히 정토에 왕생하여 무량법문을 배우고 가없는 중생들을 제도하기 원함

이 사바세계에 있으면 일생 동안 불보살의 행을 성취하고, 모든 불보살의 공덕과 지혜를 갖추고, 무량한 방편의 법문에 통달하여 일체중생의 갖가지 근기와 성품에 잘 맞게 제도하고자 하더라도 매우 어렵다! 그러나 안락한 정토에 태어나면 연꽃이 열리어 아미타불을 보고, 무생법인(無生法忍)을 증득하고, 실상에 깊이 통달하여 두루 법성에 통하고, 몸을 시방세계에 나투어 가없는 중생들을 널리 제도한다. 중생의 제도를 위해서 정토에 태어나기를 원하고, 이것이 보살의 대자비의 마음이다. 만약 이 서원이 없으면 비록 왕생하더라도 상상품에 태어날 수 없다.

3) 수행(行)

믿음이 진실하고, 서원이 절실하더라도 참다운 수행[行]을 하지 않는 것은 마치 병자가 영단과 묘약을 먹어 병을 나아서 수명도 길어지고 몸도 건강해지고자 하나 여법하게 약을 먹지 않으면 이 영단과 묘약의 약효를 얻을 수 없는 것과 같다. 이와 같이 믿음을 세우고, 서원을 갖추면 마땅히 수행을 해야 한다. 이 수행에도 세 가지가 있다.

(1) 통행(通行)

첫째, 부모를 효도로 봉양하고, 스승을 공경하고 생명 있는 존재들을 구호한다. 둘째, 삼귀의의 모양을 구족하여 계율을 지키고 선(善)을 닦는다. 셋째, 스스로 깨닫고 다른 사람들을 깨닫게 하고, 각행(覺行)이 원만한 마음으로 인과를 믿고 안다. 이 세 가지 수행은 불교를 믿는 사람들이 통상적으로 행하는 것이지만 『관무량수불경』에서도 정토에 왕생하는 중요한 수행으로 삼는다.

(2) 정행(正行)

정행이란 아미타불을 염하는 것이다. 통상적으로 염불이라면 아미타불을 염불하는 것이 아니지만, 이제 안락한 정토에 왕생하는 것을 구하기 때문에 오로지 아미타불을 염불하는 것을 말한다. 아미타불을 염하는 것에는 성품을 깨닫는 염불, 극락세계와 부처님의 모습을 관하는 염불, 부처님의 이름을 지니는 염불의 세 가지가 있다.

① 매일 정해 놓은 염불

여기에도 다시 2종류가 있다. 하나는 매일 새벽에 일어나 세수하고 양치한 후에 불상이나 불경을 앞에 두고 서쪽을 향해 바로 서서 '귀의불(歸依佛)'을 소리 내어 말하고 1배를 하고, '귀의법(歸依法)'을 소리 내어 말하고 1배를 하고, '귀의승(歸依僧)'을 소리 내어 말하고 1배를 하고, '나무본사석가모니불(南無本師釋迦牟尼佛)'을 소리 내어 말하고 1배를 하고, '나무미륵보살(南無彌勒菩薩)'을 소리 내어 말하고 1배를 하고, '나무보현보살(南無普賢菩薩)'을 소리 내어 말하고 1배를 하고, '나무서방극락세계대자대비아미타불(南無西方極樂世界大慈大悲阿彌陀佛)'을 3번 소리 내어 말하고 3배를 한다.

그런 후에 무릎을 꿇고 앉거나 단정하게 앉거나 바르게 선다. 소리를 내어 낭랑하게 염불하거나 마음을 가다듬고 '아미타불(阿

彌陀佛)' 네 글자를 묵념하고, 호흡의 장단에 따라 10을 셀 때까지 호흡한다. 염불을 마치고 다시 '나무서방극락세계대자대비아미타불(南無西方極樂世界大慈大悲阿彌陀佛)'을 소리 내어 말하고 1배를 하고, '나무관세음보살(南無觀世音菩薩)'을 소리 내어 말하고 1배를 하고, '나무대세지보살(南無大勢至菩薩)'을 소리 내어 말하고 1배를 한다. 그런 다음 발원게를 읽는다.

> 서방정토에 태어나기를 원하옵니다.
> 구품 연꽃을 부모로 삼아
> 연꽃이 열려 부처님을 뵈옵고 무생법인을 깨달으며
> 물러섬이 없는[不退轉] 보살을 도반으로 삼겠나이다.

이 수행은 10분을 넘지 말아야 하고 마친 후에 다른 일을 한다. 이 매일의 수행을 늘 계속하면 목숨을 마칠 때 반드시 안양국(安養國)에 왕생한다. 외부에서 일을 볼 때 불상에 예배하는 것이 불가능하면 서쪽을 향해 서서 합장하고 예배하고 아미타불을 염하고 발원게를 독성하는 것으로 회향하여도 상관이 없다.

두 번째는 매일 어떤 시간을 정해서 염주를 돌리면서 소리 내어 염불하는 것으로 매일 수백, 수천, 수만 번의 염불을 정해 놓고 하되, 점점 횟수가 늘어나야지 줄어들어서는 안 된다. 매일 정해진 시간에 위의 순서에 따라 예배, 염불, 발원게를 낭송하는 이 매일의 수행을 늘 계속하면 목숨을 마칠 때 반드시 안양국에 왕생한다.

② 언제나 연(緣)에 따라 염불

모든 시간, 모든 장소에서 일체의 연에 따르고, 행하고 머물고 앉고 눕는 모든 일을 하면서 보고 듣고 깨달아 알고, 색, 소리, 맛, 촉감, 마음이 생각한 것, 의식이 보는 것 즉, 육근(六根)을 통섭하여 '나무아미타불'을 염불한다. 만약 죽음에 이르렀을 때 '나무아미타불'을 염불하면 그 식신(識神)을 제도하여 안양국에 왕생한다. 병든 사람이 더 이상 치료할 수 없는 지경이 되었을 때 '나무아미타불'을 염불하면 그 비통함을 제거하고 안락국에 왕생하게 된다. 아울러 아미타불의 국토의 극락의 일 및 부처님의 본원력을 병자에게 널리 말해주어서 오로지 염불하여서 왕생을 구하게끔 권해야 한다. 한가롭게 노는 사람을 만나면 '나무아미타불'을 염불하게 하여 고요하게 하고 온갖 잡다한 생각을 멈추게 해야 한다. 힘든 사람을 만나면 '나무아미타불'을 염불하게 하여 더욱 정진하여서 안식을 성취하도록 하게 한다. 이를 더욱 넓게 보면 '나무아미타불'의 하나의 청정한 염불의 모습이 계속 되는 것이다. 그러나 이 수행은 자못 쉽지 않기 때문에 가장 좋은 것은 매일 정해진 시간에 염불을 하는 것과 겸하여 수행하는 것이다. 매일 정해진 시간에 염불하는 것을 제외하면, 항상 연(緣)에 따라 염불하는 수행이 좋다.

③ 기한을 정해서 증득함을 취하는 염불

세상의 연(緣)을 쉬고, 사람들과의 일을 떠나, 혹은 자기 혼자, 혹은 선우들과 함께, 혹은 사찰이나 고요한 곳에서 1일 내지 7일을 정해 놓고, 일주일에서 49일, 혹은 수개월에서 1년, 혹은 수년에서 평생을 정해 놓고, 불법에 예경드리고, 업장을 참회하여 제거하고, 아울러 정토에 왕생하는 경전 및 대승 경율을 독송하고, 마음마다 극락에 왕생하기를 발원하며, 밤낮으로 여섯 때[六時][82]에 장좌하기도 하고 경행하기도 하면서 오로지 아미타불을 염불하는 것이다. 이렇게 기한을 정해서 흐트러짐 없이 일심으로 염불하면, 염불삼매를 바로 증득하고, 눈앞에서 분명하게 서방극락정토의 아미타불 및 모든 대보살들을 항상 한 곳에서 만나는 경지를 얻는다. 아직 사바세계의 과보를 벗어나지 못하였지만 이미 극락의 과보를 증득한 것이다. 그러므로 이미 앞의 두 가지 수행을 닦은 사람들은 매년 한 번씩 1주일간 염불 수행을 하면 더욱 좋을 것이다.

(3) 조행(助行)

기꺼이 능력에 따라 행하는 보시 중에 재보시(財布施)는 경전을 판각하거나 인쇄하는 것, 탑과 불상을 조성하는 것, 절을 세우고 각종

재를 지내어 승려들에게 공양을 베풀고, 방생을 하고, 다리를 놓고 도로를 닦고, 기아에 허덕이는 빈민들을 구제하고, 고아와 노인을 봉양하고, 재난과 질병을 구호하고, 등댓불을 밝혀 배를 지나가게 하고, 차와 탕약 등을 제공하는 것 등이다.

기꺼이 능력에 따라 행하는 보시 중에 법보시(法布施)는 스스로 부모에 효를 행하고 다른 사람들도 부모에게 효도하게끔 가르치고, 스스로 국가를 보호하고 다른 사람들도 국가를 보호하게끔 가르치고, 스스로 삼귀의계를 받고 다른 사람들도 삼귀의계를 받게끔 가르치고, 스스로 오계를 받고 다른 사람들도 오계를 받게끔 가르치고, 스스로 아미타불을 염불하고 다른 사람들도 아미타불을 염불하게끔 가르치고, 스스로 대승경전을 독송하고 다른 사람들도 대승경전을 독송하게끔 가르치고, 나아가 대법회를 개최하여 큰 법의 기치를 세우는 등등이다. 이를 요약하면 무릇 좋은 이익이 있고, 흥숭하지 않음이 없고, 하나하나 모두가 극락에 왕생하는 것으로 회향하게 발원하는 것이니 인간세상과 천상의 복을 구하지 않아 모든 선함이 같은 결과를 얻고, 정토로 돌아가는 것이다.

나 태허가 말한다.

비록 이 법문을 닦는 것은 다른 곳에 가서 물건 하나를 취하는 것과 같고, 믿는다는 것은 눈과 같아서 명료하게 보고 그 물건을 확인하여 이 물건이 내가 취할 것이라고 확신한 후에 취하는 것과 같다. 행하는 것은 발과 같아서 비록 눈을 떠서 보지만 발이 가지 않으면 취할 수 없고, 발이 가더라도 손을 뻗지 못하면 가질 수 없는 것이라서 반드시 눈과 손, 발 세 가지가 동시에 움직여야 물건을 취할 수 있는 것이다. 그러므로 믿음만 있어서는 안 되고, 수행과 시원이 없어서도 안 된다. 서원만 있고, 믿음과 수행이 없어서도 안 된다. 수행만 있고, 믿음과 서원이 없어서도 안 된다. 또한 믿음과 서원만 있고, 수행이 없어서도 안 된다. 서원과 수행이 있더라도 믿음이 없어서는 안 된다. 믿음과 수행이 있더라도 서원이 없어서는 안 된다. 불보(佛寶)는 믿음, 서원, 수행이다. 아미타불을 염불하여 안락정토에 왕생하는 이 법문을 확실하게 얻을 수 있다면 다른 나머지 것들은 없다. 신령하면서 분명히 그런 사람이 있다.

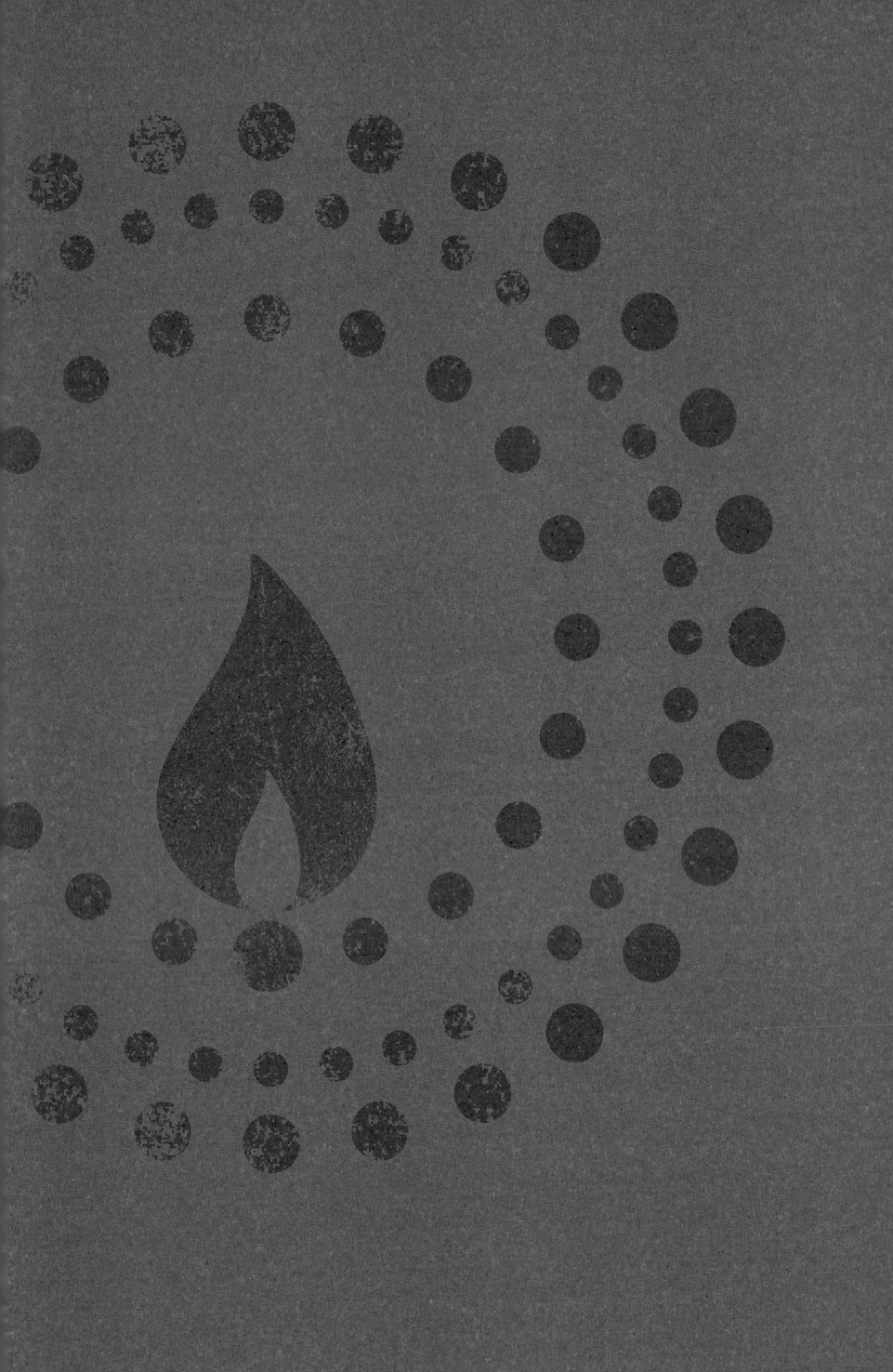

5

인생불교

인생불교[85]란 무엇인가?[84]

1) 불학(佛學)이라는 명칭

우주만유의 참모습(혹은 법계의 모든 법의 실상)에 대해 궁극의 깨달음을 얻은 자를 가리켜 부처라고 한다. 먼저 깨달음을 얻은 부처가 우리 인류는 물론 일체 유정(有情) 등 미처 깨달음을 얻지 못한 존재에게 말과 형식으로 그 자신이 깨달은 우주만유의 참모습을 드러내 보이며, 부처가 될 수 있도록 이끄는 여러 이법(理法)과 행동의 계율을 이름하여 불학(佛學)이라 한다.

2) 불학의 2대 원칙

불학은 불타가 깨달은 진리와 중생 각자의 시기(時機)로 구성되어 있다. 따라서 불학에는 2대 원칙이 있다. 하나는 '진리와 합치하는 가?'이고 다른 하나는 '시기와 맞느냐?'이다. 진리와 합치하지 않으면 불학의 체(體)를 잃은 것이요, 시기와 맞지 않으면 불학의 용(用)을 잃은 것이다. 진리란 부처가 깨달은 궁극의 깨달음, 즉 우주만유의 참모습을 말하며, 시기는 특정 지역, 특정 시대, 특정 생명체, 특성 민족 등과 같이 개별자의 마음과 관습, 문화, 사상을 말한다. 시기에 부합되면서도 불타가 말씀하신 내용과 반드시 맞아야 한다. 그러므로 '불타는 세계의 유정(有情)들로 하여금 의지하게 하였다'거나 '불타는 타인에 의지하는 마음이 있고, 자신에 의지하는 마음은 없다'고 하는 것이다.

3) 불학의 역사적 변천

지금 이 세상에 전해지고 있는 불학은 약 2천여 년 전 이 땅에 존재했던 석가모니불로부터 기원하고 있다. 당시 인도 사람들의 문화와 사상을 살펴보면 바라문교의 '개인적 해탈을 각자 추구하는' 습속을 그대로 계승해 가는 집단과 그에 반대하는 집단이 있었다. 당시 비록 문수, 미륵, 유마, 선재 등과 같은 대승의 인사들이 소수 있어 불타가 깨달은 궁극의 진리를 받아들이기는 했으나, 일반적으로 민족적 입장에 젖어 있던 사람들은 한사코 불타의 세계로 들어오려 하지 않았다. 이 때문에 불타께서는 외도(外道)가 말하는 유아(有我)에 의지하는 개인 해탈을 소승에서 무아(無我)에 의지하는 개인 해탈로 유도하여 실로 개인 해탈인 열반으로 인도하였다. 불타가 열반하신 후 비록 문수나 미륵 같은, 대승법을 따랐던 몇몇 분들이 결집하여 부처님의 말씀을 전했다고 하지만 교단을 형성하여 당시 불교를 주도하던 세력은 역시 소승이 대다수였다.

그러다가 400년~500년 후 소승불교는 여러 부파로 분열되었는데, 이 틈에 대승불교가 조금씩 흥기하였다. 500년~600여 년이 지나자 법성종(法性宗)과 법상종(法相宗)이 잇따라 흥기하였고, 그 후 밀종(密宗)이 성행하여 점차 대승의 교단이 형성되기에 이르렀다. 그러나 이 때 인도 불교는 거의 쇠망에 이르고 있었다.

불교가 중국에 전래되었을 시기에는 인생의 궤범이 되는 유교와 하늘에 제사를 지내고, 귀신을 섬기고, 신선을 추구하는 도교가 이미 있었다. 이에 불교는 비록 대승불교 사상을 지향하긴 했으나, 한 개인의 인생과 사회에 대한 사상은 이미 유교가 장악하고 있었으므로 불교는 다만 유교와 도교를 혼합한 현학(玄學)에 부응하여 선종(禪宗)이나 천태종(天台宗)의 형태로 방외(方外)에서 노닐 수밖에 없었다. 일반 민중의 습속에 부합하는 것으로 정토종(淨土宗)이나 밀종이 있었으나, 이들은 죽은 자를 천도하거나 귀신을 섬기고 재앙을 쫓고 복을 비는 미신으로 흘렀다. 중국의 불교는 습속을 따르느라 인민을 교화시키는 진정한 역할을 하지 못했다. 오히려 중국 불교는 중국 종법(宗法) 사회와 가족제도의 영향으로 원래의 육화승중(六和僧衆)의 승단이 기형적인 가족제로 변질되었다. 이렇게 인도와 중국의 불교 역사의 연혁을 살펴보면 대승불교가 인도는 물론 중국에서조차 아직도 제대로 대승교단을 성립하지도 못했고 민중화에 성공하지 못했다고 할 수 있다.

4) 이 시대와 중국

현대인들의 생활을 살펴보면 비록 각 민족에 따라 특수성이 있기는 하지만 이미 세계의 여러 나라가 서로 밀접하게 교류하고 있기 때문에 보편적 세계 문화라고 할 수 있는 것이 이미 형성되었다. 이것을 크게 세 가지로 정리해 볼 수 있다. 첫째, 현실의 인생을 중시한다는 점, 둘째, 과학적 증거에 기댄다는 점, 셋째, 조직을 통해 대중의 역량을 결집한다는 점이다. 지금 모두들 중국 민족문화의 중심이 삼민주의(三民主義) 문화라고 한다. 이 삼민주의 문화라는 것도 따지고 보면 중국 민족 5천 년 문화의 정화를 계승하면서 동시에 현대의 보편적 세계문화를 흡수해서 선택하여 개혁을 통해 만들어진 것이다. 현대의 보편적 세계 문화가 그 요소이다. 이렇게 볼 때 현대라는 시기(時機)에 부합되는 불교를 건설하기 위해서는 무엇을 따라야 할지 자명하다 하겠다.

5) 인생불학(人生佛學)의 대의

불법이 비록 일체 유정을 위한 보편적인 것이라고는 해도 응당 현대문화에 적응해야 하기 때문에, '인류'를 중심으로 하면서 '현대'라는 시기(時機)에 맞는 불학을 상정해야 할 것이다. 불교에서 비록 생사와 존망이 쉼 없이 진행한다고 가르쳐도 현실 속에서 인생화(人生化)해야 하는 까닭에 '인류의 생존과 발전'을 중심에 놓고 지금이 시기와 부합되는 불학을 상정해야 한다. 이것이 내가 말하는 '인생불학'의 첫 번째 의미다.

불법은 비록 무아적인 개인 해탈을 추구하는 소승불학도 수용하지만, 지금과 같은 현대사회에서는 군중의 조직적 역량에 부합해야 하기 때문에 마땅히 대비대지(大悲大智)로써 군중을 위한 보편적 대승법을 중심으로 삼아 이 시기에 부합하는 불학을 건설해야 한다. 이것이 내가 말하는 '인생불학'의 두 번째 의미다.

비록 대승법이 일체 유정에 보편적인 궁극적 해탈을 위한 것이라고는 해도 대승법에는 원점(圓漸)과 원돈(圓頓)의 두 가지 구분이 있다. 이제 우리는 경험과 질서와 증거를 중시하는 현대 과학에 부합될 수 있도록 원점(圓漸)의 대승법을 중심으로 삼아 이 시기에 적합한 불학을 건설해야 한다. 이것이 내가 말하는 인생불학의 세 번째 뜻이다.

따라서 인생불학을 천신이나 귀신 등과 함께 거론하지 말아야 한다. '인생'으로부터 인생을 초월한 경지, 나아가 초월의 인생마저 초월한 경지에 나아가 진리를 추구해야 하는 것이다. '천교(天敎),' '귀교(鬼敎)'와 같은 일체 미신과 가까운 것을 완전히 제거해야 한다. 현대적인 인생화, 군중화, 과학화를 기초로 삼아, 이러한 기초 위에서 무상정변각(無上正遍覺)의 원점(圓漸)한 대승불학을 건설해 나가야 한다.

그 길은 대승경론의 연구를 통한 정확한 이해를 바탕으로 보리심을 내고 보살행을 익히는 데에 있다. 먼저 대승 십신위(十信位) 보살의 선근을 닦아 초보적인 증득을 이룬 후 먼저 공자나 왕양명 같은 일반적 성인이 되자. 그런 다음 십주(十住), 십행(十行), 십회향(十回向), 사가행(四加行), 십지(十地) 등을 삼무수겁의 오랜 시간 동안 닦아 초인(超人)이 되고 다시 초초인(超超人)이 되어 언젠가는 부처가 되자. 이를 제대로 하기 위해서 우선 불학을 전문적으로 공부하고, 홍보하고, 업무를 처리하는 승단과 널리 민중을 수용하는 불학연구 학회를 조직화하고 규율화하여 구습을 타파하여 새로운 빛을 발하도록 해야 한다.

인생불교人生佛教의 목적

불교의 목적과 효과는 모두 다음과 같은 네 가지로 나눌 수 있다.

1) 인간의 개선

불교의 오승(五乘) 안에 들어 있는 오계 등의 선법(善法)은 인간을 정화시킨다. 가정의 윤리, 사회 경제, 교육, 법률, 정치 내지 국제 정의라는 공공의 법을 만약 불법의 정신에 따라서 처리한다면 지극한 선에 이를 수 있고, 인생의 고통과 결핍을 감소시킬 수 있다. 그러므로 현실 속 인생이 불법에 의지한다면 이를 통해 현실을 개선하고 정화할 수 있다. 이는 비록 일반 과학이나 철학, 유가철학에서도 공유하는 바이나 불교에서는 상세하게 밝혀주고 있어 다른 학문에서 갖지 않은 불교만의 특질이다. 이러한 불교의 특질은 과학,

철학, 유학 등의 장점을 아우를 수 있기 때문에 불교야말로 무궁무진한 역량을 발휘할 수 있다.

2) 내세에 더 나은 길로 나아감

생명은 흘러가는 물결과 같아 업력에 따라 과보를 받아, 나고 죽고 죽은 후 또 다시 태어나기를 멈추지 않으며 이 세계에서 저 세계로 끝없이 윤회한다. 그러므로 현생을 잘 개선해서 후세에 더 나은 길로 갈 수 있도록 모색해야 한다. 십선업과 선정(禪定)을 닦아 천상계에 태어남을 얻을 수 있고, 염불을 하고 정토법문에 의지하면 서방의 청정한 불국토에 왕생할 수 있다. 비록 생사의 윤회를 끝내지는 못하였더라도 의보(依報)와 정보(正報)의 이보(二報)[85]가 나아지면 사취(四趣)[86]를 면할 수 있을 뿐만 아니라 인도(人道)를 넘어설 수 있다. 이는 불법에 의지하여 도달할 수 있는 목적이자 불법을 믿어서 얻을 수 있는 효과이다. 이는 정토와 밀교에서도 중시하는 것이다. 세간의 고등종교, 즉 예를 들어 기독교에서 천국에 태어나기를 구하는 것도 동일한 목적이다.

3) 생사로부터 해탈

내세에 더 나은 길로 나아가고자 하는 것이 불선(不善)은 아니다. 그러나 모든 행은 무상하고, 유루(有漏)는 고통이고, 태어나면 죽지 않을 수 없고, 머무는 것은 끝내 철저하게 파괴되지 않을 수 없다. 그러한 즉 어떻게 하면 고통의 근본을 끊고 모든 유루를 멸할 수 있을까? 생은 반드시 죽음에 이르니 생에서 벗어나는 길을 구해야 하고, 머무는 것은 반드시 파괴되니 모든 존재는 머물지 않아야 한다. 그렇게 되면 생사의 흐름을 끊고, 고해에서 벗어나 열반적정의 피안에 이르게 된다.

> 나의 생은 이미 다하고 범행은 이미 섰으며, 할 일은 이미 마쳐 후세의 몸을 받지 않는다.
> 생사의 마군이 어찌할 것인가?

이 불법은 출세간을 목적으로 진일보하는 것이며, 삼승의 수행자만이 공히 효과를 볼 수 있는 것이며, 세간의 일반 교학(敎學)으로는 불가능한 것이다.

4) 법계원명(法界圓明)

열반과 해탈은 아름답고 아름다우나 아직 모든 습기(習氣)를 다하지 못하고, 소지장(所知障)을 끊지 못하고, 일체지(一切智)를 얻지 못하여 일체의 법계에서 원명(圓明)을 얻지 못한다. 또한 일체의 유정들은 모두 무시이래로 육친(六親)과 권속이 있어 스스로 적멸을 구하지도 못하고 법문을 구하지도 못한다. 이런 까닭에 보살마하살은 일체 중생을 자기 몸처럼 받아들이고, 고통을 같이 느끼며 대비심으로 가득 차서 다 제도하기를 서원한다. 억겁의 시간을 지나면서 널리 가없는 복과 지혜를 구하고 소지장과 번뇌장(煩惱障)의 두 가지 장애의 습기를 다 끊어 마침내 법계에 원명하고 두루 장애가 없는 것이 대승의 지극한 효과이고 불법의 구경의 목적이다.

이 네 가지는 불법의 모든 것을 포용하는 목적이다. 그러니 법계원명의 불과(佛果)는 시작이 곧 끝이니 이것이 불교 전체의 진정한 목적이라고 말할 수 있다. 앞의 세 가지는 법계원명에 도달하기 위한 방편이다. 예전의 불교는 현실 인생의 마음의 절절함을 혐오하여 여기서 벗어나서 항상 내세에 더 나은 길로 나아가거나, 지혜를 얻어 적멸, 정토, 밀교의 수법을 구하였으니, 법계원명 또한 그것을 바라고 구하는 방편문이 될 수 있다. 그러나 내세 혹은 적멸에만 힘써 현실에서 벗어나기만 바라면 불법의 공덕과 효과를 원만하게 드러낼 수 없다.

지금 인생불교를 말하는 뜻은 현실 인생에 기초하여 이를 개선하고 정화하여 인승(人乘)의 행과(行果)를 실천하고, 불법의 진리를 원만하게 이해하고, 대보리심을 내어 보살의 수승한 행을 배워 수행하고, 천승(天乘)과 이승(二乘)을 보살 안에서 보듬어 바로 법계원명의 지극한 과보에 도달하는 데 있다. 사람들과 어울리고 보살에 어울리는 데에서 나아가, 성불에 이르는 것이 인생 불교만의 고유한 행과(行果)이다.

6 인간 정토의 건설

이 글을 짓게 된 연기는 10년 전 유인항(劉仁航) 거사가 집을 희사하여 마을을 건설한 데 보은하면서 말한 것이다. 매년 모든 군벌(軍閥), 재벌을 만나보면 그들은 바로 적화(赤化: 공산주의화)되는 큰 화가 장차 미쳐 목숨과 재산이 위험해지는 것을 불안해했다. 손후재(孫厚在) 거사가 세상 사람들이 생계에 핍박받고 경제개혁의 공포를 면할 수 없고, 구시대 불교의 승가제도로 농업과 임업을 통해 먹고 사는 것이 점차 변하지 않으면 존립하기 어렵다는 것을 누차 말하였다. 이와 같은 것들도 이 논서를 쓰게 되는 생각을 일으켰으나 주요한 동기는 장관선(藏貫禪) 거사가 근래에 보낸 2통의 편지이다. 이를 아래에 적어 서언으로 삼고자 한다.

一.

태허 대사께 올립니다.

소생이 대사에게 귀의한 지가 여러 해이고 여러 통의 편지를 통해 법에 대해 물었으나, 불법의 참 뜻을 찾지 못하고 대승의 바른 뜻을 말로 드러낼 수 없어 항상 수행을 닦기 어려웠습니다. 눈과 귀를 가리고 널리 금기하는 바가 많은 것을 가히 도(道)라 할 수 있겠습니까? 소생이 월간 「해조음(海潮音)」과 각지에서 열흘에 한 번씩 나오는 신문을 읽으면서 대사의 박식하고 심오한 논지에 항상 놀랐습니다. 소생 혼자의 마음에 대사의 대자대비에 기대고, 출가자와 재가자의 형식을 떠나서 중생들을 불쌍히 여기는 마음을 내어, 사람들을 깨달음으로 이끌어 단멸하는 중생들을 참혹한 고통에서 구하지 않는다면 안 될 것입니다.

불초소생은 부처님의 가르침에 눈을 뜨고 모든 선지식의 선업에 감동하여 하나만을 얻었을 뿐이고, 이 한 생각에 상응하여 대사께 글을 올립니다. 어리서은 사람의 말이라 여기지 않으면 실로 인류의 다행이라 하겠습니다. 대사께서 작년에 저술로 승가 제도를 정리하였고, 고승들의 법이를 정리하여 새로운 이론을 완성하였는데 어찌 다시 사족을 달겠습니까!

그러나 소생이 갑자기 『12문론』 가운데 「관성문(觀性門)」에 이르러 한 생각이 떠올랐는데, 저 자신의 내부에서 해명이 되지 않는 게 있습니다. 이 문제에 대해 대사께서는 "만일 사람들이 이제(二諦)를 모르면 자리(自利), 타리(他利), 공리(共利)에 대해서도 모르게 된다."라고 답하셨고, 또 "모든 부처님의 인연법은 이름하여 깊고 깊은 제일의(第一義)라고 하고 이 인연법은 자성(自性)이 없으므로 나는 이를 공(空)이라 한다."라고 답변해 주셨습니다. 소생에게는 부처님의 가르침 중 용수(龍樹) 보살이 이제의 가르침을 편 것이 가장 컸습니다. 무엇이 속제(俗諦)입니까? 집착은 본래 정해진 것이 없으나 거짓 이름으로 중생의 근기에 따라 이끌어 준 것입니다. 소생은 군중들이 가장 탐착하는 것은 '나'를 버리지 않는 것이라고 확실하게 아는데 그것은 생명과 재산 두 가지입니다. 지금 세상의 국제 전쟁, 종족간의 질시, 군벌들의 사사로운 투쟁, 정당들의 알력은 그 생명에 탐착하고 자손을 번식하는 것에 지나지 않습니다. 생존에 대한 탐욕 때문에 부득불 남의 재산을 탈취하고 급기야는 남의 재산 탈취에서 나아가 남의 생명을 빼앗아 그 재앙이 자손에게까지 미치게 만듭니다. 나라면 나라, 가정이면 가정, 사람이면 사람마다 다 이와 같고, 각 단체, 각 민족, 각 계급마다 이와 같지 않은 것이 없습니다.

인과의 법칙을 따라 같은 과정이 끝없이 되풀이되고 괴로움과 즐거움이 전도되니 슬프고 가련하지 아니하겠습니까? 지금까지 세계의 성인들 중 목소리를 높여 호소하며 이 광란의 물결을 막고 안정을 구가할 방책을 생각하지 않은 이가 없었습니다. 하지만 동서고금을 통틀어 볼 때 그분들이 각종 묘안을 찾기 위해 그렇게 애썼건만 결국은 실효를 거두지 못했습니다. 그 이유는 그분들이 진리를 제창함에 있어 이치나 도리를 너무 강조한 나머지 각자가 접한 계기에 맞춰 제창하신 사례가 거의 없었기 때문입니다.

맹세컨대 저는 대사님을 따라 여러 사람들과 함께 전 지구의 현달한 인사들과 더불어 현세에 장엄정토를 건립하기를 원합니다. 이 작업을 막 시작하게 될 초창기에는 우선 세계불교연합회가 나서서 정토의 기초를 다지되, 종족이나 문화 수준, 국가, 계급, 학술, 종교, 재산의 많고 적음을 구분하지 않고 부처님께 간절히 귀의하며 부처님이 생명과 재산을 보호해 주기를 염원하는 자라면 그가 계율을 준수할지를 심사하여 장엄정토 건립을 위해 일하게 해야 합니다. 병역이나 납세와 같은 의무는 본래 하늘이 준 일이 아니며, 본래 힘센 나라가 백성을 강제로 압박하여 잔혹한 폭정과 침략의 자원으로 이용된 것입니다. 그러니 무릇 불국토로 들어온 사람들에게는 이와 같은 병역이나 납세 등은 모두 면제해 주어야 합니다.

만일 어떤 사람이 장군 등 병역 관련 직무를 담당하고 있다면 그 사람은 한동안 불교회에 적을 두지 않게 해야 합니다. 그러나 그의 가족들은 그 사람의 직무와 관련이 없기 때문에 각 국가의 불교단체에 적을 두도록 하여 안심하고 생활하며 자유롭게 재산권을 갖도록 해 주어야 합니다. 만약 그들 중에 개인 재산을 얼마 정도 내놓으려는 사람이 있다면 그 사람이 속한 국가의 불교위원회의 심사를 받게 하여 당사자와 그 가족의 생계도 보살펴야 합니다. 기부 받은 재산은 불교회가 대행하여 관리 및 처리하는데, 매월 생활비를 제공하며 각 국가나 지역별로 적절히 생계를 보장해야 합니다.

불교회에 기부하지 않은 재산에 대해서는 각 국가나 지역별 법률에 의거하여 공적이거나 사적인 세금이나 부역을 부담하게 하며 이 부분에 대해 불교회에서는 참견할 수 없습니다. 국가나 특정 지역에 전쟁이 발발해서 거주가 자유롭지 못할 경우에는 불교회에서 옮겨갈 거처를 지정해 주되, 해당 지역의 관청에 보호를 요청합니다. 저는 군주(君主)나 신민(臣民)의 구분 없이 세계 인류 누구나가 자손과 안녕을 바라며 부처님의 자비에 의지하여 각각 정견이 열리기를 바라고 바랍니다.

대사께서는 전 세계 각 지역의 고승대덕 및 철인(哲人)과 연합하여 각국의 대통령, 재벌, 군벌 및 중국, 일본 등 각국의 힘 있는 자들이 속히 불교가 안심입명(安心立命)의 귀의처임을 깨닫게 하여 불교의 교화가 세계로 보급되도록 해 주십시오. 그렇게 되면 스승님의 공덕은 천주교를 개혁한 기독교의 신교 개혁보다 더 클 것입니다. 그렇지 않고 공리공담(空理空談)만 논하게 되면 세상의 환란을 개선할 방도가 없습니다. 그래서 불국토 건설을 위해서는 무력(武力)의 포기만이 유일한 해결법이라는 주장이 판을 치게 되면 삼무(三武)의 화[87]가 다시 오지 않는다는 보장이 없으니 그렇게 될 경우 무슨 희망이 있겠습니까? 불성이 한 번 발하면 무루종자(無漏種子)[88]가 저절로 작동될 것이긴 하지만, 이는 일반 천박한 사람이나 지혜가 얕은 사람은 결코 헤아릴 수 없는 것입니다. 스승께서는 평소에 큰 원을 세우셨습니다. 이는 특정

문파(門派)나 편협한 소승적 관점에 얽매여 있는 사람들에게 바랄 수 있는 것이 아닙니다. 부디 저희에게 길을 열어 주십시오.

- 귀의학인(歸依學人) 관선(貫禪) 합장

二.

태허 대사께 올립니다.

누차에 걸쳐 설명해 주시고 편지 말미에 인장까지 찍어서 보내 주시는 영광을 얻었습니다.

대사의 답장을 보면서 세상을 구제하고자 하는 대사의 열망이 얼마나 크신지 알 수 있었기에 그 무량한 자비에 몸 둘 바를 모르겠습니다!

저는 부처님의 가르침 중에 아미타부처님, 극락세계의 장엄, 염원한 것은 꼭 이루게 된다는 것을 가장 핵심이라고 이해하고 있습니다. 대사께서는 큰 원력을 세우시고 고요한 곳에 머물며 정진하여 불법을 얻고 저희를 위해서 법좌를 베풀고 계십니다. 제 생각에는 지금 대사께서 구상하는 것을 착수할 때 먼저 외부 세계의 조류를 살펴 적절히 대응하면서 내부적으로 불법의 율의(律儀)를 보호해야 한다고 봅니다. 그리하여 전 세계가 승속이나 남녀의 구분 없이 함께 하나로 통일된 불교식 단체를 결성하여 서로 빼앗고 죽임을 벗어나 새로운 정토를 열어야 합니다. 사람들은 서로 즐겁게 오가며 서로 길러주고 각자 편안히 살 수 있도록 해야 합니다.

각자 자신의 사재를 털어 결성한 불교 단체에 일정량의 사유재산을 기부하고 단체에 가입한 사람의 수와 그들의 생활 정도에 따라 평균적으로 분배해야 합니다. 각 국가의 단체장은 각 지역의 단원들이 공동으로 추천하며 관련 정관은 총단(總團)에서 수정하고 시행합니다. 물론 각 국가의 단장이 모여 세계 불교 총단체를 결성하고 간략한 정관을 정하고 각국 정부에 총단을 승인하고 단원의 권속들의 재산을 보호해 주도록 요청하는 것이 선행되어야 할 것입니다. 그리고 각 국가의 헌법에 저촉되는 것 외에는 각국 정부에서 불교 단체가 단원의 거주, 집회, 교통, 언론 자유권을 분배할 수 있도록 완전한 권한을 주어야 할 것입니다.

만약 회원국 중 어떤 국가가 위급한 상태에 빠져서 국가의 관(官)과 법이 백성을 보호하기 어려운 상황에 이르렀을 때에는 불교 단원은 자위(自衛) 목적의 무력을 행사해야 할 것입니다.

만약 위기가 발생했고, 불교총단의 조사 결과 해당국 정부가 단원을 제대로 보호하지 못하고 있는 점이 드러난다면 불교총단에서 해당 국가의 정부에 단원들의 손해를 배상하도록 요구해야합니다. 평상시에는 각국의 단장이 각국 회원의 품성의 우열과 생활 정도를 조사하여 직업, 지원, 사회적 교류 관련 정관을 제정하고 단원들이 그 정관을 잘 지키도록 해야 할 것입니다. 만일 문제가 발생했다면 수시로 모여 정관의 내용을 수정하되 불교총단에 보고하고 불교총단은 보고 받은 내용을 각국 정부와 관청에 전달해야 할 것입니다.

혹시 분쟁이 발생했을 경우 사법관은 불교총단에서 정한 정관과 각국의 법률에 따라 판결합니다. 정관을 지키지 않거나 나라의 법을 범했을 경우에는 각 지역 관청에서 불교단의 단장에게 통지를 하고 각국의 불교교단에서 각각 조치를 합니다. 만약 그래도 개선의 태도가 보이지 않으면 제명해 버리고 관의 법에 따라 법적 조치를 취하게 합니다. 이 일은 중국의 군벌, 재벌, 지식계급이 동참하면 좋겠지만 혹여 이들 중에 이 믿음과 서원이 없다면 한두 명의 현명한 세력가가 있어 수년간 서로 빼앗고 빼앗으며 살육을 일삼은 현 사회에 대한 고통을 깊이 느꼈다면 이 일을 하는 것에 동의할 것입니다. 그렇다고 다른 군벌이나 재벌이 이를 망치는 것을 억지로 막을 수는 없을 겁니다.

따라서 전 세계 종교계의 이름난 인사나 고매한 인품의 소유자가 모여 단체를 조직하여 힘을 합치면 이 세계를 새로운 정토로 만드는 초석을 마련할 수 있을 것입니다. 지금은 바야흐로 전쟁의 불길이 최고조에 이른 상태로 세계 어느 곳도 안전한 곳이 없습니다. 이럴 때 마땅히 모두 같이 문제를 깊이 공감하고 세계에 흩어져 있는 여러 조직이나 사조를 초월한 범세계적 불교단체가 진정 필요하다고 하겠습니다. 군벌이나 재벌은 오로지 공산화되는 것을 두려워하기만 할 뿐 공산화 사조를 어떻게 소멸시킬지에 대한 방법에는 무지하기 때문에 이들이 생각하는 것은 오직 무력밖에 없습니다.

지금 대사께서 하시는 생각들은 개인적인 차원이 아니라 세상 사람들의 생각을 대표하는 생각입니다. 이렇게 좋은 기회에 대사께서 하시는 모든 행동들은 짧은 시간에 세계인에게 공감대를 불러일으킬 수 있을 것입니다. 대사께서 쓰긴 각종 저술의 내용은 오랫동안 불문의 구심점 역할을 해 왔고 저 또한 깊이 공감하는 바입니다. 대사의 생각은 그동안 제가 평소에 오래도록 생각해 왔던 신념과 일치하기에 저는 주위 사람들이 어떻게 말해도 거기에 휘둘리지 않습니다.

예로부터 시비(是非)는 늘 있었지만, 정혜(定慧)의 힘은 깊고 깊습니다. 아마도 불교 이론에 공감하고 경모(敬慕)하는 사람들은 지금도 변함없이 박학다식한 지식인들로, 이들은 불교에 대해서 경탄해 마지않습니다. 위로 부처님의 지혜에 부합하는 신령한 도는 문자 밖에 있기 때문입니다. 저 또한 개인적 서원은 부처가 되어 불국정토에 나는 것입니다. 저는 정토 관련 경전 외의 다른 경전들을 우연히 몇 번 펼쳐 보았는데 그 방대함에 탄복하지 않을 수 없었습니다. 장차 기회가 된다면 앞 분들이 해 놓으신 결과를 바탕으로 지나치게 무겁고 거친 내용을 조금 다듬어 보고 싶습니다.

언제나 큰 가르침을 주시니 대사의 바다와 같은 자애로움에 어떻게 감사할지 몰라 우두커니 서서 그저 우러를 따름입니다. 편안한 시간되시기를 진심으로 기원합니다.

- 귀의학인(歸依學人) 관선(貫禪) 합장

인생에서 소원하는 것이 있는 곳

우리 일체 중생이 소원하는 것은 무엇인가? 분류하자면 끝이 없지만 그 근원을 찾으면 다음의 두 가지를 벗어나지 않는다. 첫째는 목숨과 재산의 안전이다. 이는 「불설울단월품」의 사람들에서 만족할 수 있다. 둘째는 극락에서 영생을 획득하는 것이다. 이는 『불설무량수경』의 정토에서 만족할 수 있을 것이다. 이제 먼저 목숨과 재산의 안전을 말하기로 하겠다.

인생의 바른 과보는 목숨이고, 목숨의 의보(依報)[89]는 재산이다. 이외에는 다른 것은 없다. 대개 목숨은 안전과 위험 및 그들에 공통되는 이숙식(異熟識)과 근신(根身)이고, 재산은 근신과 이숙식을 길러주어 속세의 기세간이 되게 한다. 그러므로 이생(異生)[90]의 진실한 뜻에 어리석고 이숙식이 우매하여 미혹하면 이들도 미혹하게 된다. 여래의 무분별지, 불가사의한 지혜를 깨달은 자는 이들을 깨닫는다.

비록 미혹과 깨달음이 다르지만 의지하는 것은 둘이 아니니, 어찌 사람의 마음의 근본을 찾고 서원을 세우지 않고 목숨과 재산의 안전을 구하기만 하겠는가! 목숨의 안녕을 위하고 재산의 안전을 구하고, 목숨을 늘이고 자손에게 재산을 전해주고, 재산을 보호하여 집안이나 국가를 세우는 것은 이들을 단서로 하여 끝없는 생을 이끌고, 갖가지 전쟁들도 이를 원인으로 일어난다. 생명과 재산의 안전을 도모하려는 것이 오히려 목숨과 재산의 위태로움을 초래한다.

지금 세상의 제국 전쟁의 백화(白化)와 계급 전쟁의 적화(赤化)는 그 본래의 서원이 목숨과 재산의 안전을 구하는 데 있었지만 그 결과는 오히려 목숨과 재산의 위태로움에 이르고 있지 않는가! 이에 우리 부처님은 오히려 전도되어 참혹한 고통을 받는 사람들을 불쌍히 여겨 십선업을 닦은 사람들이 있는 북주(北洲) 울단월(郁單越)의 사람들에 대해 설하고 있다. 부처님은 말한다.

수미로(須彌盧)는 하나의 태양계의 총칭이다. 이 태양계 가운데 인간은 4주(洲)에 있다. 지구는 4주 가운데 하나이고 이름을 남섬부주(南瞻部洲)라 한다. 북은 울단월[91]이라 하고, 『기세인본경』에서 설하는 것과 같다.

비구들이여, 저 울단월주에는 한량없는 산이 있다. 그 많은 산에는 갖가지 나무가 있는데, 그 나무는 울창하며 여러 가지 향기를 내고 그 향기는 널리 퍼져 모든 곳에 가득하다. 거기에는 온갖 풀이 나는데 모두 청감색(靑紺色)이며, 오른쪽으로 돌아 굽은 것이 마치 공작(孔雀)의 깃털과 같고, 향기는 파리사가(婆梨師迦) 꽃과 같다. 촉감이 부드럽고 연함은 가전연제(迦旃連提)와 같다. 길이는 손가락 네 마디만 한데 밟으면 쓰러졌다가 다리를 들면 다시 일어난다. 여러 가지 나무가 있는데 나무는 여러 가지 줄기와 잎과 꽃과 열매를 내고 온갖 향기가 퍼져나간다.

부처님은 하나의 경계를 설하면서 매번 토지, 밭, 나무, 화초를 먼저 설한다. 부처님이 전원생활에 주의를 매우 기울임을 알 수 있다.

갖가지 모든 새가 각각 스스로 지저귀는 소리가 온화하고 우아하고 미묘하다. 저 모든 산에는 여러 가지 강이 흐른다. 모든 길은 사방으로 흩어져 평탄하고 순조롭게 아래로 내려오면서 점점 조용하게 흐르는데 물결이 없고 또 빠르지도 않으며, 그 물가는 깊지가 않고 고르게 얕아서 건너기가 쉽다. 그 물은 깨끗하며 온갖 꽃이 그 위를 덮었는데, 반(半) 유순이나 넓게 두루 가득 차서 흐른다.

저 모든 강의 양쪽 언덕에는 모두 여러 가지 숲이 있어서 물을 따라 그림자를 드리우고, 여러 가지의 향기로운 꽃과 푸른 풀이 가득 펴져 있으며, 여러 가지 과실도 많고 뭇 새들도 함께 지저귄다. 또 저 모든 강의 양쪽 언덕에는 모두 묘하고 아름다운 배가 있어서 여러 가지 색깔이 참으로 아름다운데, 모두 이 금·은·유리·파리·붉은 진주·자거·마노 등의 일곱 가지 보배로 이루어졌다.

각 불경마다 인생에서 가장 중요한 향, 색, 음악, 사람 사는 곳을 감동시키고, 인성을 바꾸는 것에 대해서 매번 음악, 나무, 꽃, 새에 의지하여 설법한다. 환경을 가장 원만하게 바꾸는 것이라고 할 수 있다.

비구들이여, 그 울단월주의 땅은 평평하고 바르며 모든 가시나무, 구덩이, 빽빽한 숲이 없으며, 역시 대변같이 더럽고 부정한 것이나 조약돌, 기와와 자갈 등의 쓸모없는 물건이 없이 순수한 금, 은으로 되어 있다.
춥지도 않고 덥지도 않으며 시절이 조화롭고 또 그 땅은 항상 윤택하고 푸른 풀이 가득 덮였으며, 여러 숲과 나무들은 잎이 항상 무성하고 꽃과 과일이 가득하다.

비구들이여, 그 울단월주 가운데 여러 숲이 있는데 이름을 안주(安住 : 마음이 편안한 중생들이 머무는 행복한 땅)라고 한다. 그 나무는 모두 높이가 6구로사(拘盧舍, 1구로사는 5리)[92]인데 잎이 빽빽하게 중첩되어 빗물이 새지 않게 차례로 서로 잇닿은 것이 마치 띠로 집을 이은 것과 같아서 저 모든 사람들이 나무 아래에서 살고 있다(『백 년 후 새로운 사회』라는 책에서는 장래의 도시 위에는 공공의 차양막이 있어 햇볕을 가리고 비를 피하고 바람이 통한다고 주장한다. 이 나무가 바로 그러한 역할을 하는 것과 같다).

또 모든 향나무는 역시 높이가 6구로사인데, 어떤 것은 높이가 5구로사, 4·3·2·1구로사인 것도 있고 가장 작은 것은 높이가 반 구로사이다. 모두 갖가지 잎과 꽃과 더불어 열매가 있는데 그들 모든 나무는 마음에 따라서 여러 가지 향기를 낸다.

또 겁파수(劫波樹)가 있는데 역시 높이는 6구로사, 나아가 5·4·3·2·1구로사이고 가장 작은 것은 반 구로사이다. 모두 여러 가지 잎과 꽃과 더불어 열매가 있는데, 그 열매 옆에는 저절로 여러 가지 잡의(雜衣)가 나와 나무 사이에 걸려 있다.

또 여러 가지 영락(瓔珞)의 나무가 있는데, 그 나무 역시 높이는 6구로사 나아가 5·4·3·2·1구로사이고 가장 작은 것은 반 구로사이다. 모두 여러 가지 잎과 꽃과 더불어 과일이 있는데, 그들 모든 과일은 마음에 따라서 갖가지 영락을 내어 아래로 드리우고 있다.

또 여러 만수(鬘樹)가 있는데 그 나무 역시 높이는 6구로사, 나아가 5·4·3·2·1구로사이고 가장 작은 것은 반 구로사이다. 역시 갖가지 잎과 꽃과 더불어 열매가 있는데, 그들 모든 열매는 마음을 따라서 갖가지 꽃다발 모양[鬘形]을 내어서 나무에 걸어 놓는다.

또 여러 기수(器樹)가 있는데(오늘날의 기관에서 나오는 관이 그것이다) 그 나무 역시 높이는 6구로사, 나아가 5·4·3·2·1구로사이고 가장 작은 것은 반 구로사이다. 역시 여러 가지 잎과 꽃과 더불어 열매가 있는데, 그들 열매는 마음을 따라서 갖가지 기관 모양을 내어 나무에 달아 놓았다.

또 갖가지 많은 과수(果樹)가 있는데 그 나무 역시 높이는 6구로사, 나아가 5·4·3·2·1구로사이고 가장 작은 것은 반 구로사이다. 모두 여러 가지 잎과 꽃과 더불어 열매가 있는데, 그들 모든 열매는 마음을 따라서 갖가지 많은 열매를 내어 나무 위에 있게 한다.

그 다음은 또 음악 나무가 있는데(자동 오르간과 비슷하다) 그 나무 역시 높이는 6구로사, 나아가 5·4·3·2·1구로사이고 가장 작은 것은 반 구로사이다. 역시 여러 가지 잎과 꽃과 더불어 열매가 있는데, 그들 모든 열매는 마음을 따라서 많은 음악 모양

[音樂形]을 내어 나무 사이에 걸어 놓았다.

그 땅은 또 밭 갈고 씨 뿌리지 않아도 자연히 멥쌀이 자라나는데, 청결하여 희고 깨끗하며 껍질이 쭉정이가 되는 것이 없다. 만약 밥을 지으려 하면 이때 많은 돈지(敦持) 열매가 있어서 가마솥이 되며, 모든 화주(火珠)가 있어 땔감을 빌리지 않아도 저절로 불꽃이 나와(이는 오늘날의 전기버너가 분명하다) 하고자 했던 일이 모두 이루어져 익는다. 모든 밥이 익고 나면 화주의 불꽃은 저절로 꺼지고 다시는 타지 않는다.

이는 기관 모양의 나무, 화주(火珠)를 말한 것으로 부처님의 신통력으로 오늘날의 기계문명세계를 밝혔음을 알 수 있다. 높고 큰 모습은 기계공장이고 가지는 기관이다. 이와 같이 물질문화가 원만한 세계는 모두 일반인들이 헛소리라고 했던 것인데 다 잘못된 것이다.

비구들이여, 그 울단월주를 둘러싼 사면에는 네 개의 못이 있는데 못 이름을 아뇩달다(阿耨達多)라고 한다. 세로와 너비는 각각 50유순인데 그 물은 맑고 시원하며 감미롭고 부드러우며 향기롭고 깨끗하여 흐리지 않다. 일곱 겹의 전루(塼壘)와 일곱 겹의 판체(板砌), 일곱 겹의 난간이 주위를 둘러싸고 일곱 겹의 방울 그물과 또 일곱 겹의 다라항수(多羅行樹)가 있어 주위를 빙 둘러 쌌다. 온갖 색깔이 섞여 있어 참으로 아름다운데 모두 금・은・유리・파리・적진주・자거・마노 등의 일곱 가지 보배로 이루어졌다.

그곳 사방에 각각 층계가 있고 여러 가지 색깔이 섞여 있어 참으로 아름다우며, 나아가 마노 등 일곱 가지 보배로 이루어졌다. 우발라・발두마・구모타・분다리가 꽃 등과 푸른색・노란색・붉은 색・흰색 및 옥색 등의 여러 가지 꽃이 있는데, 하나하나의 꽃의 둘레는 수레바퀴만큼 크며 향기가 짙은 미묘함의 극치를 이루었다. 그리고 모든 연뿌리는 크기가 수레의 축과 같으며, 그것을 쪼개면 즙이 나오는데 그 색은 젖빛과 같고 그것을 먹으면 감미롭고 맛은 달기가 꿀과 같다.

비구들이여, 저 아뇩달다 못의 네 면에는 또 네 개의 큰 강물이 있어 순리를 따라 아래로 바르고 곧게 흐르며 물결도 없고 빠르지도 않고 느리지도 않다. 그 언덕은 높지 않고 평평하고 얕아서 들어가기가 쉽다. 물은 제멋대로 흐르지 않고 여러 꽃이 가득 덮여 있는데 너비가 1유순이다. 저들 모든 강의 양쪽 언덕에는 여러 가지 숲이 있는데 서로 섞여서 그림자를 드리우고 있으며, 또 여러 가지 미묘한 향기를 낸다. 갖가지 풀이 났는데 청색이며 부드럽고 연하며 오른쪽으로 돌아 굽었다. 간략히 말하자면, 높이는 네 손가락만 하고 밟으면 따라 눕고 발을 들면 다시 고르게 된다. 그리고 모든 새들의 갖가지 음성이 있고, 그 강의 양쪽 언덕에는 또 모든 배가 있는데, 여러 가지 섞인 색은 참으로 아름다우며, 나아가 자거·마노 등의 보석이 합해져 이루어졌으며 감촉의 부드러움은 마치 가전린제가(迦旃隣提迦) 옷과 같다.

비구들이여, 저 울단월주에는 또 못이 하나 있는데 이름을 선현(善現)이라 한다. 그 못의 세로와 너비는 백 유순이며 시원하고 부드러우며 깨끗하고 흐림이 없다. 일곱 가지 보배로 된 계단이 있고, 나아가 연근의 맛은 꿀처럼 달다(선현이란 이 세계의 인성이 선하고 묘하고 세계가 바로 나타나는 것이 다투고 죽임이 하나도 나타나지 않는다는 뜻이다. 아래도 이 뜻과 비슷하다).

비구들이여, 그 선현 못 동쪽에 동산이 있는데 그 이름도 선현(善現)이다. 그 동산의 세로와 너비는 백 유순이며 일곱 겹의 난간과 일곱 겹의 방울 그물, 일곱 겹의 다라항수가 둘러쌌다. 여러 가지 색이 참으로 아름다운데 자거와 마노 등의 일곱 가지 보배로 이루어졌다.

대동세계에서는 돈과 금이 다 없어지고 금과 흙이 값이 같아 금으로 담장을 쌓는 것이 흙으로 담장을 쌓는 것과 같다.

비구들이여, 저 선현 동산은 평평하고 바르며 단정하고 엄숙하며 모든 가시나무·구릉·구덩이가 없고, 역시 대변이나 조약돌, 기와와 자갈과 같은 모든 잡된 더러움 등이 없으며(이는 기관이 물로 대변을 씻어낸다) 금·은이 많이 있다. 춥지도 않고 덥지도 않고 절기(節氣)는 조화롭고 항상 샘물이 흘러(물이 저절로 나온다) 사면을 가득 채운다. 나무와 잎이 무성하고 꽃과 열매가 달리고 온갖 향훈(香薰)과 온갖 무리의 새들이 항상 묘음(妙音)을 내어 지저귀는 소리가 화평하고 우아하다. 또 모든 풀은 청색으로서 오른쪽으로 감겨졌는데, 부드럽고 매끄러운 것이 마치 공작의 깃과 같으며 항상 향기가 있다. 저 파리사(婆利師) 꽃은 감촉이 마치 가전린제 옷과 같아서 발로 밟을 때는 다리를 따라 일어서기도 하고 눕기도 한다. 또 많은 나무가 있는데 그 나무에는 여러 가지 뿌리와 줄기, 잎과 꽃 및 열매가 많이 있으며, 각각 온갖 향기를 내어 널리 퍼진다.

비구들이여, 저 선현 동산에는 또 많은 나무가 있는데 이름을 안주(安住)라고 한다(어질고 안온한 사람들이 가히 머물 수 있을 것이다). 그 나무가 솟은 높이는 6구로사이다. 그 나뭇잎은 조밀하여 비가 와도 새지 않는데 나뭇잎이 연달아 잇대어 있는 것이 마치 띠로 집을 덮은 것과 같다. 저 모든 사람들은 다 그 아래에서 거주하며 머문다. 모든 향나무가 있고 모든 겁파수(劫波樹)가 있고 모든 영락수(瓔珞樹)가 있고 또 만수(鬘樹)가 있고 모든 기물수(器物樹)가 있고 모든 과수(果樹) 등이 있으며, 또 저절로 깨끗한 멥쌀과 잘 익은 밥이 있다.

비구들이여, 저 선현 동산에는 나도 없고 주인도 없고 수호자도 없다(수호자는 병력과 경찰인데 대동세계에는 그들이 없다). 그 울단월주 사람들이 선현 동산에 들어가는데 들어가서는 유희하며 갖가지 즐거움을 받는다. 뜻에 따라 혹 동문·남문·서문·북문에 가고자 하면 그 가운데 들어가 유희하고 목욕하며 즐거움을 받으며 다니다가 마음에 따라 그곳을 떠나고 싶으면 즉시 떠난다.

비구들이여, 그 선현 못에는 울단월주 사람들을 위해 남쪽 가에 동산이 있는데 이름을 보현(普賢)이라 한다(보현이란 사람들이 모두 요 임금, 순 임금, 신선, 부처와 같고 성품이 모두 선하고 어질다는 뜻이다). 그 동산의 세로와 너비는 1백 유순이며 일곱 겹의 난간이 주위를 둘러싸고 있다.

비구들이여, 그 보현 동산에는 수호자가 없다(병력과 경찰이 없는 것이 대동의 주요한 정치로 볼 수 있다). 단지 울단월주 사람들이 보현 동산에 들어가 목욕하고 유희하며 즐거움을 누리고자 하면, 그들은 동문·남문·서문·북문으로 들어가 목욕하고 유희하며 즐거움을 누리다가 마음에 따라 그곳을 떠나고 싶으면 즉시 떠난다.

비구들이여, 저 선현의 못에는 울단월주 사람들을 위하여 서쪽 가에 동산이 있는데 이름을 선화(善華)라 한다(선한 마음이 꽃을 피운다). 그 못의 가로와 너비는 1백 유순이고 일곱 겹의 난간이 주위를 둘러싸고 있는데, 간략히 말하자면, 나아가 선현 동산 등과 다름이 없다. 또 수호하는 사람도 없어(다시 말하지만 병력이나 경찰이 없는 것이다) 단지 울단월주 사람들이 선화 동산에 들어가 목욕하고 유희하며 즐거움을 받고자 하면, 즉시 동문·남문·서문·북문으로 들어간 다음 목욕하고 유희하며 즐거움을 누리다가 마음에 따라 그곳을 떠나고자 하면 즉시 떠난다.

비구들이여, 그 선현 못 북쪽 가에 동산이 있는데 이름을 선락(善樂)이라 한다(슬픔은 없고 오직 기쁨, 대환희만이 있다). 세로와 너비가 똑같이 1백 유순이고 나아가 수호자가 없다(다시 말하지만 병력과 경찰이 없다). 그 울단월주 사람들이 희락 동산에 들어가 목욕하고 유희하며 즐거움을 누리고자 하면, 즉시 동문·남문·서문·북문으로 들어가 목욕하고 유희하며 즐거움을 누리다가 그곳을 떠나고자 하면 즉시 떠나는데, 간략히 말하자면 앞의 선현 동산 등과 같다.

비구들이여, 그 선현 동산과 접해 있는 선현 못 동쪽 기슭에 큰 강이 있는데 이름을 이입도(易入道)라고 한다(사람들이 선도에 들어가기 쉬운 것을 말한다). 점차 아래로 흘러가는데 물결이 없고 또 빠르지도 않다(사람들에게 번뇌가 없다). 온갖 꽃이 덮여서 흐르는데 너비가 2유순 반이다.

비구들이여, 그 이입도강 양쪽 언덕에는 여러 가지 나무가 덮고 있으며 온갖 향기가 나고 온갖 풀이 자라서, 간략히 말하자면, 촉감의 부드러움이 마치 가전린제가 옷과 같다. 발로 밟을 때는 네 손가락만큼 아래로 엎드리고 발을 들 때는 다시 네 손가락만큼 일어선다. 여러 가지 나무와 여러 가지 잎과 꽃과 열매가 갖추어 있고, 여러 가지 향이 나고 갖가지 새가 있어 각각 스스로 지저귄다.

그 이입도강의 양쪽 언덕에는 여러 가지 묘한 배가 있는데 여러 가지 색이 섞여서 참으로 훌륭하다. 금 · 은 · 유리 · 파리 · 적진주 · 자거 · 마노 등의 일곱 가지 보배로 장엄하게 장식되어 있다.

비구들이여, 그 선현 못 남쪽에는 울단월주 사람들을 위하여 큰 강이 흐르는데 이름을 선체(善體)라고 한다. 점차 아래로 흐르는데 간략히 말하자면 이입도강과 같다. 이곳에 있는 여러 가지의 것도 그것과 다름이 없으며, 나아가 모든 배도 여러 가지 색으로 이루어졌고 부드럽기가 마치 가전린제가 옷과 같다(이상은 반복해서 사람들의 마음이 선하고 어진 것, 사람들의 마음이 꽃을 피우고,

선한 도에 쉽게 들어가고, 마음에 파도가 일지 않는 것을 설하고 있다. 이 인성과 환경은 동시에 개조된다).

비구들이여, 그 선현 못 서쪽에는 울단월주 사람들을 위하여 큰 강이 흐르는데 이름을 등거(等車)라 하며, 설명은 생략하거니와 점차로 내려간다.

비구들이여, 그 선현 못 북쪽에 울단월주 사람들을 위하여 큰 강이 흐르는데 이름을 위주(威主)라 하며(사람들이 모두 스스로 주인이고 자유롭다) 점차로 내려간다. 간략히 말하자면, 나아가 양쪽 언덕에는 배가 있는데 일곱 가지 보배로 장식하였고, 부드럽기가 마치 가전린제가 옷과 같다. 여기에 울타나가타(郁陀那伽他)[93]가 있다.

선현(善現)과 보현(普賢) 등
선화(善花)와 희락(喜樂)
이입도(易入道)와 선체(善體)
등거(等車)와 위주하(威主河)이니라.

비구들이여, 그 울단월주 사람들이 이입도와 선체, 등거 및 위주 등의 강에 들어가 목욕하고 유희하며 여러 가지 즐거움을 누리고자 할 때는 즉시 모두 저 강의 양쪽 언덕에 이른다. 각자 옷을 벗어 언덕 기슭에 두고 물에 들어가고자 하기 때문이다. 배 위에 앉아 타고 물 가운데로 나아가서 몸을 씻고 유희하며 즐거움을 받는다. 저들은 누구든 가장 먼저 나오는 자가 있으면 즉시 상의(上衣)를 취하여 마음대로 입고는 마음에 따라 가는데, 역시 자기의 본래 옷만을 오로지 찾지는 않는다(오늘날 입원한 사람들은 본래의 옷을 입지 않는 것처럼 미래 대동세계에서도 그와 같다). 무슨 까닭인가. 저 울단월주 사람들은 '나'와 '내 것'이 없고 수호자가 없기 때문이다.

또 저들이 향나무로 가서 향나무에 이르게 되면, 이때 향나무는 저들을 위하는 까닭에 나뭇가지를 아래로 드리운다. 저 모든 사람들을 위해 향나무는 즉시 갖가지 묘한 향기를 내어(이는 분명히 향을 내뿜는 기구이다) 손으로 잡을 수 있도록 한다. 이때 그 사람들은 그 나무에서 여러 가지 뭇 향을 취해서 몸에 바른다.

다시 각기 겁파수 아래로 향해 가는데 도착하면 그 나무 역시 앞서와 같이 나뭇가지를 아래로 드리워 여러 가지 옷을 내어(이는 장롱이다) 그 모든 사람들로 하여금 손으로 잡을 수 있게 한다. 그 모든 사람들은 그 나무에서 갖가지 묘한 옷을 취하고 취한 다음에 입는다.

(옷을) 입은 다음에는 돌아서 모든 영락수로 향한다. 그 나무에 이르면 모든 사람들을 위해 그 영락수의 가지 역시 아래로 드리

운다(이것은 화장기구이다). 그들을 위하는 까닭에 그 영락수는 여전히 나무에서 갖가지 영락을 내어 손으로 잡을 수 있게 한다. 그 모든 사람들은 그 나무에서 여러 가지 영락을 취해 몸에 단 다음에 만수(鬘樹)로 향해 간다.

만수에 이르면 그들을 위하는 까닭에 그 만수의 가지 역시 스스로 아래로 드리운다. 이때 만수는 갖가지 꽃장식을 내어 그 사람들로 하여금 손으로 잡을 수 있게 한다. 그 나무에서 갖가지 장식을 취해서는 머리에 매단 다음 기수(器樹)로 향해 간다.

기수에 이르면 기수는 그들을 위해 역시 가지를 아래로 드리워 손으로 잡을 수 있게 하는데, 갖고자 하는 대로 그릇을 즉시 취하여 사용할 수 있다.

과수(果樹)로 향해 가서 과수에 이르면 그들을 위하는 까닭에 과수는 가지를 드리운다(과일 기계다). 그들을 위하는 까닭에 그 과수는 여러 가지 과일을 내어 손으로 잡을 수 있게 한다. 그 사람들은 그 나무 아래에서 갖고자 하는 대로 과일을 자기 뜻에 맞게 취한다. 취한 다음에는 혹은 그 과일을 먹는 자도 있고, 혹은 그 즙을 짜서 마시는 자도 있다(과즙 기계다). 마시기를 마친 다음 음악수림(音樂樹林)으로 향해 간다(음악 기계다).

그 나무에 이르면 그들을 위하는 까닭에 그 음악나무 역시 가지를 아래로 드리우고 그들을 위해 모든 음악기(音樂器)를 내어 손으로 잡을 수 있게 한다. 그 사람들은 그 나무 사이에서 각각 필요한 바에 따라 뭇 음악기를 취하여 가지는데, 그 형상은 미묘하고 그 음은 조화롭고 우아하다. 연주하고 싶으면 연주하고 춤추고 싶으면 춤추고 노래하고 싶으면 노래한다. 이와 같이 갖가지 즐거움을 누리다가 마치고 나면 각자 갈 곳을 따라 떠나고 싶은 대로 떠난다.

이 문단에서는 매우 분명하게 대동세계의 낙원에서 공동으로 사용하는 기계들을 밝히고 있다. 오늘날 사람들이 이 기계들을 실제로 사용하지만, 과거에는 이들을 사용하지 못한 것은 선한 성품이 발현되지 않았기 때문이다.

비구들이여, 그 울단월주 사람들은 머리칼이 청색이고 긴 여덟 손가락을 늘어뜨렸다. 그 사람은 한 가지 색과 한 가지 형상이라서 별도의 용모로 그 다름을 알 수 있는 것이 없다(이 부분이 매우 중요한데 인종은 진화하여 열등한 종은 도태된다. 현재 골튼(Galton, 1822~1911)[94]의 우생학이 바로 이를 말한다).

비구들이여, 울단월 사람들은 온전히 드러난 모양도 아니고, 반만 드러난 모양도 아니며 좋아하거나 싫어하는 것도 없다. 이빨은 모두 가지런하고 촘촘하여 성글지도 않고 빠지지도 않았으며, 아름답고 결백하기가 오히려 가패(珈貝)와 같이 밝고 깨끗하여 참으로 아름답다.

비구들이여, 울단월 사람들은 만약 주리고 목이 말라서 먹고 마시기를 바랄 때에는 그들은 즉시 취하는데 일찍이 밭을 갈아 씨를 뿌리지 않아도 자연히 멥쌀이 생겨나고, 그것은 깨끗하고 결백하며 쭉정이가 없다. 그것을 가져다 돈지(敦持) 열매 안에 두고 나면 즉시 화주(火珠)가 밑에 놓이고, 그 화주는 중생의 복력(福力)으로 (지혜와 덕을 겸하게 교육하여 도달한다) 저절로 불꽃을 내어 밥을 익힌 다음 불꽃은 다시 소멸된다. 저 사람들 중에 밥을 먹고자 하는 자가 즉시 자리에 앉으면, 그때 동·서·남·북에서 먹고자 하는 자들이 오는데 그들을 위하여 (고대 스파르타에서는 백성들과 국왕이 함께 식당에서 밥을 먹었고, 장래에는 개인 주방이 없어질 것이다. 러셀이 말한 공공 식당과 호텔이고, 크로포트킨(Kropotkin, 1842 ~ 1921)[95]이 말한 협동 부엌이다) 밥상을 차려 놓는다. 밥 먹기를 다 마치지 않았거나, 나아가 그 밥을 베푼 사람들이 자리에서 일어나지 않으면 그들의 밥은 항상 가득 차 있다. 그들은 저 자연의 멥쌀을 먹는데 익은 밥에는 겨나 쭉정이가 없으며, 깨끗하고 향기롭고 아름다워서 국이 필요 없다. 온갖 맛이 두루 갖추어지고, 희기는 마치 꽃무더기 같으며, 그 색은 마치 천수타(天酥陀)와 같다. 저들이 이 밥을 먹을 때 몸이 충실해져서 쇠함[缺減]도 없고 늙음도 없고 변화도 없으며, 고요하여 움직임도 없다. 나아가 그 밥은 그들의 이익을 도와 몸과 기력을 안락하게 하고 변재(辯才)를 두루 갖추게 해준다.

비구들이여, 그 울단월 사람들은 만약 모든 부녀(婦女)를 가까이 할 욕망에 집착하는 마음이 생기어 뜻이 서로 맞는 자가 있으면 그는 즉시 그 부녀를 똑바로 바라본다. 그러면 그 부녀는 즉시 그 사람을 좇아 따라가서 나무 아래에 이른다. 만약 그 부녀가 그 사람의 어머니이거나 혹은 이모이거나 자매 등이면 그들을 위하는 까닭에 그 숲은 가지를 아래로 드리우지 않는다. 그 잎은 즉시 누렇게 말라 떨어져서 각기 서로 덮어주지 않고 또 꽃도 내지 않으며 또한 침상도 펴지 않는다. 만약 어머니가 아니고 역시 이모도 아니고 자매도 아니면 그 모든 수목은 즉시 드리워 덮어준다. 가지와 잎은 울창하고 무성하며, 나뭇가지는 각각 함께 서로 가려 덮어주며 뭇 꽃도 아름답게 핀다. 또한 그들을 위해 백천 가지의 침상과 와구(臥具)를 펴준다. 그들은 서로 잡고 그곳에 들어가 환락하며 즐거움을 누리기를 마음대로 한다(또한 나무가 커다란 방과 공원이 됨을 알 수 있다).

대동세계의 사람들은 복희씨(伏羲氏) 이전에 성씨가 없던 것처럼 대부분 간지(干支)를 사용하여 문신으로 혈통의 원근을 기억한다.

비구들이여, 그 울단월 사람들은 잉태하여 7일을 머물고 제8일에 이르면 그 부인은 바로 생명을 낳는다. 낳은 다음에는 남자이건 여자이건 즉시 그 자식을 네거리 길 가운데에 안정되게 앉혀 놓고는 아이를 버리고 간다(이는 남녀가 함께 양육함을 분명히 말하고 있다). 그 때에 저 동·서·남·북의 사람들이 오는 것은 그 모든 사람들이 그 남녀를 양육하고자 하기 때문이다. 각각 손가락을 그들 남녀의 입 속에 넣으면 그들의 손가락 끝에서 좋은 단 젖이 나와(이는 오늘날 사용하는 젖병이다) 저 남녀에게 주는데 마시고 나면 활기를 얻는다. 이와 같이 하여 7일이 되면 그들 남녀는 곧 한 종류로 몸의 양(量)이 성취되어 저 사람들과 같아져 다름이 없다. 만약 남자이면 즉시 남자를 따라 짝하여 서로 좇아가고, 만약 여자이면 즉시 부녀를 따라 길동무가 되어서 간다(사람들이 큰 무리를 짓고, 진정으로 천하가 한 가족을 이룬다).

비구들이여, 그 울단월주 사람들은 수명이 일정하여 중간에 요절함이 없다. 만약 목숨을 마칠 때는 즉시 하늘에 태어난다. 다시 생각하건대 그 중간에 무슨 인연으로 그 울단월주 사람들은 정해진 수명을 얻고 목숨을 마친 후에는 모두 하늘로 가는 것일까. 비구들이여, 세상에 어떤 사람이 오로지 살생을 하고 남의 재물을 도적질하고 사음(邪婬)·망어(妄語)·양설(兩舌)·악구(惡口) 및 기어(綺語) 등을 짓고 탐욕과 성냄과 삿된 견해를 가진다면,

이러한 인연으로 몸이 무너지고 목숨이 끝나면 마땅히 악도(惡道)에 떨어져 지옥 가운데 있게 된다.

또 어떤 한 사람이 일찍이 살생하지 않고 남의 물건을 훔치지 않고 사음을 행하지 않고 또 망어도 하지 않고 양설도 하지 않고 기어도 하지 않고 악구도 하지 않고 탐욕도 내지 않고 성도 내지 않고 삿된 견해도 가지지 않는다면, 이러한 인연으로 몸이 무너지고 목숨이 끝나더라도 선도(善道)로 향하여 가서 인천(人天) 가운데 태어난다.

또 어떤 인연으로 아래로 향하여[向下] 태어나는 사람은 살생 및 삿된 견해 등을 가지게 되며, 위로 향하여[向上] 태어나는 자는 불살생 및 바른 견해를 가지게 되는 것일까.

또 어떤 사람이 이와 같은 생각을 한다.

'나는 지금 십선(十善)을 행하고 이 인연으로 몸이 무너지면 마땅히 울단월주 사람 가운데 태어나고(이것은 오늘날의 사람들이 십선을 행하면 이 세계가 울단월주로 바뀐다는 것을 말한다), 그 가운데 나서는 천 년을 머물며 더하지도 않고 덜하지도 않으리라.'

그는 이와 같이 모든 착한 원을 세운 다음, 십선업을 행하고 몸이 무너져 울단월주 가운데에 태어났다. 그는 그곳에서 수명이 천 년이 차도록 머물며 더하지도 덜하지도 않았다.

비구들이여, 이러한 인연으로 그 울단월주 사람들은 정해진 수명을 얻었다.

비구들이여, 어떤 인연으로 위에 가서 태어나는가. 비구들이여, 염부주 사람이 다른 변방에서 십선업을 받고는 몸이 무너져서 울단월주 사람 가운데 태어났다. 그 울단월 사람들은 이같이 옛적에 십선업을 구족함이 있었고 여법(如法)하게 행했으니 몸이 무너져서는 다 마땅히 위로 선처(善處)로 가서 모두 하늘 가운데에 태어난다. 비구들이여, 이러한 인연으로 울단월주 사람들은 위의 승처(勝處)로 향하느니라.

비구들이여, 그 울단월주 사람들은 만약 수명이 끝나고 다할 때에는 사람처럼 근심하고 슬퍼하거나 울며 곡하는 것이 없다. 오직 장엄한 다음 네거리 큰 길 가운데에 놓고는 버리고 간다. 비구들이여, 그 울단월주 사람들은 이와 같은 법이 있다.

만약 그 중생이 수명이 다하면 때를 맞추어 즉시 새 한 마리가 날아온다. 그 새의 이름은 우선가마(優禪伽摩)(수나라 말로는 고서(高逝)[96]라 한다). 이때 그 우선가마 새는 큰 산 계곡으로부터 빠르게 날아와 즉시 그 머리카락을 물어서 그 시신을 가지고 다른 주(洲)에다 던져 놓는다(이는 일종의 비행기이고, 장래에는 비행선이 시신을 운반하는 데 사용될 것이다). 무슨 까닭인가. 울단월주 사람들은 업이 청정하기 때문이고 마음을 기쁘게 하고자 하기 때문에 바람으로 하여금 그 냄새의 더러운 기운을 불지 못하게 하기 위해서이다.

비구들이여, 그 울단월주 사람들이 만약 대소변을 보고자 할 때는 그 사람을 위하기 때문에 그 땅이 갈라졌다가 나오고 나면 다시 합해진다(이것 역시 양변기이다). 무슨 까닭인가. 그 울단월주 사람들이 청정하고자 하기 때문이며, 마음을 기쁘게 하고자 하기 때문이다. 다시 생각하건대 그 가운데 무슨 인연이 있어 그 이름을 울단월주라고 말하는가.

비구들이여, 그 울단월주는 사천하에서 다른 세 개의 주(洲)와 비교하여 최상(最上)이고 가장 미묘하며 가장 뛰어나다. 그런 까닭에 울단월주(번역하면 가장 뛰어나다는 말이다)라고 하는 것이다.

이상에서 울단월주가 천상도 아니고, 다른 정토도 아니고 이 태양계 가운데의 하나이고 사람이 존재하는 곳이 확실하다. 특히 태양계 중의 인간은 4천하에 있다. 이는 가장 수승한 모범적인 인간이다. 이 태양계 중에 모범 인간이 있으니 마땅히 우리도 갈 수 있다. 이 모범 인간을 살펴보면 복(福)이 충만한 한 주(洲)가 있어 재산이 모두 갖추어져 있다. 수명은 천 년이어서 생명도 안녕하다. 우리가 구하는 '생명과 재산이 안전한 곳'의 소원을 만족한다고 말할 수 있다. 이 수승한 과보를 얻는 원인은 십선업을 행하는 데 있으니 우리들이 목숨과 재산의 안전을 원한다면 십선업을 부지런히 행하여 그곳에 이를 수 있다. 우선 이 울단월주의 인간주의를 남섬부주(즉 지구)에서 시행한다면 남섬부주가 변해서 북울단월주가 될 것이다.

　　힘쓰자! 사람마다 십선업을 행하자! 힘쓰자! 사람마다 십선업을 행하자!

　　다음으로 영원한 삶을 사는 극락의 획득에 대해 말하겠다. 북울단월주의 인간들은 비록 목숨과 재산의 안전은 얻었지만 수명은 천 년으로 정해져서 마침내 죽게 되니 영생은 아니다. 복은 북울단월주에 가득하지만 한계가 있으니 극락은 아니다. 그러므로 목숨의 영생과 재산의 극락이 아니라서 우리들의 본원을 만족시키지 못한다. 이로 인해 부처님은 무량수정토(無量壽淨土)를 말한다.

현대 인간의 고뇌

우리 이 남섬부주에 사는 인간의 고뇌는 세 가지에 기인한다. 첫째는 외계에 의한 고통이고, 둘째는 몸에 의한 고통이고, 셋째는 사람들에 의한 고통이다. 외계에 의한 고통에는 바람, 비, 번개, 우박, 서리, 눈, 추위, 지진, 장대비, 해일, 파도, 험난한 길, 뱀, 호랑이 등의 재난이다. 몸에 의한 고통에는 배고픔, 목마름, 차가움, 뜨거움, 음욕, 노쇠, 장애, 질병, 요절 하는 등의 모든 환란이다. 사람들에 의한 고통에는 빚, 체포, 쟁탈, 함정에 빠지는 것, 감금, 병역, 전투, 살상, 사랑하는 것과의 이별, 원수와의 만남 등의 모든 해악이다.

울단월주는 외계에 의한 고통 및 사람들에 의한 고통을 멀리 여의었으나 몸에 의한 고통만 약간 남아 있을 뿐이다. 무량수정토는 모든 고통이 다 멸하였기에 극락이라고 한다. 지금 이 남섬부주의 인간들은 과학의 자연에 대한 정복 및 기계의 발전에 의하여 외계의 고통 및 몸의 고통을 점차 멸해가고 있다. 그러나 과학과 기계의 힘으로도 대재앙, 예를 들면, 태풍, 홍수, 지진, 해일, 악한 질병, 거대한 질병 등은 방지할 수가 없고, 반대로 보면 대규모 재앙의 출발이고, 독의 화를 인간은 피할 길이 없다. 이로써 청정하지 않은 중생심이 업의 근원임을 알고 물력(物力)에 의해 막고 가려서 마침내 변형되고 비정상이 되어 나타나 수습할 수 없는 지경에 도달한다. 근년에 일본 등의 대지진의 재앙은 매우 두렵고 무섭다. 호주의 어떤 예언가가 3~4년간에 유럽, 아시아, 미국 국민은 장차 태반이 사라질 것이라고 예언했다. 오호! 인간이 사는 곳은 붕괴되고 둥지에는 완전한 알이 거의 없다. 고통이로다! 고통이로다!

사람들에 의한 고통은 날이 갈수록 심해져서 더욱 참혹하다! 인류의 스승들은 법을 가르쳐 생물들이 적자생존하는 학설을 보여주었으나 깊은 뜻은 살상 기구가 되고, 하는 일은 전쟁이 되었다. 부부, 부자, 형제는 가정에서 서로 싸우면서 서로 죽이고, 친척, 동네, 고향들은 마을에서 서로 싸우면서 서로 죽이고, 사농공상들은 사회에서 서로 싸우면서 서로 죽이고, 군정, 의회, 경찰은 각 성(省)과 나라에서 서로 싸우면서 서로 죽인다. 각 나라는 서로 싸워서 제국주의의 침략의 백화(白化) 대전쟁으로 고조되었다. 각각 계급의 투쟁은 노동자들의 적화(赤化) 대전쟁으로 고조되었다. 지금 세상의 모두는 적화와 백화의 두 가지 강한 전쟁의 재앙 중에 있어 불길의 재앙이 눈앞에 벌어지고, 끔찍하게 요동쳐서 어쩔 줄을 모르겠다!

  오호! 슬프다! 이러한 일이 벌여져 화염이 허공을 뒤덮고 독가스가 세계에 가득하도다! 나에게 불법의 '오악(五惡)'을 '오선(五善)'으로 바꾸는 가르침을 청하였으니 양심 있는 사람들의 자각을 권하노라.

1) 오악(五惡), 오통(五痛), 오소(五燒), 오선(五善)에 대한 부처님의 가르침

  부처님께서 미륵에게 말씀하셨다.

  "그대들이 이 세상에서 마음을 단정히 하고 생각을 바로 하여 모든 악을 짓지 않으면 참으로 훌륭한 공덕이 되어 시방세계에서 가장 뛰어나 비교할 만한 것이 없느니라. 그 까닭은 무엇인가. 모든 부처님 국토의 천인들은 스스로 선한 일을 실천하거니와 결코 나쁜 짓을 하지 않으니, 교화하기가 아주 쉽기 때문이니라.

  이제 내가 이 세간에서 부처를 이루어 오악(五惡)과 오통(五痛), 오소(五燒)의 고통 가운데서 지내는 중생들을 교화하여 오악을 버리게 하고, 오통을 제거하게 하고, 오소를 여의게 하며, 그 뜻을 조

복 받고 교화시켜서 오선(五善 : 戒)을 지니게 하고, 그들로 하여
금 복과 공덕과 제도와 장수(長壽)와 열반을 성취하게 하리라."
부처님께서 말씀하셨다.
"그러면 어떤 것이 오악이고, 어떤 것이 오통이고, 어떤 것이 오
소인지 말하며, 또한 어떤 것이 오악을 없애고 오선을 지니게 하
여 그들로 하여금 복과 공덕과 제도와 장수와 그리고 열반을 성
취하게 하는 것인지에 대하여 말하리라."
부처님께서 말씀하셨다.
"제1악(第一惡)은 다음과 같으니라. 여러 천인이나 사람들을 비
롯하여 미물인 곤충의 무리에 이르기까지 모두 온갖 악한 일을
지으려 하는데, 그렇지 않은 자가 없느니라. 강한 자는 약한 자
를 억누르고, 다시 서로 해치고, 도적질하고, 다투고, 죽이니 서
로 물고 뜯기만 할 뿐이지, 선한 일을 닦아야 한다는 것은 알지
못하고 극악무도한 짓만 일삼기 때문에 재앙과 벌을 받아 죽어
서는 자연히 악도에 떨어져 한량없는 괴로움을 받게 되느니라.
천지신명(天地神明)이 죄악을 범한 자를 기억하고 식별하여 결
코 용서하지 않으므로 가난한 자, 천한 자, 비천한 자, 구걸하는
자, 흉측한 자, 고독한 자, 귀머거리, 장님, 벙어리, 우둔한 자, 어
리석은 자, 또는 왜소한 자, 미친 자, 바보 등의 차별이 있는 것이
니라. 그러나 이와 달리 존경 받는 자 또는 고귀한 자, 부유한 자,

고명한 자, 재능 있는 자, 명철한 자, 그리고 지혜가 밝은 자가 있는데, 이들은 모두 지난 세상[宿世]에서 자비로운 마음과 효성심으로 선행을 실천하고 복덕을 쌓은 과보이니라.

세상에는 인간이 살아가면서 지켜야 할 법도가 있으며, 나라에는 국법과 감옥이 있음에도 불구하고 사람들은 그것을 두려워하거나 삼가지 않고, 나쁜 짓을 하여 그 죄로 감옥에 들어가 재앙과 벌을 받게 된다. 그런 뒤에 벗어나기를 소망해도 그것을 벗어나기가 어려우니라. 이러한 일은 세간에서 흔히 일어나는 일이며, 눈앞에서 볼 수 있는 일이니라.

그러다가 목숨이 다해 후세에 태어나더라도 그 과보는 더욱 깊어지고 더욱더 심해지며, 저 어두운 저승에 들어가 몸을 받아 다시 태어나는데, 이를 현세에 비유하면 그 고통스러움은 지극한 극형과 같으니라. 그러므로 피할 수 없이 자연히 삼악도의 한량없는 고통을 받게 되며, 계속하여 몸을 바꾸어 다른 모습으로 태어나고, 또한 이리저리 다른 처소에 태어나기도 하면서 윤회하는데, 그곳에서 받는 수명은 길거나 짧은데 그 영혼은 자연히 그 몸을 따라가느니라.

그리고 마땅히 태어날 때는 홀로 태어나지만 전생에 원한이 있으면 서로 같은 곳에 태어나서 다시 보복하기를 그치지 않으며, 그 악업이 끊어져 그들의 재앙과 악업이 다하기 전에는 서로 떨어질 수조차 없느니라. 그러므로 이처럼 악도의 굴레를 벗어날 기약을 할 수 없고, 실로 해탈하기도 어려워 그 고통은 이루 말할 수가 없느니라.

천지 사이에는 자연히 인과의 도리가 있어 비록 선과 악을 행했을 때 즉시 그 결과가 나타나지는 않는다고 해도 마땅히 그 선과 악에 따라서 그 업보는 반드시 그것으로 돌아가게 되느니라. 이것을 1대악(大惡), 1통(痛), 1소(燒)라고 하는데, 이로 인해 힘겹고 고통스러운 것을 비유하면 큰 불길이 사람의 몸을 태우는 것과 같으니라.

그러므로 사람으로 태어나 마음을 잘 가다듬고 삿된 마음을 억누르고 몸을 단정히 하고 행위를 바르게 하며 오로지 선한 일을 행하고 온갖 악한 일을 짓지 않는다면, 그 몸은 홀로 악도에서 벗어나거나, 복덕으로 해탈하거나 혹은 하늘에 태어나거나 하여 열반의 도를 성취하게 되니, 이것을 1대선(大善)이라고 하느니라."

부처님께서 말씀하셨다.

"제2악은 다음과 같으니라. 세간의 사람들, 즉 어버이와 자식 사이, 형과 동생 사이, 가문의 권속 사이, 부부 사이 등에 도무지 의리가 없고 법도를 따르지 않으며 사치하고 음란하며, 교만하고 방종하여 각자의 쾌락만을 생각하여 자기 마음대로 행동하며,

문득 상대방을 속이고 미혹하게 하며, 마음과 말이 달라서 말과 생각에 진실이 없느니라.

또한 신하는 아첨할 뿐 충실하지 않고, 교묘하게 말을 꾸며서 하고, 현명하고 어진 자를 질투하고, 착한 자를 비방하여 원망스러운 처지에 빠뜨리느니라. 그리고 임금은 밝은 안목 없이 신하를 등용하여 신하는 자기 뜻대로 계책을 꾸며 여러 가지 일을 벌이며, 임금의 눈치를 살피며 적당히 행동하느니라. 임금의 자리에서 올바르지 않으면, 비록 나라를 잘 다스리는 밝은 이가 있다 할지라도, 마침내 그 신하를 물리치게 되니, 이는 천심이 저버리는 것이니라.

이처럼 신하는 그 임금을 속이고, 자식은 그 어버이를 속이며, 형제나 부부, 안팎에 면식이 있는 사이에도 서로 속이고, 욕심과 성냄과 어리석음을 품고, 스스로 자신의 이익을 가지려고 탐내고 소유하려 하느니라. 존귀한 자이든 비천한 자이든, 아랫사람이나 윗사람의 마음은 모두 똑같이 그러하여 가정을 파괴하고, 자신의 몸을 망치면서 앞뒤를 돌보지 않으므로, 내외의 가족들이 이러한 것들로 말미암아 파멸하느니라.

어떤 때는 가문의 사람들이나, 친구들, 마을 사람들 간에 어리석은 사람들이 일을 함께 도모하다가 문득 서로 이익과 손해가 엇갈려 분노를 드러내고 원한을 품게 되느니라.

어떤 사람은 부유하면서도 인색하여 결코 베풀려고 하지 않고, 오직 보물을 사랑하고 귀중한 것을 탐내어 마음은 수고롭고 몸은 고달프니라. 그러나 이와 같아도 결국에는 믿고 기댈 만한 곳이 없어지며, 이러한 사람은 홀로 왔다가 홀로 가니 아무도 따라가는 사람이 없느니라. 선함과 악함의 결과로 나타나는 화복(禍福)은 몸을 받을 때마다 따라다니므로, 어떤 이는 즐거운 곳에 태어나고, 어떤 이는 고통 속에 빠지되, 나중에 후회해도 결코 다시 되돌릴 수 없는 것이니라.

세간의 사람들은 어리석고 지혜가 모자라서 착한 이를 보고 오히려 미워하고 비방할 뿐, 그를 연모하여 따르지 않으며, 오히려 악한 일을 지으려고 하고, 망령되이 도리에 어긋나는 것[非法]을 지을 뿐이니라.

항상 도적의 마음을 품고 타인의 이익을 부러워하고 탐내며, 재물이 있으면 그것을 탕진하여 없애 버리고는 또다시 구하고 찾느니라. 삿된 마음을 가지고 있어 올바르지 못하니, 항상 두려움으로 가득하여 남의 눈치만 살피며, 미리 헤아리는 마음이 없기 때문에 일을 당하고서야 후회할 뿐이니라.

지금 세상에는 실제로 국법에 따른 감옥이 있어 죄에 따라 재앙과 벌을 받아야 하며, 전생에 도덕을 믿지 않고 선을 닦지 않았으므로 금생에 또 다시 악한 일을 저지르게 되느니라. 그러면 천신은 그 이름을 명부에 적고, 태어날 처소를 식별하여 목숨이 다하고 정신이 떠나면 악도로 떨어지게 하니, 자연히 삼악도의 헤아릴 수 없는 괴로움과 번뇌를 겪게 되고, 그 속에서 윤회하며 세세생생 겁을 지날지라도 벗어날 기약이 없으니, 그 고통은 이루 말할 수 없느니라. 이것을 2대악(大惡)이며, 2통(痛)이며, 2소(燒)라고 하느니라. 이로 인한 고통스러움을 비유하면 큰 불길이 사람의 몸을 불태우는 것과 같으니라. 그러므로 사람으로 태어났을 때 능히 마음을 가다듬고 삿된 마음을 억누르며 몸을 단정히 하고 행위를 바르게 하며 오로지 온갖 선한 일을 실천하고 온갖 악한 일을 짓지 않는다면, 그 몸은 홀로 악도에서 벗어나며, 그 복덕으로 해탈하거나 혹은 장수하거나, 열반을 성취하게 하는 도를 얻게 되니, 이것을 2대선(大善)이라고 하느니라."

부처님께서 말씀하셨다.

"제3악은 다음과 같으니라. 세간의 사람들은 서로에게 기대고 의지하여 함께 천지간에 거주하고 있는데, 그들이 살아가는 햇수와 수명은 얼마 되지 않느니라.

위로는 슬기로운 자, 현명한 자, 덕이 있는 자, 존경 받는 자, 고귀한 자, 부유한 자가 있고, 아래로는 가난한 자, 하인, 비천한 자, 불구인 자, 열등한 자, 우둔한 범부가 있느니라. 이 가운데는 착하지 않은 사람도 있어 항상 삿되고 나쁜 마음을 품어 단지 음란함과 질투만을 생각하고 번뇌가 가슴속에 가득 차 있고 애욕이 어지럽게 얽혀 있으니, 앉으나 일어서나 편안하지 않고, 탐하는 생각으로 질투하며 부질없이 얻으려고만 하느니라.

미색을 갖춘 여자에게 곁눈질하고, 밖에서는 잘못된 행동을 멋대로 하고, 자신의 아내를 싫어하고 미워하여 사사로이 망령된 곳에 드나들며 재산을 낭비하고 손상시키며 법도에 맞지 않는 일을 저지르는 것이니라.

또 어떤 때는 무리를 이루어 모임을 만들고 군대를 일으켜 서로 정벌하며, 공격하고 겁탈하고, 살육하며, 강탈하는 무도한 짓을 하느니라. 또는 삿된 마음으로 항상 남의 재물에 탐을 내어 스스로 부지런히 일하지 않고, 도둑질하여 그것이 어느 정도 뜻대로 되면 더욱 애욕에 묶여 버리는 꼴이 되고 마느니라. 그러나 이러한 사람은 항상 두려워하고 겁내지만, 남에게는 공갈과 협박을 일삼아 그로부터 얻은 것을 자신의 처자와 권속에게 주느니라. 그리고 방자한 마음과 쾌락만을 쫓아 몸을 다하여 즐기고, 친족이나 윗사람, 아랫사람을 가리지 않고 음란한 짓을 하므로 가족과 사회가 다 걱정하고 고통스러워하느니라. 또한 이러한 사람은 국법조차도 두려워하지 않으므로 자연히 형벌을 받게 되느니라.

이와 같이 악한 사람은 인간뿐만 아니라 귀신에게도 알려지고,

해와 달이 밝게 비추어 보며, 천지신명이 밝게 기억하고 식별하므로 자연히 삼악도의 헤아릴 수 없는 고통과 괴로움을 겪게 되느니라. 그리고 그 속에서 유전(流轉)하면서 세세생생 겁을 지날지라도 벗어날 기약이 없으니, 그 고통은 이루 말할 수 없느니라. 이것을 3대악(大惡)이며, 3통(痛)이며, 3소(燒)라고 하는데, 이로 인한 고통스러움을 비유하자면 큰 불길이 사람의 몸을 불태우는 것과 같으니라.

그런데 이러한 사람들 가운데에서 능히 마음을 가다듬어 삿된 마음을 억누르고 몸과 행동을 바르게 하여 오로지 선한 일을 행하고 모든 악을 짓지 않는다면, 그 몸으로 홀로 악도에서 벗어나며, 그 복덕으로 해탈하거나 혹은 하늘에 태어나거나 하여 열반의 도를 얻게 되니, 이것을 3대선(大善)이라고 하느니라."

부처님께서 말씀하셨다.

"제4악은 다음과 같으니라. 세간의 사람들은 선행을 닦아야 한다는 것을 생각하지 않고, 오히려 서로 거짓말하게 가르치고, 함께 온갖 악한 짓을 저지르며, 이간질하고 험악한 말을 하고 거짓말하고 꾸미는 말을 하느니라.

그리고 남을 적대시하고 싸우며, 착한 사람을 미워하고 질투하며 현명한 사람을 무너뜨리느니라. 그리고 자기 부부[傍]만이 즐기려 하고, 부모에게 불효하며, 스승과 연장자를 가벼이 보며 일에는 소홀하고, 벗과 친구에게 신의가 없어 성실함을 인정받지 못하느니라. 또한 높은 자리에 오르게 되면 스스로 위대하다고 여기며 자신만이 올바른 도를 행한다고 주장하면서 느닷없이 위세를 부리고 다른 사람들을 업신여기느니라.

이러한 이는 자기 자신을 잘 모르기 때문에 악한 짓을 저지르고도 부끄러워함이 없으며, 스스로 강건하다고 여겨 다른 사람이 공경하고 어려워하기를 바라느니라. 또한 천지신명과 해와 달도 두려워하지 않고, 결단코 선한 일을 행하려고 하지 않으므로 이는 항복 받고 교화시키기 어려운 자이니라. 그리고 스스로 방자하여 항상 자신이 옳다고 생각하며, 걱정하고 두려워하는 것이 없으므로 늘 교만한 마음을 품고 있느니라.

이러한 온갖 악함을 천신들은 기억하여 알고 있으며, 전생에 조금 지은 복덕에 의해 지금은 조그마한 선으로 겨우 부지하고 보호받고 있지만, 금생에서 저지른 악행으로 복덕을 모두 소멸시키면, 모든 선한 신들이 그를 떠나 버리므로 몸은 홀로 남은 채 의지할 바를 찾지 못하느니라. 그러다가 수명이 끝나면, 자신이 지은 악업만이 돌아와 자연히 쫓기어서 삼악도에 떨어지지 않을 수 없느니라.

또한 그 모든 죄업은 천지신명이 기억하고 있으므로, 그 죄로 인한 재앙과 허물이 끌어당겨 당연히 삼악도에 떨어지며, 자연히 그 업보를 받게 되어 벗어날 길이 없게 되느니라. 그래서 전생에 지은 과보에 의해 불가마 솥에 끌려 들어가 몸과 마음은 망가지고 정신은 고통스럽고 괴로울 뿐이니, 그때를 당해서 후회하여도 다시는 되돌릴 수는 없느니라.

천지자연의 인과도리는 어긋남이 없는 것이니, 그래서 죄업을 지으면 자연히 삼악도에 떨어져 한량없는 괴로움과 고통을 받지 않을 수 없느니라. 그리고 그 악도에서 윤회하며 생사를 거듭하지만, 벗어날 기약이 없으며 그 고통도 이루 다 말할 수 없느니라. 이것을 4대악(大惡)이며, 4통(痛)이며, 4소(燒)라고 하는데, 이로 인해 고통스러워하는 것을 비유하면 큰 불길이 사람의 몸을 불태우는 것과 같으니라.

그러나 이러한 가운데서도 능히 마음을 가다듬어 삿된 마음을 억누르고 몸과 행동을 바르게 하여 오로지 선한 일을 행하고 온갖 악한 일을 짓지 않는다면, 그 몸으로 홀로 악도에서 벗어나며, 그 복덕으로 해탈하거나 혹은 천상에 태어나거나 하여 열반의 도를 성취하게 되니, 이것을 4대선(大善)이라고 하느니라.”

부처님께서 말씀하셨다.

"제5악은 다음과 같으니라. 세간의 사람들은 게을러서 어슬렁거리고 배회하며 나태하여 그다지 선을 닦으려 하거나 몸을 다스리는 업을 닦지 않으므로 가족과 권속들은 굶주리며 추위에 떨며 가난하여 고생하느니라. 오히려 어버이가 가르치고 훈계하면 눈을 부릅뜨고 화를 내며 대들고 말하며, 시키는 바대로 따르지 않고 더 멀어지며 반항하고 거역하기를, 마치 원수의 집안을 대하는 것과 같으니, 이런 자식은 어버이에게 없는 것만 같지 못하니라.

그리고 남들과 물건을 주고받을 때도 절도가 없어 모두들 서로 꺼리고 싫어하며, 은혜를 입고도 그 뜻을 배반하니, 보상하려는 마음은 애초에 없으므로, 가난하고 궁핍하며 곤경에 빠지게 되었을 때는 다시 은혜를 입을 수 없느니라.

이러한 사람은 자신만을 위하여 남의 것을 닥치는 대로 강탈하여 방자하게 놀면서 재산을 탕진해 버리고, 남의 것을 쉽게 얻는 도둑질 같은 것에 익숙하게 되어 그것으로 생계를 지탱하려 하느니라.

또한 매양 술에 빠지고 미색에 집착하여 먹고 마시는 데 절제가 없고, 마음 내키는 대로 방탕하고 방일하느니라. 어리석어 남과 곧잘 다투고 다른 사람의 사정을 알지 못하면서 우격다짐으로 억누르려고만 하느니라. 다른 이가 착한 일을 행하는 것을 보면 미워하고 질투하며, 의리도 없고 예의도 없으니 뉘우치고 반성할 줄도 모르며, 남의 말은 듣지 않고 자기만을 높다고 여기니 그 누가 충고하거나 깨우쳐 줄 수도 없느니라.

그리고 육친(六親) 권속 등 필요한 것이 있고 없는 것을 전혀 걱정하거나 생각하지 않으며, 어버이의 은혜도 모르고, 스승과 벗에 대해 의리도 지니려고 하지 않느니라. 그래서 마음은 언제나 악한 짓만을 생각하고, 입으로는 언제나 악한 말을 하며, 몸으로는 언제나 악한 짓만 행하여 지금껏 한 번도 착한 일을 한 적이 없느니라.

따라서 옛 성인들과 여러 부처님의 가르침을 믿지 않고, 도를 닦아 해탈할 수 있음도 믿지 않으며, 죽은 뒤에는 영혼[神明]이 다시 태어난다고 하는 윤회도 믿지 않고, 착한 일을 지으면 선한 과보를 얻고, 악한 짓을 저지르면 악한 과보를 받게 된다는 인과의 도리조차도 믿지 않느니라.

심지어 아라한[眞人]을 죽이거나 화합된 승단을 교란하려고 도모하고 어버이와 형제와 권속을 해치려고 하니, 육친 권속들이 모두 그를 싫어하고 증오하여 차라리 죽기를 바라느니라. 이와 같이 세간의 사람들은 똑같이 어리석고 우매하여 스스로 지혜를 가진 것처럼 여기느니라. 태어날 때 어디에서 오는지 죽을 때 어디로 가는지에 대해서 모르면서 어질지도 못하고 순종하지도 않아서 천지의 도리를 거역하고 요행을 바라고 오래 살기를 욕구하지만, 결국에는 반드시 죽음을 맞이하게 되느니라.

자비로운 마음으로 가르치고 훈계하여 그로 하여금 선한 것을 기억하게 하고, 생사와 선악의 도리를 일러 주어도 그들은 그것을 믿으려 하지 않느니라. 간절한 마음으로 말해 보아도 아무런 보람이 없으며, 마음속으로 빗장을 걸어 잠그고 있어 그 마음이 열리고 풀릴 수 없느니라.

이러한 사람들은 마침내 목숨이 다하게 되었을 때 비로소 후회와 두려움이 번갈아 가며 엄습하지만, 일찍이 착한 일을 닦지 않고, 마지막에 이르러 후회하여도 되돌릴 수 있는 일이란 없느니라. 천지간에는 지옥, 아귀, 축생, 인간, 천상의 오도(五道)가 분명히 있으며, 또한 생사윤회의 도리가 분명하며, 그곳은 우리가 감히 짐작할 수도 없을 만큼 넓고 깊고 미묘하니라. 그래서 선한 일과 악한 일을 지으면, 그 과보에 상응하여 재앙과 복덕이 서로 잇게 되니, 자신이 지은 업은 자신이 받게 되며, 그 누구도 대신하지 못하는 것이 자연의 도리이니라. 그러므로 그가 저지른 소행에 따라 그 재앙과 허물은 목숨을 쫓아다니니, 그것으로부터 벗어나지 못하느니라.

선한 사람은 착한 일을 행하여 즐거운 곳에서 더욱 즐거운 곳으로 들어가고, 지혜는 더욱 밝아지지만, 그러나 악한 사람은 나쁜 짓을 저질러 괴로운 곳에서 더 괴로운 곳으로 들어가고, 그 마음은 더욱 어두워지게 되느니라. 그런데 이렇듯 깊고 묘한 도리를 어느 누가 능히 알 수 있을 것인가? 그것은 오직 부처님만이 알고 계실 뿐이니라.

불법의 가르침을 설하고 열어 보여 주지만 이를 믿는 사람은 드물고, 그리하여 삼악도에 떨어져 생사윤회 하는 것이 끊어지지 않느니라. 이와 같은 중생들의 무리들은 다 없어지기 어렵기 때문에 생사고해에 넘치며, 자연히 삼악도의 한량없는 고통과 괴로움을 겪게 되고, 그 속에서 세세생생 윤회하기를 몇 겁을 거듭하여도 나올 기약이 없고 벗어날 수도 없으니, 그 고통은 이루 말할 수 없느니라. 이것이 5대악(大惡)이며, 5통(痛)이며, 5소(燒)인데, 그 고통스러움을 비유하면 큰 불길이 사람의 몸을 불태우는 것과 같으니라.

그러나 사람들이 그 속에서도 능히 마음을 가다듬어 삿된 마음을 억누르고 몸과 행동을 바르게 하며, 오로지 착한 일을 행하고 온갖 악한 일을 짓지 않는다면, 그 몸은 홀로 악도에서 벗어나며, 그 복덕으로 인하여 해탈하거나 혹은 천상에 태어나거나 하여 열반을 성취하게 되니, 이것을 5대선(大善)이라고 하느니라."

부처님께서 미륵보살에게 말씀하셨다.

"내가 그대들에게 말한 이 세상은 오악(五惡)으로 가득 차 있어 고통과 괴로움을 받는 것은 이미 말한 바와 같으며, 그로 인하여 다섯 고통[五痛]과 다섯 불길[五燒]이 서로 원인이 되어 경쟁하듯 생기는 것이니라. 그리하여 오직 온갖 악한 짓만을 저지르고 착한 일을 행하지 않으니, 모두 자연히 삼악도에 떨어지게 되느니라.

또는 지금 세상에서 먼저 재앙을 당하고 병에 걸려 죽고 싶어도 죽지 못하고, 살기를 구하여도 그럴 수 없으며, 그래서 자신이 지은 죄악의 과보를 대중들이 보게 되느니라. 그러다가 몸이 죽으면 업에 따라 삼악도에 떨어져 한량없는 고통 속에서 스스로 자신을 불태우게 되느니라.

이것은 오랜 세월이 지난 후에도 지속되어 원한의 결박을 만들게 되니, 처음에는 적고 미세한 것에서 시작되어 나중에는 크나큰 악을 이루게 되느니라. 이 모두가 재물과 애욕에 탐착하여 보시하고 은혜를 베풀지 못했기 때문이며, 어리석음과 욕망에 쫓기고 마음으로 생각하는 것마다 번뇌에 묶여서 풀려나지 못했기 때문이니라. 또한 자신의 이익을 돈독히 하고자 남과 다투면서도 돌이켜 반성하지 않느니라.

혹시 부귀영화를 누리는 때가 있을지라도 다만 자신의 쾌락을 즐길 뿐 절제할 줄 모르고, 착한 일을 하지 않았으므로 그 위세는 얼마 가지 않아서 소멸되어 없어지느니라. 그리고 자신의 한 몸을 살리기 위하여 고생하지만 그 후에는 더 큰 비극을 맞게 될 뿐이니라.

천지의 도리는 바르고 곧아서 미치지 않는 곳이 없으며, 자연히 지은 바가 드러나고 형벌이 펼쳐진 그물처럼 상하에 상응하는 것이니라. 의지할 곳도 없이 오직 홀로 그곳에 들어갈 뿐이며, 이것은 예전이나 지금이나 똑같나니 참으로 애처롭고 가엾은 일이니라."

부처님께서 미륵보살에게 말씀하셨다.

"세간이란 이와 같으니 부처님은 그러한 모든 것을 가엾이 여기고, 위신력으로 온갖 악을 부수어 없애고 선으로 나아가게 하느니라. 악을 범하려는 생각을 포기하여 또한 버리며, 경전과 계율을 받들어 지니고 도(道)와 법을 받아 수행하여 어긋나거나 잃어버리지 않게 하여 결국 생사고해를 벗어나 열반[泥洹]으로 향하는 길을 얻게 되느니라."

부처님께서 말씀하셨다.

"이제 그대들 모든 천신과 인간과 후세 사람들이 내가 말하는 불법을 마땅히 깊이 사유하고, 능히 그 가운데에서 마음을 단정히 하고 행위를 바르게 하도록 해야 하느니라. 윗사람은 선을 행함으로써 아랫사람을 통솔하고 교화하며, 서로 가르침을 전하고 각자가 스스로 단정히 지키며, 성인을 존대하고 선한 자를 공경하며 어질고 인자한 마음으로 널리 사랑을 베풀어야 하느니라. 부처님의 가르침과 교훈을 결코 어기거나 비방해서는 안 되며, 마땅히 해탈을 구하되 나고 죽는 사이에 저지르는 온갖 악의 근본을 뽑아 버리고, 삼악도의 한량없는 근심과 두려움과 괴로움과 아픔의 길을 여의어야 하느니라. 그리고 그대들은 여기서 널리 공덕의 근본을 심어야 하며, 은혜를 베풀고 계행을 깨뜨리지 말아야 하느니라. 인욕하고 정진하며 한마음의 지혜로써 더욱더 교화하여 공덕을 짓고 선을 행해야 하느니라.

바른 마음과 바른 뜻으로 비록 하루 낮, 하룻밤 동안이라도 청정하게 범행을 닦고 계행을 지키면 무량수국에서 선한 일을 백 년 동안 행하는 것보다 더욱 수승하느니라. 왜냐하면 저 부처님의 국토는 저절로 온갖 선이 쌓이므로 악이란 털끝만큼도 없기 때문이니라. 또 이 세상에서 선한 일을 열흘 밤낮으로 닦더라도 다른 모든 불국토에서 천 년 동안 선을 행하는 것보다도 더욱 수승하니라. 왜냐하면 다른 국토에는 선한 일을 행하는 자가 많으며, 악을 짓는 자는 적기 때문이며, 또한 복덕이 저절로 이루어져 악을 행할 곳이 없기 때문이니라.

그러나 이 세간에는 악한 것이 많으므로 자연히 부지런히 바라기만 하며, 서로 속이고 또한 해치니, 그 마음은 수고롭고 몸이 고달프기가 마치 쓰디 쓴 독약을 마시는 것과도 같으니라. 이와 같이 얽매인 채 애써 보지만 아직껏 한 번도 편안하게 쉬어 보지 못하는 것이니라.

그래서 나는 그대들 천인과 사람들을 가엾게 여겨 선을 닦도록 훈계와 비유로써 간곡하게 가르쳤고, 근기[器]에 따라 인도하되 경법(經法)의 가르침을 부여하니, 이를 이어받아 행하면 소원하는 바대로 모두 깨달음을 얻으리라.

부처님께서 유행하시는 나라, 도시와 마을마다 교화를 입지 않은 곳이 없으니, 천하가 화평하고 유순하며 해와 달은 청명하여 바람과 비가 때를 맞추며 재앙과 전염병이 발생하지 않으며, 나라는 풍요롭고 백성은 안정되어 병사와 무기는 소용이 없으니, 덕을 숭상하고 어진 마음을 가지고 힘써 예절과 겸양을 닦을 것이니라."

부처님께서 말씀하셨다.

"내가 그대들 여러 천신과 사람들을 불쌍히 여기고 연민하는 것은 부모가 자식을 생각하는 것보다도 더 지극하느니라. 지금은 내가 이 세간에서 부처를 이루어 오악(五惡)을 항복 받고 교화하며, 오통(五痛)을 소멸시키고 제거하며, 오소(五燒)를 끊어 없애고, 선으로써 악을 다스려 나고 죽는 괴로움을 뽑아내고 오덕(五德)[97]을 얻게 하여 무위(無爲)의 안온함을 얻게 하리라.

그러나 내가 이 세상을 떠난 뒤에는 가르침의 도가 점점 사라지고 사람들을 아첨하고 속이게 되어 다시 온갖 악한 짓을 행할 것이니라. 다섯 고통[五痛]과 다섯 불길[五燒]이 다시 이전과 같이 넘치고 오래 지날수록 극도에 달하게 되니, 그 모든 것은 이루 다 말할 수는 없지만, 그대들을 위하여 이것을 간략하게 말했을 뿐이니라."

부처님께서 미륵보살에게 말씀하셨다.

"그대들은 각자 이러한 것을 잘 생각하여 서로 가르쳐 주고 깨우치며 부처님 경법대로 행할 것이며, 어기는 일이 있어서는 안 될 것이니라."

이에 미륵보살은 합장한 채 말씀드렸다.

"부처님께서 말씀하신 것은 참으로 옳습니다. 세간의 사람들은 실로 그러하니, 여래께서는 널리 자비를 베푸시고 불쌍히 여기시어 모두를 고해에서 벗어나도록 설해 주셨습니다. 이제 부처님의 간곡하신 가르침을 받았으니, 감히 거역하거나 잃어버리는 일이 결코 없도록 하겠습니다."

2) 인간의 분석관

열자(列子)[98]가 말하였다.

성인은 지혜가 같은 것을 취하고 형상이 같은 것은 버린다. 그런데 세상 사람들은 자기와 형상이 같은 사람은 가까이 하고, 자기와 지혜가 같은 사람은 멀리 한다. 형상이 자기와 같은 사람은, 가까이 하여 사랑하고, 형상이 자기와 다른 사람은 무서워하면서 멀리 한다. 일곱 자 정도의 신체와 각각의 다른 손과 발을 가지고, 머리에는 머리칼이 나고 입에는 이가 있어서 서로 의지하여 한데 어울리는 것을 사람이라고 한다. 그러나 사람이라고 해서 반드시 금수(禽獸)의 마음이 없는 것도 아니다. 비록 금수의 마음을 가졌어도, 형상만 보고 서로 친근히 지낸다. 날개가 있고 뿔이 있고, 어금니와 발톱이 있어서, 공중으로 날아다니거나 땅을 기어 다니는 것을 금수라고 한다. 하지만 금수라 해서 반드시 사람의 마음이 없는 것도 아니다. 비록 사람의 마음을 가졌을지라도, 형상만 보고서 서로 멀리 한다. 포서(庖牺) 씨, 여와(女媧) 씨, 신농(神農) 씨, 하후(夏候) 씨는 뱀의 몸에 사람의 얼굴을 하고, 소의 머리에 호랑이 코를 하여 사람의 형상이 아니었으나 대성인의 덕을 가졌다. 하나라의 걸왕(桀王), 은나라의 주왕(紂王), 노나라의 환공(桓公), 초나라의 목공(穆公)은 모습이 일곱 구멍을 갖춘 사람과 같으나 금수의 마음을 가졌다. 일반 사람들이 형상만을 따지고 지혜를 구하는 것이 몇이라 할 수 있겠는가. 그런데 세상 사람들은 사람이 하나의 형상만 잘 갖추어 있으면 곧 마음에도 지극한 지혜가 있다고 보니, 어찌 그 말을 믿을 수가 있겠는가.

사람답지 못한 형상이지만 사람다운 사람이 있고, 사람다운 형상이지만 사람답지 않은 사람이 있다. 지금 이 사람다운 형상을 인간이라고 부른다면 과연 어떤 것이 인간인가?

지금 이 인간들 가운데 도덕과 정절을 지키고 영욕에 초연한 소수의 사람들을 제외한 대다수는 타락하여 아수라, 짐승, 아귀, 지옥이 되어 인간이 아님을 분명히 알아야 할 것이다! 제왕의 도리는 인간에게서 매우 멀리 떨어져 있을 뿐만 아니라 패도(覇道)도 역시 이루기를 소망하기 어렵다. 강한 힘으로 전권을 휘두르는 자는 남에게 손해를 끼치고 자신을 이롭게 하는 아수라이다. 부귀에서 이익만을 추구하는 자는 다른 사람을 먹어 자신을 살찌우는 금수와 같다. 다수의 사람들은 자본의 압박에 시달리고, 노동에도 시달리고 있으니, 노동을 하여도 옷과 음식을 주지 않는 자는 어찌 아귀가 아니겠는가! 다수의 사람들은 강권에 시달리고 있으니, 말과 행동에 자유를 주지 않는 자는 어찌 지옥이 아니겠는가! 이 세상이 도대체 어떻게 된 세상이란 말인가? 이 세상에서 도대체 무엇을 하고 있는 것인가? 어찌 가슴 속에서 슬픔이 흘러나오지 않으리오? 이에 불현듯 깨달아 철저히 회개하여 그 행위를 개선하여 인도(人道)를 회복하지 않으면 부끄러움을 모르는 것의 극치이리다! 부끄러움을 아는 재가자들이 인간 정토의 건설에 나서야 한다.

인간 정토의 건설

인간 정토의 건설은 대개 현재의 인간에 대한 각종 번뇌의 불만족에서 일어난다. 이 번뇌의 불만족에서 일어남에는 두 가지가 있다. 첫째는 이 인간에서 벗어나 인간 이외의 것을 구하는 것이니 천신교(天神敎 : 기독교)에서 천국에 태어나기를 구하는 것과 불교에서 서방의 정토에 태어나기를 구하는 것 등이 그것이다. 둘째는 이 인간세계에 지상낙원을 건립하기를 바라서 개선방법을 만드는 것이다. 그 개선방법은 기초에 둔 철학의 원리에 따라 다르다. 혹은 유물론에 기초하고, 혹은 유심론에 기초하고, 혹은 생물학에 기초하고, 혹은 업감연기론에 기초하고, 혹은 아라야식연기에 기초하는 것 등이다. 그 기초원리의 오류, 방법상의 많은 착오로 지상낙원을 건설하겠다는 것은 왕왕 오히려 인간에게 폐를 끼치기도 한다. 유물사관의 마르크스사상으로 계급전쟁의 적화로 이끄는 것이 그 예이다. 이에 다섯 가지로 나누어 논하겠다.

1) 인간 정토 건설의 요구

첫째, 부처님은 광음천(光音天) 아래에 태어나는 인간의 처음 시대 및 울단월주의 인간과 전륜성왕 시대의 인간 등으로, 이는 불교 가운데 포함된 인간 정토 건설의 생각이다. 둘째, 예수의 제자 베드로의 공산(公産) 제도, 생시몽(Saint-Simon, 1760 ~ 1825)[99]의 사회주의, 톨스토이의 농촌생활로, 이는 기독교도들이 세운 인간 정토의 요구이다. 셋째, 노자가 말하는 가장 태평한 시대[郅治], 장자가 말하는 외루(畏壘)[100] 산에 덕으로 나라를 세운 것과, 열자의 화서씨(華胥氏)의 나라, 종북국(終北國),[101] 서쪽 끝 남쪽 구석에는 고망국(古莽國), 대막국(大漠國) 등은 도가에서 세운 인간 정토의 요구이다. 넷째, 공자의 대동(大同)의 세계, 맹자의 정전제(井田制),[102] 즉 탕왕은 70리, 문왕은 100리, 주나라는 50리 등으로 시험한 것은 유교에서 건설하는 인간 정토의 요구이다. 다섯째, 소크라테스, 플라톤의 이상국가, 토마스 모어(Thomas More)의 유토피아, 프랜시스 베이컨(Francis Bacon)의 새로운 아틀란티스, 이탈리아 철학자인 토마소 캄파넬라(Tommaso Campanella)의 태양의 도시,[103] 해링톤(James Harrington)의 대양주(Oceana)는 서양 고대 철학에서 건설하는 인간 정토의 요구이다. 여섯째, 벨러미(Edward Bellamy, 1850 ~ 1898)[104]의 『돌이켜 보면(Looking Backward)』, 레인(Rose Wilder Lane, 1886

~ 1968)[105]의 『자유지(Free Land)』, 웰스(Herbert George Wells, 1866 ~ 1946)[106]의 『새로운 유토피아(Modern Utopia)』는 서양 현대 철학이 건설하는 인간정토의 요구이다.

　이상의 6종류는 거의 회고하는 것이고 그 대략을 이야기하자면 고금과 동서의 인류 사상에서 인간 정토를 건설하고자 하는 공동의 요구가 있음을 엿볼 수 있다. 그러나 이제 이 인간 정토를 건설하고자 함은 모두 불교의 교화에 있고, 앞에 나열한 모든 사상가들과 그 방법이 매우 다르므로 먼저 인간 정토를 구성하는 성분을 이야기하고자 한다.

2) 인간 정토의 성분

시방의 허공 중의 무량한 청정한 정토를 모두 살펴보면 다 불(佛)·법(法)·승(僧)으로 성분을 삼고 있으므로 인간 정토를 건설하고자 하면 또한 불·법·승으로 성분을 삼아야 한다. 위없는 바른 깨달음을 얻은 것을 이름하여 불(佛)이라 한다. 불이 법계에서 증득한 몸과 국토, 중생들에게 베푼 가르침을 모두 법(法)이라 이름한다. 불의 가르침에 따라 수행하고 무리들과 화합하는 것을 승가(僧伽)라 이름한다. 이를 구체적으로 성립한 것이 불·법·승이고 우리들은 이를 마땅히 표준으로 삼아 의지하고 목표로 삼아 귀의해야 한다.

그러나 우리 인간은 이성(理性)을 불·법·승으로 삼는다. 대개 우리들의 기민한 지각을 조작하고 통섭하는 것은 심식(心識)인데, 이것은 불(佛)의 잠재적 성품이다. 우리들의 내적 부분은 감각기관, 심식이고, 외적 부분은 기세간(器世間), 국가이다. 내적 부분과 외적 부분에서 일어나는 몸과 입으로 행하는 업이 법(法)의 원형이다. 부처님이 깨닫고 법륜을 굴려 모든 법을 모아 마음과 불로 나투었고, 화합하여 몸, 가정, 국가, 군중, 인간, 우주의 무량한 중생으로 삼으니 승가의 본질이다.

다만 우리네 중생은 아직 본래의 이와 같은 삼덕상(三德相)을 깨닫지 못하여 삼보(三寶)에 귀의하기를 바라면서도 삶에 얽매여 미망으로 말미암아 미망으로 들어가니, 지은 업의 과보로 삼계를 헤매며 오취(五趣)에서 유랑하며 이 혼탁한 세상에서 끝내 상락(常樂)과 청정(淸淨)의 불국토에 함께 하지 못하는 것이다.

그러나 오취(五趣) 중 인취(人趣)가 가장 마음을 곧게 하여 보리를 추구하게 한다. 우리들은 이미 불·법·승 삼보의 덕을 통달하였고, 실로 인간이 갖추고 있는 것이나 더욱 증장시키고자 하는 것이다. 오탁악세의 인간을 선하고 청정한 인간이 되게 하고, (삼보에) 귀의케 하여 이미 성취한 불·법·승을 더욱 수승한 증상연으로 삼고, 물러서지 않게 보호하고, 부처님 등 먼저 깨달은 분들을 스승으로 모시고, 십선 등의 법에 의지하여 행하고, 삼승의 성현 등의 승가를 벗으로 삼아 인간 정토의 인연을 조성한다. 그러므로 우리가 인간 정토를 건설하는 것은 본래 불·법·승의 성품과 덕을 갖추고 있음을 아는 것이고, 불·법·승에 귀의하는 것을 근본으로 삼는다.

3) 목숨과 재산을 안전하게 지키는 법

인간 정토를 건설하는 데 요구되는 것은 목숨과 재산을 안전하게 지키는 데 있다. 이 안전하게 지키는 방법은 간략하게 말하면 두 가지가 있다. 첫째는 근본적인 법이다. 여기에 또 두 가지가 있다. 첫 번째는 가장 안전한 울단월주에 태어나는 것에 의지하는 것으로 살생을 하지 않고, 다른 사람의 물건을 훔치지 않고, 삿된 음행을 하지 않고, 망령된 말을 하지 않고, 이간질하는 말을 하지 않고, 욕설을 하지 않고, 속이는 말을 하지 않고, 탐욕을 내지 않고, 화를 내지 않고, 삿된 견해를 내지 않는 것을 힘써 행하는 것이다. 그러므로 지금 각자가 불·법·승의 삼보에 귀의하고, 삼보의 힘에 의지하여 십선을 힘써 행하고, 더욱 더 선업을 닦아 자신의 마음을 개조

함으로써 인간 정토를 만드는 것이다. 두 번째는 십선을 행함을 업으로 삼고 이러한 풍조의 가르침을 전하여 중생들이 교화되게 하고 덕과 예를 밝혀 세속을 개량하고, 전쟁과 형벌을 감소시키고, 생활을 풍요롭게 하고, 어린이를 자애롭게 돌보고 노인들을 편안하게 하고, 헐벗고 가난한 사람들을 구제하는 것이다. 탐욕을 버리기 때문에 노동자와 자본가의 계급이 평등할 수 있고, 성냄을 버리기 때문에 국제전쟁을 멈출 수가 있다. 이 인간환경을 개조함으로 말미암아 인간의 정토를 만드는 것이다. 이것이 인간 정토 가운데서 목숨과 재산을 안전하게 지키는 것이다.

둘째는 지엽적인 법이다. 여기에 또 두 가지가 있다. 첫 번째는 전 지구의 모든 나라의 불교도들이 불법에 의지하여 대연합의 국제조직을 결성하고, 각국에 승인과 보호를 청하는 것이다. 평상시에는 선행을 하여 서로 돕고 서로 이익을 제공하고 서로 해치지 않는다. 천재지변과 재앙 등의 목숨과 재산의 위험을 만났을 때는 불교도의 국제연합이 법에 의한 구호를 행한다. 장 거사의 두 번째 편지에서와 같이 모든 법에 의하여 채용할 수 있다. 두 번째는 '법계무진(法界無盡),' '나와 남이 둘이 아니다[自他不二]'라고 하는 삼보와 제천의 위신력에 의지하여 진언 밀종의 기도법을 수행하여 재앙을 멈추게 하고 복을 증장시키고 마군의 원한을 항복시키는 것이다. 나아가 임시로 전세계 불교도연합에서 죄를 참회하고 복을 바라는 법회 등을 거행하여 재난을 복을 바꾸고 흉한 일을 만난 것을 길상한 일로 바꾸는 것이다. 이것이 목숨과 재산을 안전하게 지키는 것이다.

근본적인 법과 지엽적인 법 두 가지는 현교와 밀교를 다 융섭하고 인연을 갖추어서 여법하게 행한다면 안전을 지키지 못할 것이 없다.

4) 구체적인 건설

인간 정토는 인간세계에 두루 하지만 한 가지 구체적인 건설을 표현하는 것이 가능하다. 이 인간 정토의 구체적인 건설은 지금의 티베트와 태국이 아주 근접해 있다. 중국에서 건설하고자 한다면 보타산의 성스러운 도량이 가장 적합하다. 그렇지 않다면 깊은 산 오지의 풍부한 산림과 옥토가 있는 대위산(大潙山)[107]과 같은 곳도 적당하다. 경계를 나누고 구획이 분명한 산도 좋다. 가령 주위 수십 리에 산이 하나 있고, 국가에서 불교에 세금을 징수하지 않는 곳, 물이 충분하고 대나무와 나무가 무성하고, 밭에는 쌀과 삼베를 경작하여 수만 명 내지 2만 명의 옷과 음식을 제공할 수 있는 곳이면 된다.

산이 높고 깊은 곳, 평온한 곳에 큰 절 하나를 건립하여 석가모니불을 모신 전각을 총 도량으로 삼는다. 좌측에는 강당, 승당을 지어 반야의 무리들[般若衆]이 머물게 한다. 우측에는 강당, 승당을 지어 법화의 무리들[法華衆]이 머물게 한다. 후면은 법장(法藏)을 지어 놓는다. 후면의 좌측은 비로자나불의 화엄해회전을 두고, 강당, 승당을 지어 화엄의 무리들[華嚴衆]이 머물게 한다. 후면의 우측에는 비로자나불 및 금장계와 태장계의 양계 만다라전을 두고, 밀교의 단과 승당을 지어 진언의 무리들[眞言衆]이 머물게 한다. 좌측의 후면에는 미륵의 내원전이 있고 강당, 승당을 지어 유식의 무리들[唯識衆]이 머물게 한다. 우측의 후면에는 미타극락전을 두고, 강당, 승당을 지어 정토의 무리들[淨土衆]이 머물게 한다. 좌측의 전면에는 계단(戒壇), 판당(板堂)을 짓고 계율을 지키는 무리들[戒律衆]이 머물게 한다. 우측의 전면에는 법당, 선당을 두고, 선을 수행하는 무리들이[禪衆] 머물게 한다. 약 500에서 천 명 정도의 비구와 보살이 함께 머물러 살게 한다.

이를 인간 정토 최고 공덕의 바다로 삼고, 삼보가 모두 여기에 구족한다. 법장(法藏)에는 전 지구상의 문자가 다른 각종 불교 서적을 수장하여 대중들이 볼 수 있게 한다. (앞에 설명한) 여덟 무리들은 종파를 나누어 학문을 닦되 오직 진언종의 무리들만 매일 재앙을 멈추고 복을 증장하고 마구니와 원수를 항복받는 법을 닦도록 한다. 불전에는 매일 일출 전에 여덟 무리들이 함께 죄를 참회하고, 복을 빌고, 법을 보호함으로써 도량과 천하의 안녕을 도모한다. 석가모니불의 탄신일에는 불전에서 함께 회의를 열어 1년의 대사를 결의한다. 성도일에는 불전에서 함께 논의를 하여 각 종파의 뛰어남을 드러낸다. 이 앞의 반 리에는 사미당을 두어 사미의 계율 및 각 종문의 학문을 주로 익히게 하되 그 수는 약 100인으로 한다. 이 좌, 우의 반 리에는 각각 비구니당을 두고 약 400~800인의 사미니들도 살게 하되 율종과 정토종을 주로 배우게 하고 시간에 맞추어 비구승들의 모임에서 학습을 참관하게 한다. 이상은 모두 승계(僧界)로 점유한 땅 주위 4리이다.

그 산림을 등지고 수 리에 걸쳐서는 신도계(信徒界)로 하고 약 여덟 식구의 집 1,000호가 있게 하고, 십선촌, 오계촌, 삼귀의촌의 3등급으로 나눈다. 각 등급마다 10촌이 있고, 매 촌마다 30여 호가 있게 한다. 십선촌은 승계와 가깝고 각 호마다 산의 밭 120이랑을 준다. 오계촌은 십선촌의 경계와 가깝고 각 호마다 산의 밭 78이랑을 준다. 촌마다 촌장을 두고, 두 등급의 소학교 및 선강당(宣講堂), 열경처(閱經處), 연사(蓮社)[108] 한 곳을 주관하게 한다. 각 급마다 급장을 두고, 오계의 급에는 중학교를 설치하고 십선의 급에는 중학교 및 농림전문학교 하나를 설치한다. 삼귀의급에는 순경소 한 곳을 설치하고 순경 40인을 뽑는다. 오계급에서는 순경장 4인을 뽑고, 십선급에서는 소장 1인을 뽑는다. 순경들은 소장이 관할하여 모든 산을 순찰한다. 소장은 산장(山長)이 선임하므로 산장의 지휘를 받는다.

산장은 매년 불탄일에 비구니 무리 및 사미 무리, 십선급, 오계급, 삼귀의급의 만 20세인 자, 비구가 된 후 일찍이 산중에서 15년 머문 자 및 세계를 5년 이상 유행한 비구 중에서 함께 그를 선출한다. 다음에 사찰의 비구 무리 가운데서 처음 당선되어 선출된 자에서 다시 산장을 선출한다. 그는 모든 산중의 직책 및 통리를 선임하고 모든 산중을 대표하는 권한을 갖는다. 삼귀의 무리의 산 앞에 다시 참관하는 초대소 하나를 설치하여 각 방향에서 온 참관하는 사람들을 묵게 한다.

비구, 십선촌, 오계촌, 삼귀의촌 남녀 각 1명씩을 초대하여 참관자의 의견을 구한다. 산중의 남녀들은 만 20세가 되지 않으면 혼인을 허락하지도 출가를 허락하지도 않는다. 출가하면 사미로 1년에서 3년(사미니는 2년에서 5년)을 지내게 한 뒤 비구 무리에 들어가게 한다. 한 종파의 법당에서 4년(머무는 정도는 정해진 것은 아니다)을 머물게 하고, 다음에 각 종파의 법당에서 4년간 학습에 참가하고, 다음에 집이나 탑원 등의 장소에서 머물게 하고, 혹은 사찰의 직책이나 선전원, 교원 등에 임명한다.

비구는 산중에 15년을 머문 뒤 5년 동안 교화를 한 자나 혹은 산에 20년을 머문 자를 여덟 무리의 수좌로 임명한다. 수좌는 산장을 대표하고 산의 업무를 논의하는 권한을 가지므로 각 종파에서는 2인을 선출하여 1명씩 교대로 산장의 임무를 보게 하여 대사를 결정하게 한다.

이것이 인간 정토 건설의 구체적인 대강이다.

5) 두루 교화함

① 본 도량에는 항상 각국 및 각 지방정부 인민을 위해 재앙이 멈추고 복이 늘어나고 화평하고 안녕하게 하는 기도법을 닦아 대지의 사람들이 균등하게 이익되게 한다.

② 각국 및 각 지방정부 인민이 특수한 재앙과 화를 만났을 때 본 도량에서 각국 및 각 지방정부 인민대표를 따로 초청하여 특별히 재앙이 멈추고 복이 늘어나고 화평하고 안녕하게 하는 기도법을 행한다.

③ 각국과 각 지방의 집안에 속하는 개인이 특별한 발원이 있을 때는 본 도량에 청구하여 특별한 기도법을 행한다.

④ 본 도량에서는 산에서 15년 이상을 수행한 보살 비구의 무리를 특파하여 십선촌, 오계촌, 삼귀의촌급의 무리들을 영도하여

인간 정토의 선한 법을 건설하고 대지의 무리들을 교화하게 한다.

⑤ 각국 및 각 지방정부 대표 혹은 인민대표단 및 개인 등이 본 도량을 참관하러 오는 것을 환영하여 친절하게 모시고 일체를 설명해준다.

⑥ 특정한 시기에 각국 및 각 지방 불교도가 본산에 와서 각 종파의 도량을 기뻐하며 학습에 참가하는 것을 환영한다.

⑦ 본 도량과 각 학교 각 지방의 불교도들이 전세계의 대연합하여 불법의 선전 및 인민의 교화를 청한다.

⑧ 전 지구의 무리들이 각각 목숨과 재산의 보존 및 장차 극락에서 영생을 도모하면 일부분의 재물을 보시하여 인간 정토를 건설하도록 청하여 본 도량이 제때에 구제하거나 영원히 존재하게 한다.

인간 정토와 영생 극락

인간정토는 삼귀의, 십선에서 생명과 재산의 안전을 얻고 생명과 재산의 안전으로 말미암아 삼귀의와 십선을 행한다. 수명은 비록 연장할 수 있으나 생명은 마침내 끝나는 것이니 이미 몸은 죽으나 식(識)이 상속하여 몸을 받아 단멸하지 않음을 믿어 모름지기 '식이 상속하여 몸을 받음'으로 하나의 안온하고 선한 지역을 도모하고 미혹하여 생사의 위험에 빠지는 것을 면하게 한다. 이미 삼귀의, 십선의 인간 정토를 위한 선근을 구족하였으니 다만 염불을 더 해 회향하면 상생(上生)의 내원(內院)의 극락정토에 왕생한다. 이에 다음 경전의 가르침에서 증명하도록 하겠다.

1) 미륵의 정토

부처님께서 우바리에게 말씀하셨다.

"자세히 듣고 잘 생각하라. 여래가 이제 너희들에게 '더 위없이 가장 옳게 다 깨달음'을 이룰 미륵보살의 수기에 대하여 말하리라.

미륵이 지금부터 12년 뒤에 목숨을 마치면 반드시 도솔천에 왕생할 것이다. 그때 도솔천에는 아주 거룩한 보시바라밀을 닦은 5백만 억의 천인들이 있을 것이며 그들은 이런 결심을 할 것이다. '한 생 후에 부처가 될 보살님에게 하늘의 복력과 정성을 다해 궁전을 지어 공양하리라.'

그러고는 곧 전단마니보배로 된 관을 각각 벗어 들고 무릎 꿇고 합장하고 이렇게 발원할 것이다.

'저희가 이제 이 값진 보배와 하늘관[天冠]으로 위대하신 미륵보살께 공양하려는 까닭은 미륵보살이 멀지 않은 내세에 아뇩다라삼먁삼보리심을 이루실 어른이기 때문입니다.

저희가 저 부처님의 거룩한 세계에서 수기를 받으려면 저희들의 이 보배 관이 궁전이 되고 필요한 여러 가지로 변하여 공양되어지이다.'

천인들이 무릎 꿇고 이렇게 발원하고 나면 저들의 보배 관이 다

각각 5백만 억 보배 궁전으로 변할 것이다. 이 보배 궁전들은 모두 일곱 겹으로 둘러싸이고 모든 담들은 다 일곱 가지 보배로 이루어질 것이다. 또 저 많은 보배에서 5백억 가지 광명이 흘러나오고 낱낱의 광명 속엔 5백억 연꽃이 있을 것이다.

또 한 연꽃마다 5백억 개나 되는 아름다운 나무들이 생겨날 것인데, 이 나무들 역시 다 일곱 가지 보배로 되었을 것이며 보기 좋게 줄지어 있을 것이다. 낱낱의 나뭇잎에서는 5백억 가지 보배 빛이 나오고 낱낱의 보배 빛 속에는 염부단 사금 같은 5백억 광명이 있을 것이다.

5백억 사금 광명 속으로부터 5백억의 아름다운 천녀들이 나와서 모두 백억 가지 보배와 수없는 영락을 지니고 나무 밑에 서서 미묘한 음악을 연주할 것이다. 그 음악은 때때로 '물러남 없는 진리의 법'을 연설하게 되느니라.

또 그 나무에 수정 빛깔의 열매가 열리는데, 온갖 빛깔들이 다 그 수정 빛깔의 열매 속으로 들어가서 한 덩어리가 된다. 한 덩어리가 된 광명들은 다시 오른쪽으로 돌면서 여러 가지 아름다운 소리로 대자대비한 부처님의 법문을 말하리라.

궁전의 모든 담은 그 높이가 62유순이고 두께는 14유순인데, 5백억 용왕이 담을 둘러싸고 일곱 가지 보배로 된 5백억 보배 나무를 비처럼 내리어 담을 장엄할 것이다. 자연히 바람이 불어와서 이 나무들을 스치게 될 것인데, 그러면 나무들이 흔들리면서 이런 소리를 울리리라.

'이 세상의 모든 것은 끝내 괴로운 것이고 삼라만상은 인연으로 모였을 뿐, 다 헛된 것이다. 만유는 실체가 없으므로 오직 무상한 것이요, 일체의 존재는 헛되어 실체가 없으므로 필경 나와 내 것도 없느니라.'

이런 '네 가지 큰 진리'와 모든 바라밀을 연설하느니라.

그때 궁전에 뇌도발제라는 큰 하늘 신이 있으리라.

그는 자리에서 곧 일어나 시방의 모든 부처님께 두루 예경하고 이렇게 발원할 것이다.

'저의 복력으로 미륵보살을 위하여 거룩한 법당을 지을 수 있다면 저의 이마에서 구슬이 저절로 생겨지이다.'

이렇게 발원하고 나면 뇌도발제의 이마에서 저절로 5백억 보배 구슬이 쏟아져 나와, 유리, 수정 등의 온갖 빛깔이 없는 것 없이 갖추어질 것이다. 이 구슬들은 속과 겉이 환히 들여다보이고 검붉은 남빛으로 빛나는 '자감마니 여의주'와 같은 것인데, 이 여의주 구슬이 허공을 돌면서 마흔아홉 겹으로 된 미묘한 보배 궁전을 만들 것이다. 보배 궁전의 난간들은 억만 가지 범천의 보배 구슬로 이루어지고 모든 난간 사이에는 9억 하늘 남자와 5백억 천녀들이 화생할 것이다.

천인들의 손에서 일곱 가지 보배로 된 무수 억만 송이의 연꽃이 생길 것이니, 하나하나의 연꽃마다 무량 억만 광명이 나오고 낱낱의 광명 가운데 온갖 악가가 갖추어져 있어서 연주하지 않아도 저절로 미묘한 하늘 음악이 울려나올 것이다.

그러면 천녀들은 여러 가지 악기를 들고 아름다운 목소리로 노래하고 춤을 추리라. 그 노래는 곧 열 가지 착한 일[十善]과 네 가지 큰 원[四弘誓願]을 연설하는 법문이어서, 이 노래를 듣는 이는 다 '위 없는 도심[無上道心]'을 일으키게 되느니라.

또 저 세상의 동산에는 여덟 가지 빛깔의 찬란한 유리 개울이 있을 것이다. 개울들은 다 5백억 보배 구슬로 만들어졌고 개울을 흐르는 물은 여덟 가지 진귀한 맛과 여덟 가지 미묘한 빛깔을 낼 것이다.

또 그 물이 집안의 벽 위로 솟아 올라가서 들보와 기둥 사이를 흘러 다닐 것이며, 집 밖의 사대문 밖에는 네 가지 묘한 꽃이 있어서 그 꽃 가운데로부터 물이 흘러나오게 되므로 마치 보배 꽃이 굴러가는 것 같은 장관을 이루느니라.

그리고 꽃송이마다 보살의 장엄스런 모습처럼 생긴 스물네 명의 천녀들이 손에 5백억 보배 그릇을 받들고 있을 것이다. 그 보배 그릇마다 하늘나라의 한량없는 영락을 걸치고 오른쪽 어깨에 무수한 악기를 메고서 구름이 허공에 머물듯 물속으로부터 아무 걸림 없이 나와서 보살의 육바라밀을 찬탄하리라.

그리하여 누구든지 저 도솔천에 태어나는 사람이면 다 이렇게 천녀들이 와서 받들어 주는 섬김을 받느니라. 또 일곱 가지 보배로 된 사자좌가 있을 것이다. 그 높이는 4유순이고 염부단의 사금 같은 무수한 보배로 장엄되었으며 네 귀퉁이에서는 네 가지 묘한 연꽃이 피어나올 것인데, 연꽃마다 백 가지 보배로 이루어져서 아주 미묘한 백억 가지 광명을 낼 것이다. 그 광명은 다시 5백억 가지 보배로 된 갖가지 꽃으로 변할 것이며, 그러면 이 보배꽃들이 사자좌의 장막으로 장엄하게 되느니라. 그때 시방의 백천 범왕들이 범천의 묘한 보배를 하나씩 가지고 와서 보배 방울을 만들어 보배 장막 위에 매달 것이다.

또 범천의 소왕들도 여러 가지 하늘 보배를 가지고 와서 사자좌 위에 펼 것인데, 저 모든 연꽃으로부터 5백억 옥녀가 저절로 생겨 나와서 흰 채[拂子]를 쥐고 장막 안에 서 있게 되느니라. 궁전의 장엄은 그뿐만이 아니다. 궁전의 네 귀퉁이에는 보배로 된 기둥이 있다. 그 기둥마다 백천 누각이 있고 누각마다 범천의 마니 구슬을 엮어 장식하였을 것이다. 백천 누각 사이에는 말할 수 없이 아름답게 생긴 천녀들이 이 악기를 들고 서 있을 것인데, 악기에서 나오는 음악 소리는 저절로 법문이 되어 울려나올 것이다. 그 소리는 이러하다.

'이 세상의 모든 것은 다 괴롭고, 삼라만상의 현상은 인연으로 모였을 뿐, 헛된 것이다. 만유는 그 실체가 없으므로 무상한 것이요. 온갖 것이 다 헛되어 실재가 없으므로 나와 나의 소유가 없는 이치와 모든 바라밀을 설하느니라.'

또 저 궁전이 백억의 무량한 보배 빛으로 가득하여 찬란하게 빛날 것이며, 천녀들의 몸도 보배 빛깔로 장엄되어 더욱 절묘할 것이다. 그리하여 시방의 한량없는 하늘들이 다 목숨을 마치고 도솔천에 왕생하기를 발원하느니라.

그때 도솔천 내원궁(內院宮)에 큰 하늘 신이 다섯이 있을 것이다. 첫째 신의 이름은 보당(寶幢)인데, 몸에서 일곱 가지 보배를 비처럼 내려 궁전 담 안에 뿌릴 것이다. 그러면 그 보배들이 다시 악기로 변하여 저절로 공중에서 온갖 음악을 들려주며 그 음악을 듣는 중생들로 하여금 마음을 한없이 즐겁게 해 주느니라.

둘째 신의 이름은 화덕(華德)인데, 몸으로 온갖 꽃을 비처럼 내려 궁전의 담 위를 가득히 덮을 것이다. 그 꽃들은 다시 꽃 일산[華盖]으로 변하며 꽃 일산들은 또 백천 개의 깃대와 번(幡)이 생겨 앞을 이끄는 기치를 갖추게 되느니라.

셋째 신의 이름은 향음(香音)인데, 몸의 털구멍에서 미묘한 전단향을 뿜어낼 것이다. 그러면 그 향이 구름덩이처럼 되어 백 가지 보배 빛을 내고 이 보배 빛이 궁전을 일곱 겹으로 둘러싸느니라.

넷째 신의 이름은 희락(喜樂)인데, 여의주를 비처럼 내려 셋째 신이 세운 깃대와 번 위에 머물게 할 것이다. 그러면 그 여의주는, '부처님께 귀의하라. 부처님의 가르침에 귀의하라. 스님들께 귀의하라.'고 법문할 것이다. 또 오계와 한량없는 선법과 모든 바라밀을 연설하여 보리심을 일으킨 이들을 더욱 돕고 이롭게 보살펴 주느니라.

다섯째 신의 이름은 정음성(正音聲)인데, 온 털구멍으로 여러 가지 맑은 물을 뿜어낼 것이다. 그러면 그 물방울마다 5백억 가지 꽃이 피고 꽃봉오리마다 스물다섯 명의 옥녀들이 나타날 것이다. 옥녀들 몸의 모든 털구멍에서는 온갖 음성으로 갖가지 미묘한 음악 소리를 낼 것인데, 그 음악 소리는 하늘 세상에서 목소리가 제일 아름답다는 타화자재천(他化自在天) 왕후보다 훨씬 더 훌륭하리라.

부처님께서 우바리에게 말씀하셨다.

"이것이 십선을 닦음으로 지극한 복을 받는 도솔천의 모습이니라. 그러나 한 생이 지난 후 깨달음을 얻어 성불한 보살이 십선을 닦아서 받을 과보에 대하여 설사 내가 한 소겁(小劫) 동안 이 세상에 머물면서 쉬지 않고 말한다 하더라도 다 설명할 수 없다. 다만 내가 이제 너희들을 위하여 간략하게 설명하는 것에 불과하니라."

부처님께서 우바리에게 말씀하셨다.

"만일 비구나 대중 가운데 누구든지 나고 죽는 일을 싫어하지 않고 하늘나라에 왕생하기를 좋아하는 이, 위 없는 보리심[無上菩提心]을 사모하는 이, 미륵의 제자가 되고자 하는 이는 마땅히 이러한 관(觀)을 닦을지니라.

이 관을 닦으려는 이는 오계(五戒)와 팔재계(八齋戒)와 구족계(具足戒)를 지니고 몸과 마음으로 정진하여 번뇌는 다 끊지 못하더라도 십선을 닦아 도솔천의 미묘하고 거룩한 즐거움을 생각할지어다. 이처럼 닦는 관은 바른 관[正觀]이고, 이처럼 닦지 않는 관은 삿된 관[邪觀]이니라."

그때 우바리 존자가 자리에서 일어나 옷을 바로 하고 부처님 발아래에 절한 뒤 이렇게 사뢰었다.

"부처님이시여, 도솔천에 그렇게 지극한 즐거움이 있사옵니까? 그러면 보살은 언제 이 염부제에서 돌아가시어 그곳에 태어나시옵니까?"

부처님께서 우바리 존자에게 말씀하셨다.

"미륵은 바라나국 거바리촌에 있는 바바리라는 바라문의 집에서 태어났다. 이후 12년 2개월 15일이 지나면 거바리촌 고향으로 돌아가 가부좌하고, 선정에 들어 이 세상을 떠날 것이다.

그때 미륵의 몸은 금빛이 되어 도솔천에 이르기까지 큰 광명이

뻗칠 것이다. 그 밝기는 마치 백천 개의 해가 한꺼번에 빛나는 것 같으니라. 그러고는 몸 그대로 다 사리가 되어 금으로 만들어진 동상처럼, 움직이거나 흔들리지 않고, 몸을 둘러싼 광명 속에는 번뇌의 마구니를 깨부수는 '수능엄삼매'와 무명의 생사윤회를 벗어나는 반야바라밀의 글자와 뜻이 환히 나타날 것이다. 그러면 모든 사람과 하늘들이 온갖 보배로 묘한 탑을 세워 사리에 공양을 하느니라.

그때 미륵보살이 도솔천 칠보대에 있는 마니전의 사자좌에 홀연히 화생하여, 연꽃 위에 가부좌하고 앉을 것이다.

몸이 염부단 사금같이 빛나고, 키가 16유순이며, 32상과 80종호를 다 갖출 것이다. 정수리 위에 세상 사람의 눈으로 볼 수 없는 육계가 있고, 머리털은 검붉은 유리 빛깔이며, 머리에는 온 세상을 두루 비추는 여의주와 백천만억 견숙가 보석으로 만든 하늘관을 쓰고 있을 것이다. 보배 관에서는 백만억 미묘한 빛이 흘러나오고, 낱낱의 빛깔 속에 무량 백천의 화현불이 계신데, 많은 화현보살들이 화현불을 각각 모시고 있을 것이다. 또 다른 세계에서 온 많은 대보살들은 열여덟 가지 신통 변화로 마음대로 노닐면서 하늘관 가운데 머무느니라.

또 미륵보살의 두 눈썹 사이에 있는 백호에서 뭇 광명이 뻗쳐 나와서, 백 가지 묘한 보배 빛을 이루며 32상 80종호에서도 각각 5

백억 가지 보배 빛을 내고 그 모든 모습마다 8만 4천 광명을 일으켜, 찬란하게 빛나느니라.

이런 가운데 미륵보살이 천인들과 더불어 꽃자리에 앉아서 밤낮없이 불퇴전지법륜을 설하여, 5백억 하늘 사람들은 아뇩다라삼먁삼보리심 무상정변지(無上正遍知)를 일으키느니라.

미륵보살은 염부제의 햇수로 56억만 년 동안을 도솔천에서 이렇게 설법하여, 밤낮으로 수 없는 하늘 사람들을 교화한 뒤, 다시 염부제에 태어날 것이다. 이에 대해서는 『미륵하생경』에 말하였느니라."

부처님께서 우바리 존자에게 말씀하셨다.

"이것이 미륵보살이 염부제에서 목숨을 마치고 도솔천에 왕생하는 인연이니라. 내가 열반에 든 뒤에, 제자들이여, 부지런히 정진하며 공덕을 닦고, 위의를 지켜라. 탑을 쓸고 그 땅을 장엄하고 좋은 향과 꽃으로 공양하며, 여러 삼매를 닦아 깊은 선정에 들며 경전을 외우라. 이 같은 수행을 정성으로 하는 사람이면, 비록 번뇌를 끊지 못했더라도 육신통을 얻은 것과 다름없으리라. 또 오로지 한 마음으로 부처님의 거룩한 모습을 생각하고, 미륵보살을 부르거나 한 생각 동안이라도 여덟 가지 재계를 받아 깨끗한 수행을 하고, 미륵보살에 대한 큰 서원을 일으킨다면, 이런 사람들은 다 목숨을 마치자마자 날쌘 장사가 팔을 한 번 펴는 그

짧은 찰나에 도솔천에 왕생하리라.

그리하여 저절로 연꽃 위에 가부좌하고 앉으면, 백천의 하늘 사람들이 하늘의 음악을 울리고, 하늘의 만다라꽃과 마하만다라꽃을 그 머리 위에 뿌리면서 이렇게 축하할 것이다.

'장하도다. 어진 이여! 미륵보살님이 주인이시니 그대는 어서 저 보살님께 귀의하라.'

이 말을 마치면 곧 자리에서 일어나 미륵보살님에게 예배할 것이다.

미륵보살님의 두 눈썹 사이 백호에서 나오는 광명을 보고 90억 겁 동안 지은 죄업을 다 뛰어 넘느니라. 이때 미륵보살은 중생들의 속세 인연을 따라 묘법을 연설하여 그들의 마음을 굳세게 하고, 그들로 하여금 '위 없는 도심[無上道心]'에서 물러나지 않게 하느니라.

중생들이 그들의 나쁜 업을 깨끗이 하고, 부처님을 생각하고, 부처님 법을 생각하고, 승가를 생각하고, 도솔천을 생각하고, 계를 생각하고, 보시를 생각하는 육사법을 행한다면, 반드시 도솔천에 태어나서 미륵보살을 만날 것이다. 또한 미륵보살을 따라 염부제에 다시 태어나서, 미륵보살이 성불하면 제일 먼저 법문을 듣느니라. 또한 미래의 현겁에서도 모든 부처님을 만날 것이며, 이 세계가 무너진 다음 세상인 성수겁(星宿劫)에서도 1천의 부처님을 만나게 될 것이다. 그리하여 그 부처님들로부터 성불할 것을 예언하는 수기를 받느니라."

부처님께서 우바리 존자에게 말씀하셨다.

"내가 멸도한 후, 비구·비구니·우바새·우바이·천인·용·야차·건달바·아수라·가루라·긴나라·마후라가 등 대중 가운데 미륵보살마하살의 이름을 듣고, 기쁜 마음으로 미륵보살에게 공경하며 예배하는 이가 있다면, 이 사람 또한 목숨을 마치자마자 아주 짧은 찰나에 도솔천에 왕생하느니라.

또 다만 미륵보살의 이름만 들은 이라도 죽은 뒤에 악도나 야만인이 사는 변두리나 삿된 소견을 가진 곳, 나쁜 짓 하는 집안에 태어나지 않는다. 항상 바른 소견을 가진 좋은 부모·형제·처자·친구 등의 권속을 만나 삼보를 헐뜯는 일이 없느니라."

부처님께서 우바리 존자에게 다시 말씀하셨다.

"만일 선남자, 선여인 가운데 계율을 범하고 많은 죄업을 지은 이가 있더라도, 대자대비한 이 보살의 이름을 듣고 땅에 엎드려 지성으로 참회하면 모든 악업이 사라지고 청정하게 되느니라.

또 뒷세상의 중생들이 대자대비한 보살의 이름을 듣고, 그 형상을 만들어 모시고, 향·꽃·일산·깃대·번 등으로 공양 예배하고 끊임없이 생각하면, 이 사람의 목숨을 마칠 때 미륵보살의 백호에서 광명이 나와 비쳐주며, 모든 하늘 사람들과 함께 만다라꽃을 비처럼 내리고, 앞에 나타나서 맞이하니 잠깐 사이에 도솔천에 왕생하게 될 것이다.

그리하여 미륵보살을 만나 발아래 절하고 머리를 들기도 전에 미륵보살의 법문을 듣고 무상도를 얻어서 다시는 물러남이 없는 불퇴전의 경지에 들어가 아득한 미래세를 지나는 동안 항하의 모래알처럼 많은 부처님을 만나게 되느니라."

부처님께서 또 우바리 존자에게 이렇게 말씀하셨다.

"우바리야, 자세히 들어라. 이 미륵보살은 미래세의 중생들에게 큰 귀의처가 되니, 미륵보살에게 귀의하는 이가 있다면 알지어다. 이 사람은 무상도(無上道)에서 물러나지 않게 되며, 또 이 사람은 미륵보살이 여래가 되고, 공양 받을 이가 되며, 아뇩다라삼먁삼보리를 깨달아 부처님이 될 때, 미륵부처님의 광명을 보는 것과 함께 바로 미래에서 부처를 이룰 것을 예언하는 수기를 얻느니라."

부처님께서 우바리에게 말씀하셨다.

"내가 멸도한 뒤에 도솔천에 태어나고자 하는 사부 대중이나 천인, 용, 귀신은 마땅히 이렇게 관하라. 한 생각으로 오직 끊임없이 도솔천을 관하고, 모든 계율을 지켜라. 그리고 하루나 7일 동안이라도 십선을 생각하고, 십선도를 행하라. 그리하여 모든 공덕을 돌이켜, 미륵보살의 앞에 태어나기를 원할 것이니, 이 원을 성취하고자 하거든 마땅히 이러한 관을 닦으라. 이 관을 닦는 사람은 필경 한 명의 천인이나 연꽃 한 송이라도 보리라.

또, 한 생각 동안이라도 미륵보살을 부른다면 그는 마침내 1천 2백 겁 동안 죄업을 다 소멸하게 되며, 미륵보살의 이름을 듣고 다만 합장 공경만 하더라도, 그는 마침내 50겁 동안 지은 모든 죄업을 다 소멸할 것이다.

미륵보살께 공경 예배한 사람은 백억 겁 동안의 죄업을 소멸할 것이니 이들은 설사 하늘나라에 태어난다 하지 못하더라도 미래세에 미륵보살이 대각을 이룰 용화보리수 아래서 미륵불을 만나 위 없는 도심[無上道心]을 일으키느니라."

-『미륵상생경』

2) 미타의 정토

그때에 부처님께서 장로 사리불에게 말씀하셨다.

"여기에서 서방으로 십만억 부처님세계를 지나서 한 세계가 있으니 이름을 극락(極樂)이라 하는데, 그 나라에 아미타불이 계시니 지금도 법을 말씀하시고 계신다.

사리불아, 저 세계를 왜 극락이라 하는가. 그 나라 중생은 온갖 괴로움이 없고 온갖 즐거움만 받음으로 극락이라고 이름하느니라. 또 사리불아, 극락세계는 일곱 겹 난간과 일곱 겹 보배 그물과 일곱 겹의 가로수[行樹]가 다 네 가지 보배로 두루 둘러쌌으므로 그 나라를 극락이라 하느니라.

또 사리불아, 저 극락세계는 일곱 보배 연못[七寶池]이 있는데 여덟 가지 공덕 물[八功德水]이 가득 차 있고 연못 밑바닥은 순금 모래로 덮였으며, 가의 여러 계단은 금·은·유리·파려를 섞어 만들었느니라.

또 연못 위에는 누각(樓閣)이 있는데 금·은·유리·파려·자거·붉은 구슬·마노로써 아주 훌륭하게 꾸몄으며 연못 가운데에는 수레바퀴처럼 생긴 큰 연꽃이 피어 푸른 꽃은 푸른빛을 내고 누런 꽃은 누런빛을 내고 붉은 꽃은 붉은빛을 내고 흰 꽃은 흰빛을 내며 미묘하고 맑은 향기가 넘쳐흐르느니라. 사리불아, 극락세계는 이와 같은 공덕의 꾸밈을 이루었느니라.

또 사리불아, 저 부처님 세계에는 항상 하늘음악이 울리며 누런 금으로 땅이 이루어졌고 밤낮으로 여섯 때에 하늘의 만다라꽃[蔓陀羅華]이 비처럼 내리는데, 그 세계의 중생들은 맑은 아침이면 각각 꽃바구니에 온갖 묘한 꽃을 담아서 다른 시방 세계의 부처님들께 가서 공양하고 밥 먹을 때에는 곧 제 나라로 돌아와서 밥을 먹고 수행을 즐기느니라. 사리불아, 극락세계는 이러한 공덕의 꾸밈을 이루었느니라.

 또 사리불아, 저 나라에는 항상 갖가지 기이하고 묘한 여러 빛깔의 새들이 있으니 흰 학과 공작·앵무새·사리(舍利)·가릉빈가·곡명(共命)·들의 뭇 새가 밤낮 여섯 때로 화창하고 우아한 소리를 내는데 그 소리는 다섯 가지 도의 씨앗[五根]·다섯 가지 도의 힘[五力]·일곱 가지 보리법문[七菩提分]·여덟 가지 성인의 도[八聖道分] 등 이러한 법들을 연설하느니라. 저 땅의 중생들은 그 소리를 듣고는 다 부처님을 생각하고 그 법을 생각하며 스님네를 생각하느니라.

사리불아, 이 새들이 죄의 업보로 태어났다고 생각하지 마라. 왜 그러냐 하면, 저 부처님 세상에는 세 가지 나쁜 세계[三惡道]가 없는데 어떻게 그 업보가 있겠느냐. 이 모든 새는 다 아미타불이 진리의 소리를 펴기 위해 변하여 나툰 몸이니라.

사리불아, 저 부처님 세상에는 잔잔한 바람이 잠깐 움직이면, 보배로 된 가로수와 보배 그물에서 미묘한 소리를 내어, 마치 백천 가지 음악이 한꺼번에 울리는 것 같나니 이 소리를 듣는 이는 다 저절로 부처님을 생각하고 그 법을 생각하고 스님네를 생각하는 마음이 일어나느니라. 사리불아, 저 부처님 세상은 이와 같은 공덕의 꾸밈을 이루었느니라.

사리불아, 너는 이 부처님을 왜 아미타라 부른다고 생각하느냐.

사리불아, 저 부처님의 광명은 한량이 없어서 시방의 온 세계를 비추어 막힘이 없으므로 아미타라고 부르느니라.

또 사리불아, 저 부처님과 그 나라 중생들의 수명은 한량없고 가없는 아승지겁이므로 아미타라고 이름하느니라. 사리불아, 아미타불은 부처 되신 지가 이제 십 겁이 되었느니라.

또 사리불아, 저 부처님에게 한량없고 가없는 성문(聲聞)의 제자가 있으니 이들은 다 아라한인데 산수의 셈으로는 알 수 없을 만치 많으며 모든 보살 무리도 또한 이렇게 많으니, 사리불아, 저 부처님 세상은 이와 같은 공덕의 꾸밈을 이루었느니라.

또 사리불아, 극락세계에 사는 중생들은 누구나 다 아비발치(물러나지 않는 지위의 보살)이므로 저 세상에는 한 생 뒤에 부처 될 이[一生補處]가 많은데 그 수는 어떤 산수의 셈으로도 알 수 없어서 다만 한량없고 가없는 아승지겁으로 말할 뿐이니라.

사리불아, 중생은 마땅히 원을 일으켜 저 나라에 태어나기를 원할 것이니라. 왜냐하면 이와 같이 훌륭한 모든 착한 이들이 함께 모인 곳이기 때문이니라.

사리불아, 적은 선근(善根)의 복덕 인연으로는 저 나라에 태어날 수 없느니라. 사리불아, 만일 어떤 선남자나 선여인이 아미타불의 이름을 듣고 그 이름을 지니고 혹 하루나 이틀이나 사흘 · 나흘 · 닷새 · 엿새 · 이레 동안 한 마음으로 아미타불의 이름을 외우되 조금도 마음이 흐트러지지 않으면 그 사람이 목숨을 마칠 때에는 아미타불과 모든 성인들께서 그 앞에 나타나시므로 이 사람이 목숨을 마칠 찰나에 마음이 뒤바뀌지 아니하고 곧 아미타불의 극락세계에 태어나게 되느니라.

사리불아, 나는 이런 이익을 분명히 보는 까닭에 이런 말을 하는 것이니 어떤 중생이든 이 말을 들은 이는 마땅히 저 세상에 태어나기를 발원할 것이니라."

─『불설아미타경』

3) 각해(覺海)의 정토

앞에서 비록 오취 예토, 인간 정토, 내원 정토, 극락 정토의 모든 모습을 설하였지만 하나하나의 자상은 언어와 사유를 떠나 있음을 알아야 한다. 평등하여 진여법성(眞如法性)의 정토이고, 특히 보살의 무분별지(無分別智)가 아니고서는 청정함을 증득할 수 없고, 여래의 대원각해의 지혜가 아니고서는 청정함을 증득할 수 없다. 그러므로 각종 다른 모습을 나타낸다. 비록 모든 모습의 차별을 나타내지만 모두 각해(覺海)를 떠난 것은 아니다.

다만 각심(覺心)에 오염과 청정의 차이가 있고, 오염에 깊고 얕음이 있고 청정에 편벽함과 원만함이 있어 모든 모습의 차별을 나타낸다. 각심이 시작도 없는 처음부터 잡염되었기 때문에 미혹의 업이 각심을 잡염하는 것을 증장하고, 각심이 잡염되어 미혹의 업을 증장하고, 잡염된 각심이 오취(五趣)의 예토가 나타나게 한다. 미혹의 업을 항복시키고 선업을 증장하고 선한 각심을 초래하면 인간정토가 나타난다. 미륵과 미타의 청정한 원력에 의탁함을 증상연으로 삼고 미혹한 업을 항복받아 끊고 청정한 업을 증장하고 청정한 각심을 일으켜 내원의 극락정토를 나타낸다. 각심의 대해는 원만하고 청정하지 않음이 적어서 다른 모습이 있을 수 없다. 여래의 각해는 원만하고 청정하여 진여법성과 여여하게 상응하니 이는 자수용(自受用)의 정토이다. 그러나 모든 보살의 경지와 같이 수용하고 삼승의 오취연에 따르기 때문에 모든 정토와 예토가 나타나고 마치 환상과 같고 화현과 같아 차별이 무량하다. 각해를 알면 정토에 같이 있게 된다. 이 뜻을 철저히 알고자 하면 대승법의 교리와 행과를 갖추어야 한다.

대자비의 서원을 내어 보시를 하는 것이 시작

우리가 이 인간 정토의 법을 건설하고 인간 정토를 건설하려고 하면 먼저 자기 자신을 깊이 살펴야 한다. 지금 이 세상은 갖가지 전쟁으로 잔혹한 살상과 갖가지 사기, 도적질, 음란물, 천재지변, 사람에 의한 재앙이 그치지 않고 있어 오소(五燒), 오통(五痛)의 고통을 어찌 이루 다 말하랴! 대자비를 내어 몸과 마음의 고통을 통절하여 대서원을 내어 인간 정토를 성취하여 구제하겠다는 서원을 세운다. 정토의 완성은 자비의 서원으로 말미암지 않고는 있을 수 없다. 현재의 아미타불의 불국토는 법장보살의 자비의 서원이 성취되었기 때문과 같다. 『무량수경』에서는 다음과 같이 말한다.

> 제1서원, 제가 부처가 될 때 그 국토에 지옥·아귀·축생이 있다면, 정각을 이루지 않겠나이다.

제2서원, 제가 부처가 될 때 그 국토에 사는 중생들 가운데 목숨이 다한 뒤에 다시 삼악도(三惡道)에 떨어지는 자가 있다면, 정각을 이루지 않겠나이다.

제3서원, 제가 부처가 될 때 그 국토에 사는 중생들 가운데 진정한 금빛이 나지 않는 자가 있다면, 정각을 이루지 않겠나이다.

제4서원, 제가 부처가 될 때 그 국토에 사는 중생들 가운데 형체와 빛깔이 같지 않아서 아름답고 추한 것의 차이가 나는 자가 있다면, 정각을 이루지 않겠나이다.

제5서원, 제가 부처가 될 때 그 국토에 사는 중생들 가운데 숙명통(宿命通)을 얻지 못하여 백천억 나유타 겁의 옛 일을 알지 못하는 자가 있다면, 정각을 이루지 않겠나이다.

제6서원, 제가 부처가 될 때 그 국토에 사는 중생들 가운데 천안통(天眼通)을 얻지 못하여 백천억 나유타의 모든 불국토를 보지 못하는 자가 있다면, 정각을 이루지 않겠나이다.

제7서원, 제가 부처가 될 때 그 국토에 사는 중생들 가운데 천이통(天耳通)을 얻지 못하여 백천억 나유타의 모든 부처님의 말씀을 받아 지니지 못하는 자가 있다면, 정각을 이루지 않겠나이다.

제8서원, 제가 부처가 될 때 그 국토에 사는 중생들 가운데 타심통[見他心智]을 얻지 못하여 백천억 나유타의 모든 불국토에 있는 중생들이 생각하는 바를 알지 못하는 자가 있다면, 정각을 이루지 않겠나이다.

제9서원, 제가 부처가 될 때 그 국토에 사는 인간과 천신들 가운데 신족통(神足通)을 얻지 못하여 한 찰나에 백천억 나유타에 이르는 모든 불국토를 지나가지 못하는 자가 있다면, 정각을 이루지 않겠나이다.

제10서원, 제가 부처가 될 때 그 국토에 사는 중생들 가운데 누진통(漏盡通)을 얻지 못하여 자신의 생각에 탐착하고 계교하는 자가 있다면, 정각을 이루지 않겠나이다.

제11서원, 제가 부처가 될 때 그 국토에 사는 중생들 가운데 부처가 되려는 정정취(正定聚)에 머물지 못하여 마침내 열반에 들지 못하는 자가 있다면, 정각을 이루지 않겠나이다.

제12서원, 제가 부처가 될 때 저의 광명에 한계가 있어 백천억 나유타에 이르는 모든 불국토를 비추지 못한다면, 정각을 이루지 않겠나이다.

제13서원, 제가 부처가 될 때 수명에 한계가 있어 백천억 나유타 겁 동안만 살 수 있다면 정각을 이루지 않겠나이다.

제14서원, 제가 부처가 될 때 그 국토 가운데 성문들을 능히 헤아릴 수 있고 삼천대천세계의 성문과 연각들이 백천 겁 동안 모두 함께 계산하여 그 수를 알 수 있다면, 정각을 이루지 않겠나이다.

제15서원, 제가 부처가 될 때 그 국토에 사는 중생으로서 그 수명은 한량이 없으나 다만 중생제도의 서원에 따라 수명의 길고 짧음을 자유자재로 하는 것을 제외하고는, 모두가 이와 같이 되지 않는다면, 정각을 이루지 않겠나이다.

제16서원, 제가 부처가 될 때 그 국토에 사는 중생이 좋지 않은 일은 물론 나쁜 이름이라도 있다면, 정각을 이루지 않겠나이다.

제17서원, 제가 부처가 될 때 시방세계의 한량없는 모든 부처님들께서 저의 이름을 칭찬하지 않으신다면, 정각을 이루지 않겠나이다.

제18서원, 제가 부처가 될 때 시방세계의 중생들이 지극한 마음으로 믿고 좋아하여 저의 국토에 태어나고자 하여 십념(十念)을 하였음에도 불구하고 태어나지 못한다면, 정각을 이루지 않겠나이다. 다만 오역죄와 정법을 비방하는 것은 제외합니다.

제19서원, 제가 부처가 될 때 시방의 중생들이 보리심을 일으켜 모든 공덕을 쌓고 지극한 마음으로 서원을 일으켜 저의 국토에 태어나고자 하는데도 그들의 임종시에 제가 대중들과 함께 가서 그들의 앞에 나타나지 못한다면, 정각을 이루지 않겠나이다.

제20서원, 제가 부처가 될 때 시방의 중생들이 저의 이름을 듣고 저의 국토를 생각한 뒤 많은 공덕의 근본을 심고 지극한 마음으로 회향하여 저의 국토에 태어나고자 하는데도 그 목적을 이루지 못한다면, 정각을 이루지 않겠나이다.

제21서원, 제가 부처가 될 때 그 국토에 사는 중생들이 32상(三十二相)을 원만히 성취하지 못한다면, 정각을 이루지 않겠나이다.

제22서원, 제가 부처가 될 때 다른 모든 불국토의 보살들이 저의 국토에 와서 태어난다면 반드시 일생보처(一生補處)의 지위에 이르게 될 것입니다. 다만 그들의 소원에 따라 중생들을 위하여 큰 서원을 세우고 선근 공덕을 쌓아 일체중생을 제도하거나 또는 모든 불국토를 노닐며 보살의 행을 닦고, 시방세계의 여러 부처님들을 공양하고, 항하의 모래알처럼 한량없는 중생들을 교화하여 위없는 바르고 참된 부처님의 도를 세우고자 하는 이는 제외할 뿐입니다. 그 이외의 사람들은 보통 행인의 지위를 초월하여 곧바로 보현보살의 10대원을 닦도록 하고자 합니다. 만약 그렇게 하지 못한다면, 정각을 이루지 않겠나이다.

제23서원, 제가 부처가 될 때 그 국토의 보살들이 부처님의 위신력을 입고, 한 번 식사하는 사이에 한량없는 나유타의 모든 부처님의 국토에 두루 다니면서 여러 부처님들을 공양할 수 없다면, 정각을 이루지 않겠나이다.

제24서원, 제가 부처가 될 때 그 국토의 보살들이 여러 부처님들 앞에서 공덕의 근본을 드러내려 하는데, 구하는 공양물을 마음대로 모두 갖추지 못하는 일이 있다면, 정각을 이루지 않겠나이다.

제25서원, 제가 부처가 될 때 그 국토의 보살들이 일체지(一切智)를 얻어 능히 불법을 연설할 수 없다면, 정각을 이루지 않겠나이다.

제26서원, 제가 부처가 될 때 그 국토의 보살들이 금강역사인 나라연(那羅延)과 같은 몸을 얻지 못한다면, 정각을 이루지 않겠나이다.

제27서원, 제가 부처가 될 때 그 국토에 사는 중생들과 일체 만물은 장엄하고 청정하며 화려하게 빛나며, 그 모양과 색깔이 수승하고 미묘함을 이루 다 헤아리는 것이 불가능합니다. 그런데 천안통을 얻은 이가 모든 중생의 이름과 수를 능히 분명하게 헤아릴 수 있다면, 정각을 이루지 않겠나이다.

제28서원, 제가 부처가 될 때 그 국토의 보살들 내지 적은 공덕이라도 있는 자가 그 도량의 나무가 한없이 빛나고 그 높이가 4백 유순이나 되는 것을 능히 알아보지 못한다면, 정각을 이루지 않겠나이다.

제29서원, 제가 부처가 될 때 그 국토의 보살들이 경전을 읽고 외우고 남에게 설법할 수 있는 변재(辯才)와 지혜를 얻지 못한다면, 정각을 이루지 않겠나이다.

제30서원, 제가 부처가 될 때 그 국토의 보살들이 지니는 지혜와 변재에 한계가 있다면, 정각을 이루지 않겠나이다.

제31서원, 제가 부처가 될 때 불국토가 청정하여 모두 빠짐없이 시방세계에 있는 일체 무량무수의 불가사의한 부처님의 세계를 비추어 보는 것이 마치 맑은 거울로 얼굴을 비춰 보는 것과 같지 않으면, 정각을 이루지 않겠나이다.

제32서원, 제가 부처가 될 때 지상이나 허공에 있는 궁전과 누각, 시냇물과 연못, 그리고 화초와 나무 등 국토 안에 있는 일체 만물들은 모두 헤아릴 수 없는 보배와 백천 가지의 향으로 이루어지고, 장엄하게 장식되어 기묘하며, 모든 인간계나 천상계보다 뛰어나며, 그 향기가 널리 시방세계에 퍼져 보살들은 그 향기를 맡고 모두 부처님의 행을 닦게 됩니다. 만약 그렇지 않다면, 정각을 이루지 않겠나이다.

제33서원, 제가 부처가 될 때 시방세계의 한량없고 불가사의한 모든 불국토의 중생들이 저의 광명을 입고, 그들의 몸에 비치기만 하여도 몸과 마음이 부드럽고 경쾌해져 인간계와 천상계를 초월할 것입니다. 만약 그렇지 못하다면, 정각을 이루지 않겠나이다.

제34서원, 제가 부처가 될 때 시방세계의 한량없고 불가사의한 모든 불국토의 중생들로 저의 이름을 듣고서 보살의 무생법인(無生法忍)과 갖가지 깊은 다라니를 얻지 못한다면, 정각을 이루지 않겠나이다.

제35서원, 제가 부처가 될 때 시방세계의 한량없고 불가사의한 모든 불국토의 여인들이 저의 이름을 듣고 환희하고 즐거이 믿고 보리심을 일으키고 여자의 몸으로 태어나는 것을 싫어하고 멀리하였는데도 목숨을 마친 뒤에 다시 여인의 모습을 받게 된다면, 정각을 이루지 않겠나이다.

제36서원, 제가 부처가 될 때 시방세계의 한량없고 불가사의한 모든 불국토에 사는 여러 보살의 무리들이 저의 이름을 듣고 목숨을 마친 뒤에도 항상 청정하게 수행하고 범행(梵行)을 닦아 성불할 것입니다. 만약 그렇지 못하다면, 정각을 이루지 않겠나이다.

제37서원, 제가 부처가 될 때 시방세계의 한량없고 불가사의한 모든 불국토에 사는 여러 천인들과 인간들이 저의 이름을 듣고 오체투지하여 예배하고 환희심을 내어 믿고 좋아하며 보살행을 닦음에도 불구하고, 여러 천인과 사람들이 공경하지 않는다면, 정각을 이루지 않겠나이다.

제38서원, 제가 부처가 될 때 그 국토에 사는 사람과 천인들이 의복을 얻고자 하면 생각하는 대로 바로 의복이 생기며, 마치 부처님께서 찬탄하시는 바와 같이 법도에 맞는 미묘한 옷이 저절로 몸에 입혀지는 것과 같습니다. 그런데 만약 그 옷을 바느질하거나 물들이거나 빨래해야 한다면, 정각을 이루지 않겠나이다.

제39서원, 제가 부처가 될 때 그 국토에 사는 사람과 천인들이 느끼는 유쾌함과 즐거움이 번뇌를 여읜 비구들과 같지 않다면, 정각을 이루지 않겠나이다.

제40서원, 제가 부처가 될 때 그 국토의 보살들이 뜻에 따라 시방세계의 헤아릴 수 없는 장엄하고 청정한 불국토를 보고자 한다면, 원하는 대로 보배 나무 가운데에서 모두 빠짐없이 비추어 보는 것이 마치 밝은 거울로 자신의 얼굴을 보는 것과 같이 비춰질 것입니다. 만약 그렇지 않다면, 정각을 이루지 않겠나이다.

제41서원, 제가 부처가 될 때 다른 국토에 있는 여러 보살들이 저의 이름을 듣고 성불할 때까지 온전한 몸을 갖추지 못한다면, 저는 차라리 부처가 되지 않겠나이다.

제42서원, 제가 부처가 될 때 다른 국토에 있는 보살들 가운데 저의 이름을 들은 이는 모두 빠짐없이 청정한 해탈삼매를 얻고, 그 삼매에 머물러 한 생각 동안에 헤아릴 수 없고 불가사의한 모든 부처님을 공양하되 삼매를 잃지 않을 것입니다. 만약 그렇지 못하다면, 정각을 이루지 않겠나이다.

제43서원, 제가 부처가 될 때 다른 국토에 있는 여러 보살들의 무리로서 저의 이름을 들은 이는 수명이 다한 뒤에 존귀한 가문에 태어날 것입니다. 만약 그렇지 못하다면, 정각을 이루지 않겠나이다.

제44서원, 제가 부처가 될 때 다른 국토에 있는 보살들이 저의 이름을 듣고 환희하고 떨 듯이 기뻐하며 보살행을 닦아 모든 공덕을 구족할 것입니다. 만약 그렇지 못하다면, 정각을 이루지 않겠나이다.

제45서원, 제가 부처가 될 때 다른 국토에 있는 보살들이 저의 이름을 들으면 모두 빠짐없이 보등삼매(普等三昧)를 속히 얻을 것이며, 이 삼매에 머물러 성불할 때까지 항상 무량하고 불가사의한 일체제불을 친견할 수 있을 것입니다. 만약 그렇지 못하다면, 정각을 이루지 않겠나이다.

제46서원, 제가 부처가 될 때 그 국토의 보살들이 원하는 바에 따라서 듣고자 하는 법문을 자연히 들을 수 있을 것입니다. 만약 그렇지 못하다면, 정각을 이루지 않겠나이다.

제47서원, 제가 부처가 될 때 다른 국토에 있는 보살들이 저의 이름을 듣고 곧바로 불퇴전의 지위에 이르지 못한다면, 정각을 이루지 않겠나이다.

제48서원, 제가 부처가 될 때 다른 국토에 있는 보살들이 저의 이름을 듣고 음향인(音響忍)·유순인(柔順忍)·무생법인(無生法忍)에 이르지 못하고, 모든 불법에 대해 불퇴전에 이르지 못한다면, 정각을 이루지 않겠나이다.

그 제1서원을 보면 국토 가운데 삼악취의 고통을 떠나고, 모든 장애와 고난에서 떠나기를 원하고 나아가 다른 고통 받는 유정들을 포섭하여 왕생하도록 서원을 세웠다는 것에서 고통 받는 모든 중생들에 대한 대자비심으로 이러한 서원을 내었음을 알 수 있다. 서원이 이루어지면 지금이 극락이다. 그러나 보시를 행하는 것을 시작으로 실행하지 않으면 진실한 대원을 낼 수가 없다. 눈앞의 작은 목숨에 연연하고, 재산을 아끼면 보시를 행할 수 없고, 진심으로 광대한 법신과 법재를 구할 수 없다. 눈앞의 급박한 목숨과 재산을 아껴서 보시를 하지 않으면 안락한 목숨과 재산으로 바꿀 수 없기 때문에, 반드시 먼저 나라와 왕좌를 버려야 법장보살이 될 수 있었다. 나라를 버린다는 것은 희사를 할 수 있다는 것이고, 왕좌를 버린다는 것은 보신(報身)마저도 보시할 수 있다는 것이다. 중국에서 예전에는 집을 희사하여 절로 만들고, 자신이나 혹은 자손을 출가시켜 삼보에 종사하도록 하는 사람이 많았다. 지금 인간 정토의 서원을 실행하여 건설하고자 하면 반드시 이와 같이 하여야 할 것이다. 그렇지 않으면 그 서원은 허구이고, 실효성을 가지기 어렵다. 널리 세계의 사람들을 위해서 발심하면 이와 같이 보시를 행해야 하고, 널리 전 세계의 사람들이 고통에서 벗어나 즐거움을 얻고자 하면 삼보 및 인간 세상에 종사하고, 만 가지 선한 행동을 모두 구족해야 한다. 정진이 견고하고 물러서지 않아야 한다. 그러므로

『무량수경』에서 말한다.

그는 탐욕, 성냄, 남을 해치려는 생각을 하지 않았으며, 애욕의 상상, 진에의 상상, 해치려는 상상을 일으키지도 않았고, 또한 색(色), 소리[聲], 냄새[香], 맛[味], 감촉[觸], 의식의 대상[法]에 집착하지도 않았고, 어려움을 참아내는 인욕의 행을 닦아서 어떠한 고통에도 흔들리지 않았으며, 또한 욕심이 적어 스스로 만족하여 탐욕, 성냄, 어리석음의 삼독(三毒)의 번뇌에 물들지 않고 항상 적정한 삼매에 잠겨 있어 밝은 지혜는 어디에도 걸림이 없었느니라.

그리고 남을 대할 때 거짓으로 속이거나 아첨하는 마음이 없어 언제나 온화한 얼굴에 부드러운 말로 미리 중생의 뜻을 헤아려 법을 말씀하셨으며, 또한 용맹 정진하여 서원을 굽히지 않았고, 청정하고 결백한 진리를 구하여 모든 중생들에게 은혜를 베풀었느니라.

그는 또 삼보를 공경하고 스승과 어른을 받들어 섬겼으며, 온갖 수행을 닦고 복과 지혜의 큰 장엄을 갖추어 모든 중생들로 하여금 공덕을 성취하게 하였느니라. 그리고는 공삼매(空三昧) · 무상삼매(無相三昧) · 무원삼매(無願三昧)의 법에 머물러, 모든 현상은 본래 만들어진 것도 아니고 일어난 것도 아니며 단지 인연

화합일 뿐이라고 관조(觀照)하였느니라.

 자신을 해치고 남을 해쳐 자신과 타인에게 해로운 말을 멀리하고, 자기도 이롭고 타인도 이로워 자신도 타인도 모두에게 이익되는 말을 닦고 익혔느니라. 그래서 그는 나라와 왕위를 버리고 재물과 색을 끊어 버리고, 몸소 육바라밀을 행하였으며, 다른 사람들에게도 가르쳐 이것을 행하도록 하였으니, 이와 같이 그는 헤아릴 수 없는 오랜 세월 동안 무수한 공덕을 쌓고 복덕을 구족하였느니라.

그래서 법장 비구는 태어나고자 원하는 곳에 자유롭게 나투었으며, 헤아릴 수 없는 보배의 법문이 저절로 우러나와 헤아릴 수 없이 많은 중생들을 교화하여 안온하게 하고 무상의 바른 진리를 깨닫게 하였느니라.

그는 때로는 장자(長者) 혹은 거사나 부유한 자 혹은 존귀한 가문의 사람이 되기도 하고, 찰제리의 국왕 혹은 전륜성왕이 되기도 하였으며, 육욕천(六欲天)의 주인 또는 범천왕에 이르기까지 원하는 대로 태어나서 항상 네 가지 물건[四事]으로 일체제불께 공양하고 공경하였으니, 그 공덕은 이루 다 말할 수 없느니라.

그의 입에서 나오는 향기는 정결하여 우발라화(優鉢羅華)와 같고, 몸의 모든 털구멍에서는 전단향의 향기가 풍겼으며 그 향기는 무량세계에 두루 퍼졌느니라. 또 그 용모가 단정하고 상호(相

好)가 수승하고 미묘하였으며, 손에서는 항상 무량한 보배와 의복과 음식 및 진기하고 미묘한 꽃과 향이며, 해를 가려주는 갖가지 양산과 깃발 등 장엄하는 도구들이 나왔느니라. 이와 같은 물건들은 모든 천인들의 것보다 뛰어나고 훌륭하였으며, 그는 이처럼 모든 법에 있어서 자유자재함을 얻었느니라.

억! 인간 정토! 우리들은 자비의 서원을 내어야 하고, 보시를 부지런히 해야 하고, 정진하여 구해야 하고, 널리 중생들을 구제해야 한다. 시가(詩歌)로 말하고자 한다.

지금은 어떤 세상인가? 인간지옥이로다.
자비의 서원을 내어야 하고 목숨과 재물을 보시해야 한다.
선한 사람의 마음을 지녀 불국토를 장엄하자.
삼보의 가피력이구나. 나무 여래!

미주

01 양문회(楊文會, 1837~1911) : 중국 근대의 저명한 불교학자 중 한 사람이다. 자는 인산(仁山) , 호는 심류당주인(深柳堂主人) , 자호는 인산거사(仁山居士)를 썼다. 고향은 중국 안휘성 석태(石埭 : 지금의 石臺)이다. 금릉(金陵)에 불경을 판각할 곳을 마련하여 대장경을 중각(重刻)하였다. 일본, 인도와의 불교 교류에도 큰 공헌을 한 인물이며, 저술로는 『대종지현문본론약주(大宗地玄文本論略注)』 4권, 『불교초학과본(佛教初學課本)』 1권, 『십종약설(十宗略說)』 1권 등이 있다. 일찍이 태허는 양문회를 가리켜 중국 불학을 중흥시킨 최고의 인물이라 칭한 바 있다.
02 현 중국 절강성(浙江省) 동향시(桐鄕市).
03 원영(圓瑛, 1878~1953) 법사 : 중국 근대불교의 대표적 인물 중 한 사람. 태허와 함께 공동으로 중국불교회를 발기했으며 중국불교회 주석을 역임하였다. 일생 동안 중국 현대 불교 부흥에 진력했으며 평화 운동에 큰 공헌을 하였다. 1953년 중국불교협회를 창립하고 초대 회장을 역임하였다.
04 회천(會泉, 1874~1940) 법사 : 속명은 장간(張侃)이며 출가 후 법명은 명성(明性), 별호는 인월(印月), 자는 회천(會泉)을 썼고 만년에는 자칭 연생도인(蓮生道人)이라 하였다. 중국 하문(廈門) 일대에서 중국 근대 불교 발전에 큰 공헌을 한 인물이다.
05 소만수(蘇曼殊, 1884~1918) : 중국 근대의 승려이자 유명한 시인, 작가, 번역가이다. 원명은 소전(蘇戩) , 자는 자곡(子谷) , 학명을 원영(元瑛)이라 했다. 법명은 박경(博經), 법호는 만수(曼殊)이다. 일본에서 태어나 광동에서 성장하였다. 아버지는 광동의 차(茶) 무역상이었고 어머니는 일본인이었다. 시서화에 뛰어났으며 특히 중국 근대불교 인물 중 외국어에 뛰어나 중국어, 일본어, 영어, 산스크리트어에 정통했다. 저술로는 그의 사후 후인들이 그의 작품을 모아 편한 『만수전집(曼殊全集)』이 있다.
06 전봉(轉逢, 1879~1952) : 속성은 왕(王) 씨이며, 자는 해묘(海妙)이다. 복건성 남안현(南

安縣) 출신으로 부모가 독실한 불교도였다. 전봉 법사는 위에 형이 있었는데 형은 일찌감 치 출가하여 법호를 전초(轉初)라 했다. 출가한 형을 만나러 사찰에 간 그는 출가자들의 삶에 매력을 느껴 그 자리에서 출가했다. 하문(廈門) 남보타사(南普陀寺)의 주지가 되자, 그 동안 주지를 세습하던 종래의 방식을 과감히 개혁하여 투표에 의해 다음 주지를 선출 하는 방식을 택해서 많은 사람들의 존경을 받았다. 이에 중국에서는 그를 중국 근대 불교 개혁가의 대표적인 인물 중의 하나로 칭송하고 있다. 한편 전봉 법사는 동남아 각국에 불 교를 전파한 대표적인 인물 중 한 사람이다.

07 1940년(민국 29년) 강연 기록.
08 『천연론(天演論)』: 청조(淸朝) 말기의 사상가 엄복(嚴復)이 토머스 헉슬리의 『진화와 윤리(Evolution and Ethics)』를 번역하여 해설한 책.
09 담사동(譚嗣同, 1865~1898) : 중국 청나라 말기의 사상가. 그의 사상은 전통적인 유교와 유럽 자연과학 사상이 혼합되어 있고, 또한 화엄의(華嚴義)의 법계세계관(法界世界觀) 을 내포하고 있다. 그는 인(仁)을 도덕의 기준이 되는 형이상학적 원리로, 그리고 에너지 를 본체로 보고, 이로부터 모든 사물, 현상이 나온다고 생각했다. 즉 '유통(流通)'한다고 보았다. 결국 이 '유통'의 현상(혹은 결과)이 인(仁)인 것이다. 그것에서 남녀평등, 상하 관 계의 부정, 세계국가의 건설, 인간 동포의 주장이 나온다. 따라서 전통적인 예교(禮敎)의 윤리, 청조의 전제(專制)를 근본적으로 부정하고 인간은 하늘의 자식으로서 모두 평등 · 자유 · 자주에 의한 붕우(朋友)라는 윤리를 수립하고, 이것이 사회결합의 원리이어야 한 다고 주장했다. 그는 강유위(康有爲) 등이 계획한 '무술정변'(戊戌政變, 1898)에 참가하 였으나 실패하여 33세의 나이로 처형되었다.
10 팔지두타(八指頭陀) 기선(寄禪, 1851~1912) : 속성 황(黃)으로 호남성(湖南省) 상담(湘潭) 출생이다. 1868년 출가하여 승려가 되었으며, 왼손의 두 손가락을 태워 공양하고 스스로 '팔지두타(八指頭陀)'라고 칭하였다. 그 후 악록산(岳麓山)의 입운(笠雲)에게서 선(禪)을 배웠고 형양(衡陽)의 나한사(羅漢寺)를 비롯하여 여러 절에 머물다가 마지막에는 천동사(天童寺)에 있었다. 청말에 불교가 박해를 받고 사찰의 재산이 몰수당한 데 분개하여, 1912년 중화민국 불교 총회를 조직, 정부에 사찰 재산의 보호를 청원하였다. 원세개(袁世凱)와 교섭을 빌였으나 성과를 거두지 못하고 정부의 탄압이 계속되자, 북경(北京) 법원사(法源寺)에서 분사(憤死)하였다.
11 1929년 9월 중국 무한시(武漢市) 한구(漢口)에서 행한 불교강연회 강연 자료.
12 칠중(七衆) : 불교 교단을 구성하는 일곱 부류의 사람, 즉 비구(比丘), 비구니(比丘尼), 사미(沙彌), 사미니(沙彌尼), 식차마나(式叉摩那), 우바새(優婆塞), 우바이(優婆夷)를 뜻한다.
13 오편(五篇) : 구족계(具足戒)를 어긴 죄를 무겁고 가벼움에 따라 다섯 종류로 나눈 것. 1) 바라이(波羅夷), 2) 승잔(僧殘), 3) 바일제(波逸提), 4) 바라제제사니(波羅提舍尼), 5)

돌길라(突吉羅).

14 사마타(奢摩他) : 산스크리트어 samatha의 음사어로 지(止)로 번역한다.
15 비바사나(毗婆舍那) : 산스크리트어 vipaśyanā의 음사어로 관(觀)으로 번역된다.
16 1936년 2월 상해 중국불학분회(中國佛學分會) 강연회 자료.
17 1925년(민국 14년) 중국 소주(蘇州) 동오대학(東鳴大學) 강연 기록.
18 동선사(同善社) : 민국 시기에 중국 민간에 유행했던 대표적 종교 중의 하나다. 중국 사천성 대족현(大足縣)의 팽여존(彭汝尊, 1873~1950)이 1912년에 세운 종교로 유(儒)·불(佛)·도(道)를 통합한 종교다. 다신교적 색채와 신비주의적 태도를 보인다. 오로지 동선사의 신도가 되어야 천당에 갈 수 있다는 교리를 주창하며 다른 종교에 배타적인 모습을 보인다.
19 도원(道院) : 도사가 사는 곳을 말하니 여기서는 도교를 뜻한다.
20 1934년 7월 진강불학연구회(鎭江佛學研究會) 강의 기록.
21 오승(五乘) : 오승의 승(乘)은 중생을 깨달음으로 인도하는 부처님의 가르침이나 수행법을 뜻한다. 오승이란 각각 인승(人乘), 천승(天乘), 성문승(聲聞乘), 연각승(緣覺乘), 보살승(菩薩乘)을 말한다.
22 아란야(阿練若, araṇya) : 공한처(空閒處)로 번역되며, 속세의 번거로움을 떠난 수행의 도량을 말한다.
23 수론(數論) : 인도의 Saṃkhyā 학파를 말한다.
24 1943년 가을 한장교리원(漢藏敎理院) 강의록. 한장교리원은 태허가 1932년 8월 20일 중경시의 북쪽 진운산(縉雲山) 진운사(縉雲寺)에 세운 것이다.
25 유생론(唯生論) : 1933년 진립부(陳立夫)가 출판한 『유생론(唯生論)』과 『생명의 원리(生之原理)』의 영향으로 한때 중국에서 유행했던 사상이다. 그의 이론은 후에 국민당의 철학적 이론 구축에 기여하였다. 우주에 존재하는 일체의 것은 시간을 제어하는 정신과 공간을 점령하는 물질, 이 두 가지를 벗어나지 않으며, 이 두 가지는 모두 원자(元子)로부터 나온다고 주장했다. 또 원자는 생명이 있어 늘 활동하며 신묘한 지혜를 가지고 있다고 주장했다.
26 드리슈(Hans Driesch, 1867~1941) : 독일의 동물학자이며 철학자. 1891년~1900년 나폴리의 임해실험소에서 동물의 발생학에 관한 연구를 통하여 이 방면의 선구자가 되었다. 성게의 난할에서 할구를 분리하여 완전한 배(胚)를 생성시킨 실험으로, 배 부분이 전체를 편제시키는 능력을 갖는다는 관점을 제기하였다. 뒤에 연구 분야를 철학으로 바꾸어서 연구와 교육을 하던 중 1933년 나치 정권에 의해 퇴직 당했다.
27 엔텔레키(entelechy) : 조화등능계(調和等能系)에 속하는 배역의 발생운명 결정에 필요하다고 생각되는 목적을 미리 자신 속에 포함하고 있는 자율성인자를 뜻한다. 원래 아리

스토텔레스가 사용한 용어였으나, 드리슈가 실험발생학적 연구로부터 도달한 신생기론의 중심개념으로 전용하였다.

28 베르그송(Henri Bergson, 1859~1941) : 베르그송은 모든 생물체는 기계적 힘으로부터 생겨난 것이 아니라, 진화를 야기시켰던 '생명의 추진력(vital impulse)'의 결과라고 주장했다. 생명의 추진력은 모든 물질 내에 불어넣어져 있으며, 다양한 생물체의 근원이라고 생각했다. 그것은 또한 최초 생명체를 탄생시킨 원래 추진력이기도 하다고 보았는데, 그는 '생명의 추진력'은 중력이나 전자기력과 같이 생명체에 들어 있는 기본적인 힘으로 보았다.

29 사유(四有) : 유정이 태어나 죽고, 또 태어나는 과정을 4종류로 나눈 것. 1) 생유(生有)는 어딘가에 태어나는 일찰나, 2) 본유(本有)는 태어나서 죽기까지의 존재, 3) 사유(死有)는 죽을 때의 최후의 일찰나, 4) 중유(中有)는 죽고 나서 또 다시 태어나기까지의 중간의 존재를 말한다.

30 1931년(민국 20년) 10월 발표한 글. 1931년 9월 18일에 일본의 관동군(關東軍)은 남만주 철도의 유조구(柳條溝) 철도를 파괴하고, 이를 중국군의 소행이라며 중국군을 공격하고 심양을 점령하였는데, 이를 '만주사변' 또는 '9·18 사변'이라고 한다. 이에 대한 태허의 글이다.

31 1937년 겨울 『우주풍(宇宙風)』에 기고한 내용.

32 『입정안국론(立正安國論)』 : 일본의 승려 니치렌(日蓮, 1222~1282)이 쓴 책. 니치렌이 38세부터 천재지변과 사회불안에 의문을 갖고 연구한 『수호국가론』, 『재난흥기유래』, 『재난퇴치초』 등을 정리하여 당시 조정에 올린 책. 일본에서는 『개목초(開目抄)』, 『관심본존초(觀心本尊抄)』, 『찬시초(撰時抄)』, 『보은초(報恩抄)』와 함께 '오대부(五大部)'라 불린다. 니치렌은 신앙의 목적을 개인이 아니라 사회와 국가 전체의 개혁에 두고 당시 막부에 건의안 형식으로 이 책을 지어 올렸으나 오히려 묵살 당하고 5년 동안 유배되었다. 본문은 주인과 손님의 대화 형식으로 이루어져 있다. 손님은 속인을 뜻하고, 주인은 승려, 곧 자신을 뜻한다. 내용이 진행될수록 손님이 주인의 뜻을 따르게 된다. 비록 막부정권에 묵살 당하였으나 니치렌은 1268년 몽고군이 선전포고문을 보낸 것을 계기로 이 책에 간기(刊記)를 더하여 『안국론오서(安國論奧書)』를 썼다.

33 백승광(帛僧光) : 담광(曇光)이라고도 하였다. 진(晋)의 영화(永和) 연간(345~356) 초기에 강동 지방에 노닐다가, 섬주(剡州)의 석성산(石城山)의 바위굴에서 선정을 닦았는데, 그 바위굴은 맹수와 귀신들이 들끓는다 하여 오래 전부터 인적이 끊긴 곳이었다. 그런데 백승광이 그 굴에 들어가 3일을 버티자 귀신들이 그만 못 견디고 달아나버렸다. 그곳에서 53년 동안 수도하다가 나이 110세가 된 진(晋)의 태원(太元) 연간(376~396) 말기에, 옷으로 머리를 덮고 편안히 앉아서 세상을 마쳤다. 그는 한번 선정에 들면 7일 동안 자리

에서 일어나지 않았다고 한다.
34 축담유(竺曇猷) : 인도인으로, 돈황에 상인으로 왔다가 출가한 것으로 보인다. 담유(曇猷) 혹은 법유(法猷)라고도 한다.
35 승현(僧顯) : 축승현(竺僧顯)의 성은 부(傅) 씨이며, 북쪽 나라 사람이다. 항상 산림에서 혼자 살면서 고행을 하며 계율을 지켰고, 힘써 선 수행을 하였다. 후에 병이 들어 위중하자, 서방세계에 뜻을 두고 간절히 바랐다. 무량수불이 모습을 나투어 빛을 비추자 병이 모두 나았다. 그날 저녁 목욕 후 함께 머물던 이들에게 자신이 본 것을 말해주고 인과에 관한 법문을 하였다. 이튿날 새벽 앉은 채로 열반하였는데 그 방안에 10여 일 동안 특이한 향기가 감돌았다.
36 승호(僧護) : 남조 양(梁)나라 때의 승려. 일찍이 섬중(剡中) 석성산(石城山) 은옥사(隱獄寺)에 머물렀다.
37 저거경성(沮渠京聲, ?~464) : 흉노(匈奴) 사람. 북경왕(北京王) 저거몽손(沮渠蒙遜)의 종제(從弟)로, 안양후(安陽侯)에 봉해졌다. 기억력이 좋고 지혜로웠으며, 많은 책을 섭렵했고 담론하기를 좋아했다.
38 팔촉(八觸) : ① 동촉(動觸) : 제목 봉창이나 전부를 독송하려고 할 때 괜히 몸을 움직이려고 하는 동란(動亂)의 모습이 생기는 것. ② 양촉(癢觸) : 조금 있으면 몸이 가려워서 몸이 가누지 못할 것 같음. ③ 경촉(輕觸) : 몸의 가벼움이 구름이나 먼지 같아서 날아갈 듯한 느낌이 생기는 것. ④ 중촉(重觸) : 몸이 무겁기가 큰 돌과 같아도 조금도 움직일 수 없는 것. ⑤ 냉촉(冷觸) : 조금 있다가 몸이 물과 같이 찬 것. ⑥ 난촉(暖觸) : 몸이 뜨겁기가 불과 같은 것. ⑦ 삽촉(澁觸) : 몸이 나무껍질과 같은 것. ⑧ 활촉(滑觸) : 몸이 미끄럽기가 젖과 같은 것.
39 구순담묘(九旬談妙) : 천태지자 대사가 『묘법연화경』을 설명하면서 90일 동안 묘(妙) 자 하나의 의미만 설명한 것을 말한다.
40 승실(僧實, 476~563) : 북주(北周) 때의 승려. 늑나마제(勒那摩提)에게 선법(禪法)을 배워 그 진전(眞傳)을 얻었다. 계(戒)와 정(定), 혜(慧) 삼학(三學)에 정통했고, 특히 구차제정 가운데 조심(調心)에 대한 조예가 높았다.
41 오주(五住) : 오주지혹(五住地惑)의 준말로서 견혹(見惑)・사혹(思惑)・무명(無明)의 번뇌를 다섯 가지로 분별한 것인데, 삼계에서 생사에 집착하게 하는 번뇌를 총칭하는 것이다.
42 『장자(莊子)』「설검편(說劍篇)」과 당나라 이백(李白)의 「협객행(俠客行)」에서 촌철살인 하는 협객의 높은 경지와 굳은 결심을 표현하기 위해 쓰인 표현이다.
43 소동파가 지은 이옥대시원장로 원이납군상보(以玉帶施元長老 元以衲裙相報)의 2수 중 제1수이다. 금산사의 승려이자 소동파의 지기인 불인(佛印)이 소동파가 다시 벼슬에 미

련을 두는지를 떠보기 위해 지어 읊은 시에 차운으로 화답한 시이다. 여기에서 소동파는 익살스러우면서도 겸손하게 스스로를 일컬어 "이 사람 병골이라 벼슬아치의 옥 허리띠 두르기 어려운데, 근기는 둔해도 기미로써 화살촉을 떨어뜨렸네[其一病骨難堪玉帶圍 鈍 根猶落箭鋒機]."라고 응대하였다.
44 요광효(姚廣孝, 1335~1418) : 중국 명나라 때의 승려로 법명이 도연(道衍)이었으나 홍무 (洪武)연간(1368~1398)에 고승(高僧)으로 뽑혀 정계에 나와서 이름을 요광효라고 했다. 1404년 태사소사(太師少師)의 관직에 올랐다. 명나라 영락제 주체(朱棣)가 남경을 점령하여 황위에 오르는 데 결정적인 역할을 했다. 영락제는 그의 부음을 듣고 이틀이나 조회를 폐했으며 친히 그를 위하여 신도비 비문을 지었을 정도로 총애를 받았다.
45 파스파(八思巴, 1235~1280)가 보좌한 인물은 칭기즈칸이 아니라 쿠빌라이칸이다. 태허대사가 쿠빌라이칸과 징기스칸을 혼동한 것으로 여겨진다.
46 조괄(趙括, ?~B.C. 260) : 전국시대 조(趙)나라 사람. 아버지가 전한 병법을 열심히 공부했지만, 실전에 대한 경험은 없어 염파(廉頗) 대신 장군에 기용되었다가 대패했는데, 이때 조나라의 군사 40여만 명도 포로가 되어 하룻밤에 모두 죽임을 당했다.
47 마속(馬謖, 190~228) : 제갈량이 북벌정책을 추진하면서 위(魏)를 공격할 때 마속이 선봉에 나섰는데, 제갈량의 지시를 따르지 않고 독자적인 행동을 취했다가 위의 장합(張郃)에게 대패하고 말았다. 제갈량이 이 책임을 물어 '울면서 마속을 참살했다'는 읍참마속(泣斬馬謖)의 고사가 생겼다.
48 중국 민간의 전설 중에 "진흙 말이 강왕(康王)에게 강을 건네주다."라는 말이 있다. 이 말의 의미는 얼토당토않은 허무맹랑한 이야기라는 뜻이다. 북송 말년 강왕 조구(趙構, 1107~1187)가 금나라 군대에 추격당하여 혼자 남게 되었는데, 신하 이마(李馬)가 죽음을 무릅쓰고 그를 구출하여 간신히 배를 타고 위기를 벗어날 수 있었다. 그런데 그 후 조구는 천자로 즉위하면서 하늘이 자신을 돕는다는 것을 내세우기 위해 '이마도강왕(泥馬渡康王)' 고사를 조작해냈다. 그러고는 이마가 이 사실을 폭로할 것이 두려워 그를 벙어리로 만들었다가 얼마 지나지 않아 아예 죽여 버렸다.
49 섭공(葉公)은 춘추시대 초(楚)나라의 심저량(沈諸梁)을 일컫는 말이다. 자는 자고(子高)인데, 초의 섭(葉) 땅을 영유하고 있어서 이렇게 불렸다. 섭공호룡(葉公好龍)은 겉으로는 좋아하는 척하지만 진정으로 좋아하는 것이 아닌 것을 비유하는 말이다. 춘추 시대 때 초나라의 섭공이 용을 아주 좋아해서 자신의 온갖 물품에 용을 그려 넣고 집의 벽까지 용으로 새겨 넣었다. 하늘의 용이 그 소식을 듣고 섭공 앞에 모습을 나타냈더니 섭공이 혼비백산(魂飛魄散)하여 달아났다는 데서 나왔다.
50 각범(覺範, 1071~1128) : 송나라 때의 승려 혜홍(慧洪)을 말한다.
51 한월법장(漢月法藏, 1573~1635) : 명나라 때 임제종(臨濟宗)의 승려이다.

52 원명(圓明) : 옹정제를 말한다. 옹정제는 일찍부터 불교교학 연구에 뜻을 두었는데 특히 선에 조예가 깊었다. 가릉성음(迦陵性音)에게 지도를 받고, 티베트 라마승 장가(章嘉)를 섬겨 옹정제는 스스로를 원명거사(圓明居士)라 칭하기도 했다.

53 막야(鎮鎁) : 중국 오(吳)나라 때 간장이 만든 명검(名劍).

54 무기(無忌, ?~B.C. 243) : 위(魏)나라 사람으로 이름은 무기(無忌)이며 위나라 소왕(昭王)의 아들이며 안리왕(安釐王)의 이복동생이다. 안리왕이 즉위한 뒤에 신릉(信陵)에 봉(封)해져 신릉군(信陵君)으로 불리게 되었다. 수천 명의 인재를 빈객으로 거느려, 제(齊)의 맹상군(孟嘗君), 조(趙)의 평원군(平原君), 초(楚)의 춘신군(春申君)과 함께 '전국사군(戰國四君)'으로 불리었다.

55 삼봉파(三峰派) : 한월법장(漢月法藏)이 세운 종파를 말한다.

56 1920년 여름에 씀.

57 오대(五代) : 당이 멸망한 907년부터 송이 전국을 통일한 979년까지 약 70년에 걸쳐 화북(華北) 지방을 중심으로 나타났다 사라졌던 양(梁 : 後梁), 당(唐 : 後唐), 진(晉 : 後晉), 한(漢 : 後漢), 주(周 : 後周)의 다섯 왕조를 말한다.

58 등은봉(鄧隱峰) : 물구나무를 선 채로 열반한 당나라의 선사이다.

59 공실(空室) : 세간 사람들이 지은 집인데 나중에는 버리고 간 곳을 말한다.

60 흑산(黑山)의 귀굴(鬼堀) : 눈 감고 참선하는 것을 흑산귀굴(黑山鬼窟)이라 한다. 눈을 감으면 마음이 고요하고 정신이 집중되는 듯하지만 자칫 혼침(昏沈)에 떨어지기 쉽기 때문에 이르는 말이다.

61 "천하의 까마귀는 다 검다."라는 말은 중국의 속담으로 세상 어디에나 나쁜 사람들은 다 있다는 의미이다. 여기서는 보편적 진리를 깨닫는다는 의미로 쓰였다.

62 승조(承蜩) : 『장자』 「달생편」에 나오는 말이다. 공자가 초나라로 가는 길에 꼽추가 매미를 잡는 것을 보았는데, 마치 손으로 줍듯이 쉽게 매미를 잡고 있었다는 일화에서 나왔다. 여기서 태허가 '승조', 즉 매미를 잡는다고 표현한 의미는 의지가 분산되지 않고 통일되어 귀신의 경지에 이르렀다는 것을 나타낸다.

63 취모검(吹毛劍) : 솜털까지 잘라내는 명검을 말한다.

64 줄탁동시(啐啄同時) : 줄(啐)은 달걀이 부화하려 할 때 알 속에서 나는 소리, 탁(啄)은 어미 닭이 그 소리를 듣고 바로 껍질을 쪼아 깨뜨려 주는 것으로 수행승의 역량을 단박에 알아차리고 바로 깨달음에 이르게 하는 스승의 예리한 기질을 비유한다.

65 '거북의 털이나 토끼의 뿔'은 있을 수 없는 것들을 말한다.

66 승론(勝論) : 인도의 힌두철학파인 Vaisesika학파를 말한다. 모든 존재(padārtha)는 실체·성질·운동·보편·특수·내속(內屬)의 여섯 가지 원리에 의해 생성·소멸되며, 이 여섯 가지 원리를 올바르게 이해하고 요가를 실천해야 해탈에 이를 수 있다고 주장했다.

67 무문관 제28칙 구향용담(久響龍潭)
68 윌리엄 제임스(William James, 1842~1910) : 미국의 심리학자이자 철학자. 빌헬름 분트와 함께 근대 심리학의 창시자로 일컬어지며, 대표적인 실용주의자다.
69 아촉불국(阿閦佛國) : 아촉불은 산스크리트어로는 Akṣobhya-Tathāgata로서, 부동(不動)·무동(無動)·무노불(無怒佛)의 부처님을 말한다. 이 아촉불이 계시는 곳이 아촉불국이다.
70 야호연(野狐涎)은 문자 그대로는 '여우의 침'이라는 뜻이다. 맛있는 고기로 여우를 홀려 침을 받아낸다는 것에서 나와 '듣기 좋은 말 등으로 다른 사람을 홀리는 것'을 의미한다. 중국 남송의 증민행(曾敏行, 1118~1175)이 쓴 「독성잡지(獨醒雜志)」에 의하면 주둥이가 좁은 단지 안에 여우가 좋아하는 고기를 넣어서 뚜껑을 연 채 땅에 묻어 놓으면 여우가 고기를 먹고 싶어 주둥이를 박고 침을 흘리는데 그 침이 고기에 고여서 고기를 부드럽게 한다. 이렇게 여우의 침에 숙성된 고기를 말려 육포를 만들어 요리해 먹었다고 한다.
71 루돌프 로이켄(Rudolf Eucken, 1846~1926) : 독일의 범신론적 이상주의 철학가. 1908년 노벨 문학상을 수상했다. 19세기 후반 자연주의 유물론에 반대하여 신이상주의론을 주창하고 인식론을 주로 하는 신칸트파에 대하여 생(生) 철학적 형이상학을 수립하였다.
72 임제가 제자에게 참선의 4경계를 가르친 말. 我有時奪人不奪境, 有時奪境不奪人, 有時人境俱奪, 有時人境俱不奪.
73 볼셰비키(Bolsheviki) : 소련 공산당의 전신인 러시아사회민주노동당 정통파를 가리키는 말로 멘셰비키에 대립된 개념이며, 다수파(多數派)라는 뜻이나 과격한 혁명주의자 또는 과격파의 뜻으로도 쓰인다.
74 상주물(常住物) : 공동체 소유의 토지와 기물의 총칭하는 말이다.
75 지금의 대장경에 있는 『백장청규』는 백장의 옛 이름을 사용했지만 실은 모두 송, 원, 명, 청나라 때 사람들이 점차 청규를 늘려 제정하여 개정한 책으로 원래의 뜻이 보존되어 있는 것은 100분의 2나 3에 불과하다.
76 보청(普請) : 모든 대중에게 청하여 함께 일하는 것이다.
77 단월(檀越) : 절이나 승려에게 시주하는 재가자들을 말한다.
78 1939년 8월 화북(華北) 거사림(居士林) 강의 기록.
79 1925년 11월 일본 용곡대학(龍谷大學) 강연.
80 1923년 9월 한양(漢陽) 수경청(水警廳) 강의 기록.
81 1932년 9월 한구 홍십자회(紅十字會) 조산학교(助産學校) 강연 기록.
82 여섯 때[六時] : 하루를 여섯으로 나눈 염불 독경의 시간. 신조(晨朝)·일중(日中)·일몰(日沒)·초야(初夜)·중야(中夜)·후야(後夜).
83 태허 대사가 주장하는 '인생불교(人生佛敎)'는 현학(玄學)이나 미신(迷信)을 쫓았던 기

존의 중국 불교를 반성하고 인생에 직접적으로 도움이 되는 불교를 주장한 것이다. 우리 말에서 적당한 표현을 찾기 어려운 데에다 '인생불교'가 태허 대사가 주장했던 핵심 내용 중 하나이고 당시 중국 사회에 미쳤던 반향을 감안하여 여기서는 그가 썼던 용어대로 '인생불교'로 번역하였다.

84 1928년 여름 중국 상해 검덕저축회(儉德貯蓄會) 강연 기록.
85 이보(二報) : 의보(依報)와 정보(正報)를 말한다. 나라, 가옥, 기물 등과 같이 인간이 살아가면서 의지하는 것을 의보라고 하고, 각자 쌓은 과거의 업인(業因)에 따라 내생(來生)에 어떠한 몸으로 나타나느냐로 받는 과보를 정보라고 한다.
86 사취(四趣) : 지옥, 아귀, 축생, 아수라를 의미한다.
87 삼무(三武)의 화 : 중국 북위(北魏)의 무제(武帝), 북주(北周)의 무제(武帝), 당(唐)나라 무종(武宗)이 불교를 없애려 했던 사건. 세 군주의 칭호에 모두 '무(武)' 자가 들어 있기 때문에 삼무(三武)라고 함.
88 무루종자(無漏種子) : 깨달음에 이르게 하는 씨앗으로 아뢰야식에 잠재하고 있는 원동력.
89 의보(依報) : 과거에 지은 행위의 과보로 받은 부처나 중생의 몸이 의지하고 있는 국토와 의식주 등을 말한다.
90 이생(異生) : 산스크리트어 prthag-jana. 범부를 말함. 범부는 미혹한 여러 가지 행위에 따라 각각 지옥 · 아귀 · 축생 등의 다른 세계에 태어난다고 하여 이생(異生)이라 한다.
91 울단월(郁單越) : 울다라구류주(鬱多囉究留洲)라고도 한다.
92 6구로사 : 지금의 2km이다.
93 울타나가타(郁陀那伽他) : 게송을 말한다.
94 골튼(Galton, 1822~1911) : Francis Galton. 영국의 유전학자. 찰스 다윈(Darwin)의 사촌동생이다. 생물통계학, 우생학 및 인류유전학의 창시자.
95 크로포트킨(Kropotkin, 1842~1921) : 러시아의 혁명가, 무정부주의 운동의 일급 이론가.
96 고서(高逝) : 고행(高行)이라고도 한다.
97 오덕(五德) : 좋은 곳에 태어나고, 귀한 가문에 태어나고, 수승한 몸을 갖추고, 남자의 몸을 받고, 전생을 기억하는 것을 말한다.
98 원문에는 노자(老子)가 한 말이라고 되어 있으나, 『열자(列子)』「황제편(黃帝篇)」에 나오는 말이기 때문에 수정하였다.
99 생시몽(Saint-Simon, 1760~1825) : 산업주의를 제창한 프랑스의 사상가. 그의 사상은 생시몽주의로서 앙팡탕(Barthélemy-Prosper Enfantin)이나 콩트(Isidore Auguste Marie François Xavier Comte) 등 많은 제자들에게 계승 발전되어 사회주의, 역사과학, 실증주의, 사회학 등의 선구자로 부른다.
100 외루(畏壘) : 『장자』「잡편」경상초(庚桑楚)에 나오는 말.

101 종북국(終北國) : 『열자(列子)』에 나오는 천국.
102 정전제(井田制) : 정전제(井田制)는 중국 최초의 토지 제도로, 주나라 때에 실시되었다고 한다. 정사각형의 토지를 우물 정(井) 자형 (1井 = 900무)으로 9등분하여 8가구가 제각기 사전(私田)으로 경작하고, 중앙의 토지 100무(畝)는 공전(公田)으로 경작하여 공전의 수확물은 모두 세금으로 나라에 바치는 제도이다.
103 태양의 도시 : 생산수단의 사유화가 폐지된 후 노동이 모든 시민의 권리가 되는 이상사회를 말한다.
104 벨러미(Edward Bellamy, 1850~1898) : 미국 소설가. 『돌이켜보면, - 2000년에서 1887년을』으로 유명해졌다. 이것은 자본주의로부터 비폭력 수단에 의해 사회주의로 향하는 과도기적 단계로서 집산주의(集産主義)가 존재한다고 주장해 그 사회상을 그린 유토피아 소설이다. 이 소설은 유토피아 소설을 유행하게 한 계기가 되었을 뿐만 아니라, 사회운동에도 영향을 주었다.
105 레인(Rose Wilder Lane, 1886~1968) : 미국의 언론인, 여행작가, 소설가, 정치 이론가이고 영화 〈초원의 집〉으로 유명한 로라 잉겔스 와일더(Laura Ingalls Wilder)의 딸이다. 레인은 미국 자유주의 운동의 기초를 다진 사람의 하나로 유명하다.
106 웰스 (Herbert George Wells, 1866~1946) : 영국 소설가 겸 문명 비평가. 제1차 세계대전은 그의 온 관심을 세계의 운명으로 집중시키게 하였고, '단일 세계국가'의 구상을 낳게 하였다. 20세기가 대두하면서 그는 초기의 비관주의를 접고 이상적, 낙관적인 유토피아의 옹호자로 변모한다. 가장 유명한 작품이 『새로운 유토피아』이다. 그 당시 웰스는 공적인 문제에 적극적으로 관여해 자치구 의원으로 활동하면서 한때 페이비언 협회(Fabian Society)에 가입한다. 여기에서 버나드 쇼, 그레이엄 웰러스와 친분을 쌓으며 유토피아의 개념을 구체화하는데, 전 지구적 규모의 '세계국가'가 그 중의 하나다.
107 대위산(大潙山) : 상강(湘江)의 지류인 위수(潙水)의 발원지. 태허가 주지로 머물렀던 곳이다.
108 연사(蓮社) : 동진(東晉)의 혜원이 384년 여산에 동림사를 세우고 402년에 만든 정토신앙을 내용으로 하는 염불수행 단체의 이름으로, 동림사를 세울 때 백련을 많이 심었던 데서 유래하였다. 여기서는 염불수행을 하는 곳이라는 의미로 사용되었다.

불법의 근본에서 세상을 바꿔라

2016년 10월 7일 초판 1쇄 발행

지은이 태허 대사 • 옮긴이 조환기
펴낸이 박상근(至弘) • 편집인 류지호 • 편집 김선경, 양동민, 이기선, 양민호
디자인 쿠담디자인 • 제작 김명환 • 홍보마케팅 허성국, 김대현, 박종욱 • 관리 윤애경

펴낸 곳 불광출판 (03150) 서울시 종로구 우정국로 45-13, 3층
　　　　대표전화 02) 420-3200 편집부 02) 420-3300 팩시밀리 02) 420-3400
　　　　출판등록 1979. 10. 10. (제300-2009-130호)

ISBN 978-89-7479-327-2 03200

이 도서의 국립중앙도서관 출판예정도서목록(CIP)은
서지정보유통지원시스템 홈페이지(http://seoji.nl.go.kr)와
국가자료공동목록시스템(http://www.nl.go.kr/kolisnet)에서 이용하실 수 있습니다.
(CIP제어번호: CIP2016023304)

* 책값은 뒤표지에 있습니다.
* 잘못된 책은 구입하신 서점에서 바꾸어 드립니다.
* 독자의 의견을 기다립니다. www.bulkwang.co.kr
* 불광출판사는 (주)불광미디어의 단행본 브랜드입니다.